多読で学ぶ英語

Extensive Reading in the Second Language Classroom

楽しいリーディングへの招待

リチャード・R・デイ／ジュリアン・バンフォード◎著
桝井幹生◎監訳

川畑 彰／内藤 満／福屋利信／
松本真治／渡邊慶子／吉村俊子／
上岡サト子／荒牧和子／池田庸子／北風文子◎訳

松柏社

多読で学ぶ英語

Extensive Reading in the Second Language Classroom
by Richard R. Day and Julian Bamford
Copyright © 1998 by Cambridge University Press
Japanese translation rights arranged with Cambridge University Press
through Japan UNI Agency, Inc., Tokyo

今は亡き福山重一博士、
Terry Day, Leanne Day, Marion Bamford, Vincent Bamford,
そして、現代における第二言語による多読の父たる
Harold Palmer と Michael West に捧ぐ。

シリーズ編集長のまえがき

　第二言語または外国語によるリーディングの指導法に関しては、これまですでに多くの有益な書物があるが、本書は特に外国語、第二言語教育における多読の本質と、多読指導プログラムの開発に焦点を当てた最初の研究書である。著者のRichard DayとJulian Bamfordはまず多読とは何か、どのような広がりを持つかという問題に関し、豊かな学識と経験に基づく実際的な分析を行い、次いで外国語教育における多読にさらに注意を払う必要があると力説し、最後に第二言語ないしは外国語教育のカリキュラムにおいて効果的な多読プログラムを展開するための貴重な手引きを提供する。

　多読に関する理論的根拠を展開するにあたり、著者は多読から生まれる利益を証明する膨大な先行研究を検討する。これらの利益は、学習者のリーディング・スキルとリーディング速度の顕著な向上ばかりでなく、学習者の言語能力全体、およびリーディングと言語学習への意識変化をも含むものである。多くの言語学習者にとって、すらすらと読み、重要な情報を得るため、また単に楽しみのために読む能力は、おそらく言語学習から得られる最も貴重な恩恵であろう。したがって、このような好結果が偶然にゆだねられるよりは、言語教育の中で周到な計画のもとに導き出されることがより肝要なのである。

　しかしながら、著者は多読は単に読み物を与えれば、それで事足りるというものではないと論証する。プログラムを計画し実践するにあたって考慮しなければいけない諸問題と、どうすれば計画が効率よく練られ、実行に移せるかの分析をする。多読を第二言語教育、外国語教育のカリキュラムの中にどのように統合していくか、そのような活動の目標は何か、教師側にどのような才覚と計画性が必要か、適切なリーディングの材料を選ぶ際の基準は何か、こうして計画されたプログラムそのものをどう評価するか、そしてそのプログラムを日々実践していく際考慮すべき留意点は何かなどに関して、詳しい手引きが提供されている。

多読は学習者が何を、いつ、どのように読むかについて自ら選択するので、学習者中心・学習者主体の活動であるが、このプログラムの成功を確実なものとするには教師が重要な役割を果たすべきだと著者たちは強調する。また教師は第二言語リーディングの本質、多読用教材の本質、多読によって得られるリーディング・スキルと本を読むことへの積極的意欲を身につける方略を熟知する必要があるとも言う。

　本書は、多読について以上のような、またほかの重要な問題に関しても幅広く、示唆に富んだ情報を提供してくれる。現場の教師にとっても、また第二言語教育、外国語教育のキャリアを目指す新進の教師を養成する立場にある者にとっても、本書は価値ある情報源となるであろう。

Jack C. Richards

まえがき

　学生は何を読んだのかさっぱり分からない。感想を述べるにしても十分な語学力がないと感じている。また、たった今読んだことが分からないことをなかなか認めたがらない。学生は教師やクラスメートから評価されることが気になる。だから黙って座っていることを選び、教師が問いを出したり、他の学生が発言するのを待つという消極的な態度をとる。

　これは Jo Ann Aebersold と Mary Lee Field (1997, p. 116) が「第二言語／外国語のリーディング授業の現実」と呼んだものの実像である。しかし、第二言語のリーディングを学ぶ学習者はそのような行動をする必要はない。むしろ学習者はリーディングでは意欲的になり自信を持つことができ、第二言語によるリーディングの課程を修了するときには目標言語（target language）による独り立ちした、生涯続く読み手となりうる。
　本書はそのような変革を可能にするのに役立つものである。本書は第二言語におけるリーディングを指導し、学習することに関する書物であるが、そのねらいとするところ、すなわち多読という点でこれまでの類書と異なる。本書の目的は、多読は第二言語習得クラスのリーディングを指導の重要な部分であるという仮説に理論的、教育学的根拠を提供することにある。
　ここでいう多読とは、第二言語によるリーディングを指導し、学習する方法の1つで、学習者は各自の言語能力の範囲で十分可能な大量の書物や他の読書材料を読むというものである。しかし多読はただ単に学習者を活字づけにすることではない。Albert Harris と Edward Sipay が言っているように、「多読には優れた教材、自分自身読書が好きで賢明な教師、十分時間をかけること、学習者に読書習慣をつけさせようとする教師の努力が必要」（1990, p. 655）である。
　このような指導法によるアプローチからは、幅広い利益が期待される。すなわち、正しく計画され、実践されれば、多読は学習者が第二言語でのリーディングを学ぶのに役立つばかりか、自然にリーディングそのものを

楽しむようになるのである。またこのアプローチの効用として、学習者は学校で正規の第二言語学習を終えた後も、リーディングを続けるようになる。さらに多読は、少なくとも、第二言語学習を強化し、うまくいけば、第二言語の運用能力をも高めることになろう。以上述べた理由から、いかなる第二言語のリーディング指導案にも多読導入を強く勧めたい。

　様々な人が様々な理由で第二言語を学んでいる。この多様性はある意味で重要だが、多読は第二言語で読んでいる、または読みたいと思っている人ならだれにでも役立つと著者は考えている。また多読は、第二言語としての場合（目標言語が話されている社会で学ぶ、例えば合衆国で英語を学ぶ）にも、外国語としての場合（目標言語が話されていない社会で学ぶ、例えば日本で英語を学ぶ）にも、適切なものと考えている。だから便宜上、本書では「第二言語」という術語を第二言語学習環境、外国語学習環境の両方を含むものとして使用している。「外国語」という術語を使った場合は、特に外国語として学習する場合を指している。

　多読アプローチは、学習者が、今のところ目標言語のどのレベルにあるかということを考えに入れていない。著者の考えでは、多読は言語学習のすべての段階で導入が可能である。第二言語でのリーディングを学ぶのは決して早すぎることも、遅すぎることもない。とは言うものの、多読アプローチにはリーディング学習以前の段階で、特に学習者に提供できるものはなにもない。したがって、本書では学習者はすでに母語の読み書きができて、第二言語の文字を知っていることを前提にしている。

　本書は大きく分けて、以下の3つの部分から成る。

第1部は多読の理論的根拠を扱う。
第2部は第二言語のリーディング指導において教材をいかに広げていくかを批判的に検証する。
第3部は多読のプログラムを実践する際現実に起こる様々な問題点を提示し、検討する。

　多読はあらゆる第二言語におけるリーディング指導法の1つと信じているが、別にこれがすべてだと言うつもりはない。むしろ、リーディング指導法の他にとるべき、あるいは補完的な在り方を提供したにすぎない。こ

の多読の方法がすべての学習者を独り立ちした、優れた読み手に変えてしまうという楽観的な考えを持っているわけではない。しかし正しく用いれば多読の方法は第二言語のリーディング指導をかなり改善し、学習者が第二言語での読書を楽しむ機会を増大できると思う。冒頭に引用したAebersoldとFieldが述べたこれまでの典型的な第二言語、外国語のリーディング授業風景に当てはまるような授業は今後はめったに見られないものになるであろう。

本書が参加することになったケンブリッジ英語教育叢書の総編集者Jack Richardsにはその激励と支援に対し、David Hillとエディンバラ大学多読プロジェクトには、巻末付録の教材リスト一覧の形でその研究成果を利用させていただいたことに対し、Steven Brown、Marc Helgesen、David Hill、Ted Plaister、Joyce Taniguchi、Roberta Welch、ケンブリッジ大学の研究者たちには原稿の初期の段階で貴重なコメントをいただいたことに対し、オックスフォード大学ボードリアン図書館、ロンドンCILT (Centre for Information on Language Teaching 英語教育情報センター) 図書館およびスタッフにはその協力に対し、Judy Davisには索引作成に対し、ケンブリッジ大学出版部のMary VaughnとMary Carsonには本書出版の企画全般に対し、それぞれ深甚の謝意を表したい。またOlive Collen編集係とDavid Thorstad原稿整理係には原稿に関する余分な仕事で煩わせたことに対し厚くお礼申し上げる。

本書に盛られた数々のアイデアが、教える側に対しても、また学ぶ側に対しても今までの第二言語におけるリーディングの経験をもう一度見直すきっかけになれば望外の喜びである。また、一般読者には、著者がこの本を書いたときと同じ喜びを味わっていただければうれしく思う。

Richard R. Day
Julian Bamford

日本語訳によせて

　このたび小著が日本語になることをうれしく思うとともに、翻訳にかかわったかたがたのご努力に対し心から感謝申し上げる。またエディンバラ大学多読プロジェクトの David Hill 教授には特に底本になる最新版のために巻末附録の *LLL* リストを改訂し、英語学習者のために出版された最高の最新多読教材目録を提供していただいたことにお礼を申し上げたい。

　Extensive Reading in the Second Language Classroom が、世界に先駆け日本で翻訳されるということは極めて当を得たことと思われる。日本はわれわれ著者が英語教育に多読の方法を導入した国であるからだ。すなわち Richard Day は芦屋大学で、また Julian Bamford は東京の語学学校で先鞭を着けた学習方法である。学生が示した熱意と読解力の上達ぶりから、われわれはこのメソッドをもっと注意深く見直す必要に迫られた。こうして本書が書かれる端緒となったのである。

　日本はまた多読が外国語教育のすべての段階において、驚異的な発達を遂げつつある国でもある。他国に先駆け、日本の教師たちは現在多読において、パイオニア的な調査に取り組み、主導的な位置を占めている。この翻訳もその1つの表れである。このような努力は結果として、日本の英語教育における多読により大きな役割を果たすことにつながるであろう。この翻訳がその推進に一層の拍車をかけることを願ってやまない。

Richard Day
Julian Bamford

監訳者まえがき

　もし英語を教える仕事に携わっている人がいて、自分の英語力の基礎になっているものは何かと考えたとき、それが授業以外に読みふけった英語で書かれた多数の本であると気づいたとする。そのような人で自分が経験した喜びを教え子たちにも分けてやらなくてはと思わない教師がいるであろうか。料理人がたまたまおいしい料理を作り出したとする。それを人にも食べさせ「どうです、おいしいでしょう」と人の喜ぶ顔を見て、乞われてレシピを教えない人がいるであろうか。

　しかしながら、教師がどのように多読の効用を勧め、実践しようとしても食わず嫌いの学生がいる。まして若い人たちの活字離れが叫ばれる現代、テキストの消化だけでも至難の業、さらに読ませるなんてと、教師、学生の両方から悲鳴が上がりそうである。著者はこうした現実を踏まえ、この多読指導法の成功は一に教師の情熱的取り組みいかんにかかっていると力説する。その理論的根拠の根幹をなすところは Stephen Krashen の結論、

　　「リーディングは君たちに恩恵をもたらす。しかしながら、リーディングに関する調査結果はさらに強い結論を導いている。すなわち、その結論とは、リーディングが、優れた読み、優れた文章のスタイル、十分な語彙、上級文法、間違えのないスペリングを身に付けさせてくれる」（本書 49 頁）

に集約されている。

　本書は、何とか学生に英語で書かれたものを読ませ、英語文化に親しませ、語彙を増やし、総合的な英語力増進をかなえさせたいという熱意あふれる教師の潜在的念願に応えようと、著者たちが実践を通して体系化した理論に基づいて展開した方法論であり、いわば多読法のレシピなのである。

　今「総合的な英語力」と言ったが、本書では 'linguistic competence' として言及されている。もし多読理論が成功した場合、語彙、書く能力といった文字を媒介とする技能が発達することは理解できる。しかし聴いたり、話したりという音声を媒介とする能力の発達も望めるというのはいささか

バラ色過ぎはしないか。Krashen たちの報告 (1994) によると、合衆国で 4 人の成人に気楽に小説を読ませたところ、聴き、話す力も増強されたそうである。それはあくまでも、英語が日常不可欠な合衆国での話である。わが国のように英語のネイティブ・スピーカーに接する機会が少ない、いわゆる EFL (English as a Foreign Language) の状況下では果たして成功するであろうか。Krashen らの意気込みを少し割り引いて、わが国では多読をかの漱石の言うがごとく '牛の歩みのごとく図々しく' 続ければ、文豪には遠く及ばないとしても 'fluent reader' を育てることができよう。実際本書を読まれる熱意ある仲間たちは、自分もこの道を歩いて英語の読書力を身に着けてきたはずである。

　本書の日本語訳を分担し、世に問おうとしたのはこのような 'reading' が好きな '仲間' の集まりである。各メンバーは自分の訳稿を、何度も推敲に推敲を重ねて練り上げたことはもちろんであるが、他のメンバーにも読んでもらい、仮借のないチェックを甘んじて受け、それによって完成度を高める努力をしたのである。

　監訳者は、それこそ屋上屋を架すことになる怖れがあったが、すべての訳稿に目を通して訳語の統一を計ろうとした。もし本書に何か不統一な点など不備があれば、その責めはすべて私に帰すものである。

　いま訳語の統一と言ったが、少し具体的に指摘しておきたいことがある。その一つは Language Learner Literature の訳語である。本書の最大のねらいは、学習者による自主的な多読である。その材料は教師が画一的に与える教材としての、副読本、サブリーダーといった従来の考え方を超えたものである。それは特に第 7 章において熱っぽく語られている。特に次の引用個所は注目に値する。

　　「言語学習者は、他のどのような読者とも何ら変わるところがない。第二言語学習者を読者として教材を書く行為は、他の形態の執筆と同様にコミュニケーション行為にほかならない。対象とする読者がはっきりしており、〈自然なままの〉(authentic) とか〈やさしく書き直された〉(simplified) という用語はあいまいでかつ不正確であり、その含意するところは満足のいくものではなく、また、重要なのはやさしく書き直すこと (「平易化」 simplification) や精巧に仕上げること (「精巧化」 elaboration)

ではなく、コミュニケーションなのであるから、これまで第二言語学習者を念頭に置いて書かれてきた読書教材の呼び名として、既存の物にとって代る用語を提案する。すなわち *LLL: Language Learner Literature* という用語である」（本文 80 頁）

と新しい用語の立ち上げを宣言したのである。その意欲は巻末に挙げられた豊富なリストにも表れている。

　われわれはこの意気込みに応えるべく訳語に苦心した。はじめ「語学文学」という候補が上がった。単に、「学」の文字が２つもあるという語感上の不自然さからくる抵抗感だけではない。「文学」という文字にひっかかった。従来英語のリーディング教材で、過度に重視され、そのため批判の対象となってきた英米文学作品の「文学」と混同される惧れがあった。本書をよく読めば、著者の意図する「文学」はもっと広義のものだと理解できると思うが、いかにその意欲を高く評価しても、英語教育の現場また語学関係文献でも新奇に響く「語学文学」の訳語を用いることはためらわれた。いっそのこと、原語の頭韻をそのまま尊重して *LLL* で統一しようではないかということに落ち着いた。どうかわれわれの苦心をご理解いただき、将来この *LLL* に代るより適切な訳語を大方のご教示に待ちたいと思う。

　次に問題になったのは student である。原書においては言語学習者は年齢的に、社会人、大学生、中・高生、小学生と多岐にわたっているにもかかわらずすべて student で通している。前後の脈絡で生徒としたほうが、わが国の実情に合致すると判断した以外は訳語はすべて学生で統一した。

　これ以外にも、問題とすべき訳語は多々あると思われるが、これも大方のご教示を仰ぎたい。

2006. 2. 24

桝井　幹生

目　次

第 1 部　多読の枠組み

第 1 章　試みられることの少なかったアプローチ──多読とは *3*
第 2 章　リーディングの認知的視点 *13*
第 3 章　学習意欲──リーディングの秘密の花園 *28*
第 4 章　多読の力──調査・研究からの洞察 *42*
第 5 章　多読と第二言語教育カリキュラム *51*

第 2 部　多読用教材──その発展に関する問題点

第 6 章　本物崇拝と平易化神話 *65*
第 7 章　*LLL:* Language Learner Literature *79*

第 3 部　多読の実際

第 8 章　プログラムの立案──カリキュラムの決定 *105*
第 9 章　魅力ある教材──読み物とステップアップ *120*
第 10 章　多読用ライブラリー *135*
第 11 章　オリエンテーション *149*
第 12 章　読者のコミュニティを構築する *158*
第 13 章　リーディング・コミュニティの実際 *176*
第 14 章　プログラム評価 *196*
第 15 章　採用されることの少なかったアプローチを試みる *206*

Appendix
　　英語 *LLL* 目録 *212*
　　本目録の見方 *219*
　　LLL 目録（EPER） *220*
　　シリーズの説明 *247*
参考文献 *253*
索　　引 *267*
あとがき *271*
訳者紹介と分担一覧表 *273*

第1部

多読の枠組み

　第1部で、われわれは第二言語のリーディング指導を現在行われているよりさらに自然で、楽しく、効果的にし、より幅広いものにするために、たしかな枠組みを提示しようと思う。第1章で、第二言語のリーディング教育のアプローチとしての多読を紹介する。次の第2章、第3章、第4章で、理論や調査研究の結果を踏まえたうえで、多読を第二言語のリーディング指導の一部とするための多読プログラムの枠組みを提示する。具体的には、第2章で認知的な視点からリーディングを検討し、第3章で第二言語のリーディングにおける学習者の態度や動機づけの重要性を検討し、第4章で幾つかの多読プログラムの結果を報告する。第5章では、第1部の締めくくりとして、第二言語のリーディング指導のプログラムに多読を組み込むための示唆を幾つか提示する。

第1章

試みられることの少なかったアプローチ──多読とは

> いささか奇妙な状況が生じている。私達が読書を通して良い読者になるというのは広く受け入れられている見方であるが、実際に大部分の時間を（ディスカッションやQ&Aではない）リーディングそのものに費やしているリーディングの授業は比較的まれなのである。
>
> — Chris Moran and Eddie Williams (1993, p. 66)

■**本章の目的**
- 第二言語のリーディング指導の目的を再検討すること。
- 多読を定義し、第二言語のリーディング教育の一つのアプローチ（教授法）として紹介すること。
- 成功した多読プログラムの特徴を列挙すること。

　1950年代のアメリカのミュージカル *The Music Man* の冒頭で、ハロルド・ヒル教授がアイオワ州のリバー・シティにふらりと現れると、いきなり住民に向かって、皆さんは問題を抱えていますよ、と宣言して彼らの度肝を抜く。親としての住民を刺激しないように注意を払いながら、ヒル教授はリバー・シティの善良な住民に対し子供に注意を向けるよう促す。出かけるとき、だらしのない身なりをしていないか、汚い言葉遣いをしてはいないか、指と指の間にニコチンのしみがついていないか、つまらない小説を隠し持っていないか。

　本書を始めるにあたり、同じ比喩(ひゆ)を用いて同様の宣言をしたい。第二言語のリーディングの授業において問題が生じている。一瞬でよいから、第二言語を学んでいる学生のことを考えていただきたい。本を読むことに気

が進まないのではないか。退屈したり、ストレスを感じてはいないか。リーディングの教室に不安や恐怖心を抱いて入って来てはいないか。課題以外に第二言語で何か読んでいるのか。

　The Music Man のヒル教授は、実際にはペテン師で、自分の恥ずべき目的のために一般市民を煽動しているにすぎない。他方、われわれの意図は崇高なものである。深刻な問題とは言わないまでも、第二言語のリーディングクラスを再検討するだけの、少なくとも2つの理由があることを、ここで指摘しておきたい。すなわち、一般に第二言語のリーディングを学ぶ学生が、本を読まないこと、そして本を読むことが好きではないこと、この2点である。

　読まない学生、読むことを好きではない学生は、問題である。学生にとって多く読めば読むほど、それだけ読むのがうまくなるというのはあまりにも単純だが、やはり真実である。「リーディング能力は身につけなければならない……そしてその能力を身につける方法はただ1つ、多く、たゆまず読む努力をすることである。人は読むことによって読むことを学び、より良く読むことを学ぶ」と、David Eskey は述べている（1986, p.21）。加えて、第二言語のリーディングに対して消極的な態度を示す学生には、すらすらと読めるようになるためには欠かせない、リーディングをしようという意欲があるとは思えない。

　理想的な環境のもとで、学生が（a）多く読み（b）読むのを楽しむ、そのようなことを望まないリーディングの教師がいるであろうか。それはありえないことである。ところが現実には、そのようなねらいは縁遠く、実現不可能で、当面の仕事とはなんら関係がないようにさえ思えるのである。結局のところ、カリキュラムはすでにぎっしりと詰まっている。教師が直面する優先項目は、学生がそれぞれのコースでうまくやること、そして必要な試験に合格することを、確実にすることにある。実際のところ、このことに教師の首が懸かっているのである。しかも教師はこれらの当面の優先項目をどのように達成すればよいのか十分心得ている。彼らは、当然のことながら、それらの目標の達成や彼らの能力に誇りを持っているのである。

　学校教育には、それ自体の生命がある。それは、学生が共通して通過し

第1章　試みられることの少なかったアプローチ——多読とは

なければならない何物かであり、必ずしも自分で学ぶ必要があると考えたり感じたりすることを学ぶわけではない。学校教育は必要単位を満たし、試験に合格するといった事を中心に進行するものである。教育上の実践にもまたそれ自体の生命があり、結果として、学生はそこに自分の本当の必要性や目標をどうしても見いだすことができない場合が多い。第二言語のリーディングクラスもこの可能性において例外ではない。Carlos Yorio はその "The ESL Reading Class: Reality or Unreality" という論文で次のように述べている。仮に「教室における作業を……実際の生活で、人が様々な目的や理由で読む状況と比較してみると……ほとんどの場合、ESL リーディングクラスのほうの『非現実性』の度合いが顕著である」(1985, p. 151)。

　第二言語のリーディングの授業を単なる空虚な儀式(つまり、教室に来て、テキストを読み、練習問題を解き、教室を出て、現実の生活に戻る)で終らせないためには、「大量に読む」、「読みを楽しむ」という２つのねらいを学生に周知徹底することである。学生が試験に合格し、授業の目標を達成すると、教師が満足感を覚えるのは当然のことである。しかし、それに加えて、学生が多くの本を読み、しかもそれぞれが読みのプロセスを楽しんで授業を終えるなら、教師の満足感はさらに大きなものとなる。

　では、大量の本を読み、読書の習慣をつけるという２つのねらいを、現在うまく運営されている授業を損なうことなく、教師と学生のための最優先事項に組み込むことが果たして可能であろうか。それともこのようなねらいは、現実の授業とは無縁の研究者が頭に描くだけの夢にすぎないのであろうか。教えることに関連する日々の苦しみや、差し迫った職務を知らない者のお説教であろうか。これらの疑問に対する答えを提示する本書は、本を実際に読み、しかもそれを楽しんでいる学生を受け持った教師の経験に発している。彼らは特別な学生を受け持った特別な教師ではない。だれもが直面する職務と向き合っている、ごく普通の教師である。つまり、極端な場合(ザンジバルの壁すらない中学校の教室)から、伝統的な場合(設備の整ったアメリカの大学の教室)に至るまで、あらゆる状況の中で教えたり学んだりする人々である。本書の目的は、多読アプローチをどのような第二言語のリーディング授業に組み込んでも効果を上げることができる

という想定を、理論的かつ実践的にサポートすることにある。

多　読

　Louis Kelly は、25 Centuries of Language Teaching の中で Harold Palmer が「多読」(extensive reading) という用語を外国語教育において最初に用いたと述べている (1969, p. 131)。Palmer は現代の言語教育の草分け的存在であり、彼の多くの才能の一つに命名の達人というのがある。1917 年の The Scientific Study and Teaching of Languages の執筆に当たり、Palmer は同様の考えを伝えるために、以前使われていた多数の同義語の中から"extensive" を選んだ。ちなみに 1900 年の画期的な報告書 Report of the Committee of Twelve (Modern Language Association of America, 1901) で使用されたのは、"abundant reading" である。なお同報告書は中学校で言語をいかに教えるかについて示唆に富んでいる。

　Palmer にとって、多読とは「素早く」(1921/1964, p. 111)「次から次へと本を」(1917/1968, p. 137) 読むことを意味する。読者の注意は、テキストの言語にではなく内容に注がれるべきである。Palmer はこの方法を、彼が intensive reading (「精読」) と名づけた読みと対比した。後者では、「読者はテキストを与えられると、1 行 1 行について、絶えず辞書や文法を調べ、比較し、分析し、訳し、テキストに出てくるあらゆる表現を記憶しながら学ぶ」(1921/1964, p. 111)。「多様なアプローチ」(multiple line of Approach, p. 111) は Palmer の言語研究の 9 つの原理の 1 つであり、彼はこの両方のタイプのリーディングの重要性を認めた。

　Palmer の多読の概念では、テキストは明らかに言語学習の目的として読まれる。しかし、注意が言語にではなく内容に向けられるという理由から、テキストは楽しみや情報収集のためという普通の現実の社会の目的のために読まれることになるかもしれない。そのようなわけで、多読は言語教育というコンテクストにおいて、特別な意味合いを帯びることになる。つまり、読書は現実社会におけるのと同じ目的のための読書であると同時に、教育の目的のためにもなされるわけである。

　多読の目標が明確になるにつれ、他の用語が用いられるようになっ

た。Michael West はインドで教師をし、教材を書き、いち早く多読の方法を確立した人物であるが、これを「『補助』読み」("supplementary" reading) と命名した (1926/1955, p. 26)。これはニューヨーク市教育委員会が、1931 年の *Syllabus of Minima in Modern Foreign Languages* の中で用いた名称でもある。この「補助読み」の到達目標は、「学生が外国語を読むことが楽しいと感じられるまでの能力を身につける」(1931/1948, p. 301) ことであり、その方法は「教師が学生の個性に注意を払いながら、読書の習慣が身につくよう激励する」(p. 302) ことであった。

今日、言語教育の用語として、多読は 4 つの読みのスタイルあるいは読み方の 1 つとして認知されている。他の 3 つは、スキミング (skimming)、スキャニング (scanning)、精読 (intensive reading) である。Eddie Williams と Chris Moran は、これらの 4 つの読み方は「観察してそれと分かる読書法を基準にして」(とりわけ、読みのスピード、再読の度合い、テキストの「飛ばし読み」(skipping) によって) 識別できると述べている (1989, p. 222)。

しかしながら、本書ではスタイルとしての多読を第 1 義的に論じない。第二言語のリーディングの指導法としての多読に焦点が置かれる。

多読アプローチ

多読アプローチのねらいは、学生に第二言語で読み、しかもそれを楽しんでもらうことにある。あるいは、*Longman Dictionary of Language Teaching and Applied Linguistics* の例にならって少し形式的に言えば、多読の目的は「学習者が良い読書の習慣を身につけ、語彙や構文についての知識を増やし、読書を好むように奨励すること」(Richards, Platt, & Platt, 1992, p.133) にある。この定義が示唆するように、多読はまた全般的に第二言語能力を向上させるという良い結果を導く。このことについては、また折に触れて言及するが、本書では主として多読が第二言語で読む能力に及ぼす影響に論点を限定する。

William Grabe は 1991 年の *TESOL Quarterly* の論文の中で、多読の幾つかの利点について論じている。「少しでも長い期間にわたって集

中して黙読すると、語彙が増え、構文についての意識が高まり、「自動性」(automaticity) が身につき、背景の知識が深まり、内容理解のスキルが向上し、自信がつき、動機が高まる」(p. 396)。加えて、Aud Marit Simensen が指摘するように (60年前の Harold Palmer の意見を繰り返すかのように)、多読 は「依然として学習者の間に根強い、テキストを実社会の情報や文学的経験、あるいは、もっと単純に、楽しみや喜び、歓喜などの対象として読むのではなく、常にテキストを言語学習の対象ととらえてしまう傾向」を緩和することができる (1987, p. 42)。

　この最後の点は、想像以上に重要かもしれない。多くの国における第一、第二言語の初歩の読者に関する研究が明らかにしているのは、リーディング能力と学生が読書について持つ見方の顕著な関連性である。初級レベルの読者は、リーディングを「学校でのお勉強」(Bondy, 1990, pp. 35-36) や「大変な勉強や規則正しい努力を必要とするような、まじめで難しいおこない」(Elley, 1992, p. 77) としてとらえる傾向がある。他方、リーディング能力の高い学生は、意味中心のアプローチをとる (Devine, 1984)。彼らにとってリーディングは「楽しく想像的な活動」(Elley, 1992, p. 77) で、個人的な喜びであると同時に、社会的な活動について学ぶ方法でもある (Bondy, 1990, pp. 36-38)。あとの見方は(多読によって育成される考え方であるが)、リーディング教育の成功例として、最もよく引き合いに出されるものである。

　第二言語のリーディングを学ぶアプローチとして、多読は教室の内外で可能である。教室の外では、学生たちに本を借りて家に持ち帰り読むのを許可することで促進することができる。教室内では、一定の時間、少なくとも15分くらいが「持続的黙読」(sustained silent reading) のために必要である。つまり学生が、そして、おそらく教師にも同様のことが言えるが、それぞれが読みたいと思う本を読むのである。

　幾人かのリーディングの専門家たちは (Stephen Krashen や Beatrice Mikulecky がすぐに頭に浮かんでくるが)、多読を「楽しみのためのリーディング」(pleasure reading) と呼んでいる。William Grabe は、1995年の討論会の聴衆に向かって語ったように、どちらの命名にも特に熱心ではない。多読はいささか一般的すぎるし、「楽しみのためのリーディング」

はあまりにも限定的だ、というのがその理由である。つまり、「多読では多くの人がありとあらゆる種類の読み物に関心を向ける……それは、人が通常、楽しみのためのリーディングの部類に入れないような種類の読み物にまで及ぶ……。多読という用語は、人々の自発的であまりにも多様な理由による、あまりにも大量で広範囲なテキストとのかかわりまで取り込むことになる」。また「楽しみのためのリーディング」は、学生や両親、学校当局に対してどこか快楽的な響きを持つ可能性がある。多分、これらの理由で Stephen Krashen と彼の同僚たちは、ほかの用語である「自発的な意志によるリーディング」(free voluntary reading) を使用したのである (1993 年の著書 The Power of Reading におけるように)。

多読アプローチの特徴

すべての人を満足させるような多読に対する名称を見つけるのは困難であるが、それを辞書的な定義に煮詰めるのも同様に難しい。しかしながら、成功した多読プログラムの例に見られる特徴についての以下の記述は、教師が多読の複雑さを理解するのに役立つはずである。

1. 学生は出来るだけ多く読む——多分、教室中で、そして絶対教室外でも。
2. 広範囲な話題に関する多様な教材が用意されていること。異なった理由、異なった方法に対応するリーディングを奨励するためである。
3. 学生は自分の読みたいものを選ぶ。途中で教材が面白くなくなれば、すぐに読むのを中止してもよい。
4. リーディングの目的は、通常、個人の楽しみ、情報、一般的な知識と関係している。目的は教材の内容や学生の関心に応じて決まる。
5. リーディングとは、ただひたすら読むことによって報われるものである。リーディング後の課題は最少、あるいは、皆無なのがよい。
6. リーディングの教材は、語彙と文法の点で十分、学生の言語能力の範囲内であること。リーディングの途中、辞書の使用は最少であること。その理由は、単語を調べるための頻繁な中断によって、よど

みのないリーディングが困難になるからである。
7. リーディングは、教室内では学生のペースで個人的に静かに行うものである。教室の外では、学生自身が時と場所を選んで行なう。
8. リーディングの速度は、通常、遅いというよりは、むしろ速い。学生が容易に理解できると感じている本や読み物を読んでいるからである。
9. 教師は学生にプログラムの到達目標を明示し、手順の説明をし、学生がそれぞれ何を読んでいるかを把握し、このプログラムから最大限学べるよう指導する。
10. 学生にとって、教師は読者としての手本である。教師は教室内のリーディング・コミュニティの重要なメンバーである。読者であることとはいかなる意味なのか、そして読者として得る報酬が何であるかを身をもって示す。

以上の要素は学生と教師の両者に対して、幾つかの問題点を提起する。多読に関するワークショップで、教師たちは以下のような疑問を提示している。

- 多読の理論的な基盤は何か。
- 利点は何か。
- これら証言された利点には、経験に基づいた裏づけがあるのか。
- 第二言語の学習者は、多読を受け入れるのにふさわしいリーディングに対する態度を示すことができるか。
- 学習者に教室外で読む動機があるか。
- 「多く」読むとは、どれくらいの量のリーディングを意味するのか。
- 第二言語の様々な能力のレベルの生徒に対して、どのような教材が適当なのか。
- 初学者用の平易化された教材は、生の (authentic)「手を加えられていないありのままの」教材より劣るのか。
- 多読学習の一環として読む学生は、どのような基準によって評価され、成績が与えられるのか。

第 1 章 試みられることの少なかったアプローチ―多読とは

- 多読プログラムが成功したかどうかは、どのように評価されるのか。

これらの論点の幾つかは専門家の研究において、ほとんど取り上げられることがなかった。本書のねらいの1つは、その欠けている部分を補うことにある。

結　論

　第二言語のリーディングの授業に問題があるのか。本章の冒頭で掲げた Moran と Williams の一文にもあったように、リーディングのクラスで学生が多く読まないのは問題であろうか。Yorio が主張するように、リーディングのクラスで行われていることが、日々の生活における読書とほとんど関連性がないのは問題であろうか。私たちがとる立場は、実はこれらのすべてが問題である、というものである。また、以上の問題点は、学生のリーディング能力やリーディングに対してとる態度と深く関係し、さらに、第二言語のリーディングの指導をうまく行えば、学生をよどみのない、自主的で、自信に満ちた第二言語の読者に成長させることができるし、またすべきである、というのが私たちの立場である。最後に、Eva Mayne の 1915 年の言葉を借りて、私たちの立場を宣言しておこう。…リーディングの授業において、私たちは学生に第二言語のリーディングに対する愛を与えることができる。第二言語による読書に対する渇望は、いったん身につくと生涯彼らから離れることはない。

Further reading

　Maxim Newmark が 1948 年に編集した論文集 *Twentieth Century Modern Language Teaching : Sources and Readings* は、他の貴重な資料と並んで、20 世紀前半からの現代言語教育に関する主要なアメリカでの報告の抜粋文を収めている。読者に同書を探し当てることがかなえば、入手が一層困難な第二言語のリーディング指導の到達目標や方法論を概観する原資料についての便利な情報源となろう。

　Harold Palmer と Michael West についてさらに詳しく調べるには、A.

P. R. Howatt の *A History of English Language Teaching* (1984) から始めるのがよい。第 16 章で Palmer の伝記、業績、方法論を扱っている (pp. 230-244; また pp. 325-327 を参照)。「要するに」と、Howatt は語る。「今世紀、英語を教えることを専門的職業にするための貢献を、彼ほどになしえた者はほかにいない」(p. 327)。インドにおける Michael West の業績についての概略が、続く第 17 章で述べられている (pp. 245-250、また pp. 335-336 を参照)。

第2章

リーディングの認知的視点

外国語あるいは第二言語のリーディングを上手に教えるためには、われわれは、リーディング・プロセス（リーディングの仕組み）について、また、それをどのようにリーディングの指導に生かすかについて、できるだけ精通する必要がある。
— Marva Barnett (1989, p. 1)

良い理論は本当に役立つものである。
―作者不詳

■本章の目的
- 第一、第二言語のリーディングを認知プロセスとして検討すること。
- 認知的観点から、第二言語の優れた読者の育成における多読の役割を説明すること。

次の諸説のうち、どれがリーディング指導における理論の役割についてのあなたの考えに合致しますか。

1. 「正直言って、理論なんてものはどうでもいいんだ。僕は教師なんだから、授業で何を教えればいいかだけ知っていれば、それでいいんだ」
2. 「ホント、わけわかりませんよ。周りの人はトップダウンだとか、ボトムアップだとか、何かそんな用語についてしゃべっているけれど、僕にはさっぱり理解できません。僕はただ、学校が毎年指定してくる本を教えるだけですよ」

3.「私の修士課程のプログラムのリーディングコースは理論に基づいていました。だから私は理論についての問題を理解しているつもりですが、でも実際私は、クラスにおける実習で本当のリーディング指導を学びました」
4.「理論は重要ですよ。疑問の余地はありません。理論に基づかないものなんてないんじゃないですか」

われわれは非常に異なったタイプの教師から、リーディング指導における理論の重要性について、これら4つの異なる意見を耳にした。これらの意見を述べた4人の教師は、第二言語としての英語の上級プログラムを受けた学士から、第二言語の最小限の力しかなく、言語教授法の正式な訓練をほとんど受けていない教師まで様々であった。本書でわれわれがとっている立場は4番にもっとも近い。すなわち、理論は重要であると主張したいのである。

教育者が第二言語のリーディング・プログラムを計画するとき、またはリーディングの教師がテキストを注文し、教材を選び、活動計画を立てるとき、リーディングの性質と、どのように生徒が第二言語のリーディングを学ぶかについて、まず仮説が立てられる。これらの仮説は実際にはリーディングの理論なのであるが、それらが理論として検討されることはあまりない。しかしながら、それらが検討され、広く認められている従来の理論モデルと比較されたなら、両者の間で深刻な矛盾と不一致が明らかとなるであろう。リーディング・プロセスと、生徒が第二言語のリーディングをどのように学ぶかを深く理解することによって、第二言語のリーディング・プログラムと教育的アプローチのための、より強力な理論的根拠を得ることができる。

本章でわれわれは、第二言語のリーディング・プログラムを進めるにあたって、多読アプローチが重要で有益であるという前提を支持する、2つの正当な根拠のうちの最初の1つを述べることから始めたい。この最初の根拠は、認知プロセスとしてのリーディングの本質に基づいている。章の前半では、リーディングの認知的・相互作用的モデルを考察し、後半では、生徒の第二言語のリーディング能力を向上させるために、多読がどのよう

な役割を果たすことができるかについて検討する。

認知プロセスとしてのリーディング

リーディングにはいろいろな形がある。リーディングと呼ばれるあらゆる活動について少し考えてみよう。リーディング活動には、まじめな学問的読書（今あなたがしていることです）、漫画を読むこと、見たいテレビ番組を番組表で探すこと、面白い記事があるかどうか見るために雑誌にざっと目を通すこと、好きな作家の書いた新しい小説に没頭すること、子供に本を読んであげること、外国語の映画を見るときに字幕に注意を集中すること、講演をするとき原稿を時折ちらっと見ること、などがある。しかし、このリストはリーディングと呼ばれる活動の全体像をまだとらえ始めてはいない。

リーディングという名のもとに行われているこれら様々な活動は、社会文化学的、生理学的、感情的、哲学的、教育的、認知的視点などの多くの違った視点から見ることができる。これらの視点は相互に関係し、依存し合っているが（例えば、Martin Gill は「文化と認知作用を正しく理解しようと思えば、両方を一緒に考慮しなければならない」(1992, p. 62) と指摘している）、それぞれの視点について個別にそれぞれの条件のもとで考察することにも価値があるだろう。これは、小説は全体で評価されるが、洞察は、主要登場人物の役割を細かく検討することによって得られるということと類似しているかもしれない。本章の焦点は、リーディング・プロセスが認知的視点から、第二言語のリーディング指導へ多読アプローチを導入することを支持しているということを示すことにある。

リーディングと呼ばれる活動は沢山あるが、ほとんどのリーディングの専門家が、認知的視点から考えるときに、リーディングを理解するのに有益だと認めるであろう定義を提示することは可能である。その簡潔な定義とは「リーディングは印刷されたり書かれたメッセージから意味を構築することである」。意味を構築する際、読者は書かれたメッセージから得た情報と既得知識とを結びつけ、ある意味に、すなわち、ある理解に到達するのである。

認知心理学者はずっと以前から、どのように読者がページの活字から意味を創造できるのかという点に関心を持ってきた。もちろん、脳の働きは電気エネルギーの奔出として検知できるにすぎず、そういった検知は、認知心理学者にとっては手助けにならないものである。それゆえ、認知心理学者によって行われた検知作業は比喩的な用語の使用によって行われている。過去40年以上にわたって、多くのリーディング・プロセスを示すモデルが生み出されてきた。そういったモデルは、本質的には想像の産物であるが、リーディングについて観察できたことに基づいている。認知心理学者は、人が声を出して読むとき、あるいは活字を目で素早く追って読むときに起きる読み間違いや自己修正のような現象を説明しようとする。したがって、これらのモデルは、「多くの研究から得られた発見を、一つのまとまった体系に結びつける」(Adams, 1994, p. 842) という現実に基づいた推論のことである。

リーディングの双方向的モデル

最も広く認められているよどみない第一言語のリーディングのモデルは、稲妻のような反射的な語彙認知から始まる、様々なプロセスのインタラクションを前提としている。この最初の語彙認知のプロセスが、正確で素早く反射的であるおかげで、次の段階に同時に起こる幾つかのプロセスを使う余裕が心の中に生まれるのである。後者のプロセスにおいて、推論、背景知識、取り上げられている話題についての知識が、意味を構築するために使われるのである。ボトムアップ処理 (bottom-up processing)（テキスト主導）とトップダウン処理 (top-down processing)（概念主導）という仮定的な複合概念は、リーディングモデルの初期段階を概念化する場合、有益な手がかりではあるが、しかしながら、よどみない読解において、心的プロセスが、どのようにテキストの特徴と相互に作用し合うかを説明する場合、説明を二極分離してしまうおそれがあるので、今は使わない方がよいだろう。

リーディング・プロセスに関する次の記述は、Adams (1990, 1994), Perfetti (1985), Samuels (1994), Stanovich (1992) などからの多くの資料を

参考にしている。

- リーディングは、コンテクストとは関係なく、正確で、素早い、反射的な視覚による語彙の認知から始まる。

　反射的語彙認知は、よどみないリーディングの基礎となるものである。それによって、熟練した読者は非常に簡単に、苦もなく、素早く、教材を読み進めることができる。ページの活字を目で追うとき、読者はテキストのほとんどすべての語を注視していることが調査によって証明されている。Colin Harrison は、Rayner (1983)、Just と Carpenter (1987)、Rayner と Pollatsek (1989) らにより報告された第一言語のリーディングに関する研究を以下のように要約している。

　　われわれに現在分かっていることは、通常の読書では、成人は……ほとんどすべての単語（内容語の 80 パーセント以上、of や the のような機能語の 40 パーセント以上）を注視し、2 語以上飛ばして読むことはまずない。単語を注視する時間は一般に 1/5 秒から 1/4 秒 (200-250 ミリ秒) の間である。(Harrison, 1992, p. 9)

読者が反射的に認知できる単語は、しばしば視覚語彙 (sight vocabulary) と呼ばれる。

　この反射的で素早く正確な語彙認知のプロセスは、ゆっくりとした、1字ごと、または音節ごとの単語解読のストラテジーと混同されるべきではない。音素解読 (phonemic decoding) と呼ばれているこのストラテジーは、よどみなく読む読者が自分たちの視覚語彙に属さない単語に出会うときのみ使われる。

　しかし、この語彙認知プロセスを中心に置く見方は、視覚語彙を増やすことが、内容理解をもたらすと提言しているわけではない。Keith Stanovich が述べているように、「効率的な語彙認知は満足のいく内容理解のための必要条件かもしれないが、十分条件とは思われない」(1992, p. 4) からである。

●単語の反射的認知は語彙的アクセス (lexical access) を可能にする。

　語彙的アクセス (lexical access) とは「語の意味とその音韻表示 (phonological representation)」(Stanovich, 1992, p. 4) を記憶から自動的に呼び起こすことである。意味論的にも統語論的にも、コンテクストに合った意味がその語に結びつけられる。狭義には、語が現れるコンテクストを意識することによって、自動的に「語のすべての意味の中から、進行中の解釈に適した意味を選び出して強調する」(Adams, 1994, p. 849) ことである。

　語彙的アクセスは、語彙認知のように、意識下で働くもので、自動的に素早く起こるものである。このことは重要である。なぜなら、Marilyn Jager Adams が指摘するように、「活字の意味を認知しとらえる能力が、素早く、苦もなく、自動的になればなるほど、読者は正確な内容理解を決定づける認知的なエネルギーとその源泉を利用できる」(1994, p. 840) からである。

　リーディングにおける瞬間的で自動的な語彙的アクセスの役割は、アルファベットの表記システムを使用している言語に限られたものではない、ということを示す証拠がある。Keiko Kuhara-Kojima, Giyoo Hatano, Hirofumi Saito, Tomokazu Haebara は日本語のひらがな（音節文字体系）と漢字（中国文字）を読むときの語彙的アクセスの役割を調査した。彼らは、実際そのプロセスは、あらゆる言語全般にわたって認められると結論づけている。すなわち、「（リーディング理論には）一般的に、語彙的アクセスの自動性が、読解の必要条件として含まれている」(1996, p. 169) ということである。

　もし語彙的アクセスがうまくいかなければ、読者は読む速度を落とし、語の正字表示（綴り）を可能な意味論的・統語論的解釈と結びつけることに意識を集中しなければならない (Harris & Sipay, 1990, pp. 436-437)。Charles Perfetti が説明するように、「時間や努力を要する非効率的な語彙的アクセスは、活動中の記憶の働きを更に困難にする」(1985, p. 113) のである。

第 2 章　リーディングの認知的視点

- 内容理解に至るまでの間、センテンス中の語の音韻表示は、活動中の記憶の中に保たれる。

　活動中の記憶の中に保たれている音韻表示は、読んでいる間、そして、節あるいはセンテンスの後の一瞬の休止の間に「素早く」解釈される (Adams, 1994, p. 856)。音韻表示を音韻翻訳 (phonological translations) (pp. 854-857) と命名した Adams は、この解釈プロセスが進行している間、読者は「記憶の中で一連の単語の集合的な意味と、その意味が会話あるいはテキストの全体的な理解にどのように貢献しているかを導き出す」と書いている (p. 857)。

　もし読者が意味を構築するまで、活動中の記憶の中に、節やセンテンスを保持することができないなら、内容理解は著しく阻害される。これは読者が 1 つのセンテンス中の語を認知するのに時間をかけすぎるときに起こる。Adams は、「センテンスの最初の部分は、その最後の部分が心に刻まれる前に、記憶から薄れていく」(p. 857) という言い方をしている。

- 内容理解は、読者の言語・背景・テキストの種類・話題に関するその時点までの知識にかかっている。

　内容理解において重要なのは、読者がテキストで思い浮かべる知識である。意味の構築は、読者の言語知識、言語構造の知識、リーディングの話題に関する知識、幅広い背景あるいは世界の知識に依存している。第一言語のリーディングの権威、Richard Anderson と Peter Freebody は、意味構築においてこれらの要素がどのように貢献するかを説明するために、知識仮説 (knowledge hypothesis) なるものを立てている (1981, p. 81)。Martha Rapp Ruddell は、この仮説をさらに練り上げて、これらの様々な知識要素が相互に作用して意味を形成する (1994, p. 416) と主張した。

　多くの研究者は、これら高レベルの内容理解のプロセスがどのように機能するかを理解する上で、スキーマ理論 (schema theory) が果たす役割に注意を促す。なぜなら、その理論はどのように読者が知識を組織化し知識にアクセスするかを記述するからである。読者は意味を構築するために、単なる雑多な語彙知識、背景知識、言語学的な知識以上のことを必要とす

19

る。William Nagy と Patricia Herman が書いているように、「知識は単に個々の事実のまとまりのない集まりから成るのではなく、むしろ組織だった、相互に関連したまとまり、あるいはスキーマから成る」(1987, p. 28) のである。スキーマ理論はどのようにして知識の組織化が成されるかを理解する1つの手段を提供してくれる。

　素早く、正確で、自動的であるために、ほとんど処理能力を使わない語彙認知や語彙的アクセスとは対照的に、これら高レベルの内容理解のプロセスは、「通常かなりの集中力を必要とする」(Samuels, 1994, p. 829)。人の頭脳は1度に使える処理能力をほんのわずかしか持たない。このように、よどみなく読むことの出来る読者が読む速度を落とし、語彙を認知することに意識的に集中しなければならないとき（つまり、先に述べた音素解読のストラテジーを利用するとき）、彼らは、知らないあるいは珍しい単語を含むセンテンスまたはパラグラフの意味を理解することが難しいと感じる。Isabel Beck が説明するように、「もし読んでいる間、語彙に注意が必要以上に集中するなら、あまりにも多くの処理能力が音素解読に費やされ、それがリーディング・プロセスの高レベルの構成機能（つまり、意味の構築）を妨げるだろう」(1981, p. 75)。

　よどみなく読む読者にとっても現実に起こること、つまり、読む速度を落とし、語彙認知に意識を集中することによって、意味構築が妨げられるという現実は、初心者の読者にとってより一層起こりうることである。それは初心者にとっては、音素解読のプロセスと内容理解のプロセスを、関連づけることができなくなってしまうという分裂である。S. Jay Samuels が述べているように、「もし読者の注意が音素解読に集中したら、また注意を1度に1つのプロセスにしか向けることができないとしたら、内容理解という課題をこなすことはできない」(1994, p. 821)。Samuels は、初心者の読者は、音素解読と意味構築とに、交互に何度も注意を払うこと、彼の言葉で言うと、「時間がかかり、骨が折れ、気がめいること」(p.822) を強いられると信じている。

　要するに、最も広く認められている、よどみないリーディングの認知モデルは、正確で反射的な語彙認知の重要性を強調する。このプロセスは、高レベルの認知的推論と共に意味構築を生む、他の多くの相互作用的・同

時発生的プロセスに先行して起こる。この節では、これらの相互作用的・同時発生的プロセスを、便宜的に分けて議論したけれども、よどみないリーディングとは、実際は縫い目のない統一体なのである。

第二言語におけるリーディング

認知的視点から見て、第一言語と第二言語のよどみないリーディングに違いがあるだろうか。Charles Alderson と Alexander Urquhart は *Reading in a Foreign Language* の冒頭で、「われわれは第一言語のリーディングと外国語のリーディングをはっきり区別しないし、また実際そうすることが難しいことは分かっている」(1984, p. xv) と述べている。さらに専門的な用語を使用して、Catherine Wallace はその著書 *Reading* の中で、「われわれはあらゆる言語のリーディングにおいて、表記システムが非常に異なる場合でさえ、同様のプロセシング方略を利用している」(1992, p. 22) と述べている。このように、前節で述べたよどみないリーディングの認知的・相互作用的プロセスもまた、第二言語のよどみないリーディングの本質をとらえる上で有益であると言える。

よどみない第二言語の読者の育成における多読の役割

よどみない第二言語のリーディングに必要な構成要素を発展させるために、多読は重要な役割を果たすことができる——多分果たすべきであろう。構成要素とは、豊富な視覚語彙、幅広い一般語彙、そして目標言語についての知識、背景知識、テキストのタイプについての知識である。これら各々の構成要素の発展に多読の果たす役割を、以下に検討する。

視覚語彙の養成

豊富な視覚語彙の養成とは、活字の形になった語を反射的に認知できるようになる程度まで、語を繰り返し繰り返し学ぶことだと考えることができる。これを成し遂げる最良でしかも最も簡単な方法は、たくさん読むことである。入門段階の読者は、単に、少し知っている単語に繰り返し出会えばいいのである。1つの語に様々なコンテクストで何度も出会い理解

するにつれて、「その1つの語についての情報の源がまとめられて、1つの非常に結束した概念になる……。このように、活字の形になった語はその音韻的・意味的・統語的・正字的情報の象徴となる」(Harris & Sipay, 1990, pp. 435-436)。多角的に出会った結果、その語彙は読者の視覚語彙として記憶される。1つの語彙への親密度が増せば自動的に認知しやすくなるのである。

　Stephen Krashen の有名な第二言語の理解可能なインプットという名称 (例、1985,1991) を再定式化すると、この「反射的に語を理解する力を身に付けるための訓練」(automaticity training) (Samuels, 1994, p. 834) のための教材は「i－1」(i minus 1) でなければならない。「i」は学生の現時点の習得レベルである。この i－1 は Krashen の理解可能なインプット仮説 (comprehensible input hypothesis) と対照的である。その仮説では、さらなる習得のために、理解可能なインプットは「i」を少し上回る要素を含まなければならないとされ、つまり、「i＋1」となる。i－1 となる理由は、反射的に語を理解する力を身に付けるための訓練の目的が、新しい言語的要素の学習というよりも、幅広い視覚語彙を養成することだからである。もちろん、i－1 レベルのテキストは、リーディングを学ぶときに理想的な教材であるが、必然的に、教材は i (読者の現時点の言語能力レベル) と、いくらかの i＋1 (読者がまだ習得していない要素) と同様に、i－1 レベルの語彙と統語的構文を含む。しかし、語彙と文法の大半が、読者の能力の範囲内、つまり i－1 にあり、i＋1 レベルの要素の理解にあまり時間をとられない限り、視覚語彙を増やすことは可能なのである。

一般語彙知識の養成

　第一言語のリーディングにおいて、よどみない読書では、語彙がなくてはならない役割を果たしていることは十分立証されている。簡単に言うと、子供の語彙が多ければ多いほど、内容理解は高くなっていくということである。例えば、Jeanne Chall は「理解力に関するあらゆる研究は、語彙知識の重要性を指摘している」(1987, p.15) と書いている。Nagy と Herman ははっきり「多くの語彙を知っている子供は、テキストをよりよく理解す

る」(1987, p. 27) と述べている。

　認知的視点から、第一言語と第二言語のよどみないリーディングに本質的な違いがない、というわれわれの立場からすれば、多くの語彙の必要性は第二言語のよどみないリーディングにおいても同じく否定できない。それがどの程度重要かは、William Grabe の次の観察から判断できる。彼は誇張した発言をしない第二言語のリーディングの専門家である。Grabe はよどみない読者は、「敏速に正確にそして反射的に理解できる、非常に多くの受容語彙」（傍点筆者）を必要とする (1988, p. 63) と指摘している。そのような語彙の欠如は、「ESL 学習者がよどみなく読むことにとって最大の１つの障害であろう」(p. 63) と Grabe は言う。

　第一言語においては、子供は読書をしている間、コンテクストに合う意味を推測することによって、新しい語彙をたくさん学ぶ。Nagy と Herman は調査文献を検討した結果、「リーディングをしている間の偶発的な単語の学習は、大規模な語彙の増加を促進する、最も簡単で、唯一の最も強力な手段であろう」(1987, p. 27) と結論づけている。

　第二言語の学習者も同じこと、すなわち、読んでいる間に偶発的に語彙を学ぶことができるであろうか。第二言語のリーディングに関する研究は、第一言語におけるほど豊富で確固たるものではないが、条件付きとはいえ第一言語の研究に近い結論を示している。つまり、様々な興味を持てる i−1 レベルの教材を多く読む第二言語の読者は、一般語彙知識を増やすことができる。第二言語関連の研究報告で、James Coady は「読書をしている間に偶発的に語彙を習得するという仮説 (incidental acquisition hypothesis) は、テキストとの意味のあるやり取りは、ゆっくりとしているが着実な語彙知識の増強があることを暗示している」(1993, p. 18) と結論づけている。しかし Coady は、第一、第二言語のどちらにおいても、どのように読者がこれを行うかは分かっていないと指摘している。

　その不十分な調査基盤に加えて、結論を得にくくしているものの１つは、初歩の第一言語の読者と初歩の第二言語の読者の相違点の性質である。初歩の第二言語の読者は、第一言語の読者と違い、第二言語の言語学的理解の初期段階にある。また、第二言語の読者は第一言語の読者がリーディング学習に持ち込む、耳で聞いて得た膨大な語彙 (the large oral vocabulary)

を欠いている。これは、Thomas Huckin と Margot Haynes が言うように、初歩の第二言語の読者には、読んでいる間にコンテクストから語彙を習得することは、「明らかに問題である」(1993, p. 290) ことを意味する。

しかし、第二言語のリーディング能力が向上するにつれて、偶発的な語彙学習のプロセスはより有効になる。Fredricka Stoller と William Grabe は、「いったん知識（と語彙）のある一定のレベルに達すると、……学生たちはより豊かな知識を新しい語彙の学習に利用することができる」(1993, pp. 31-32) と主張している。

コンテクストから語についての意味を推測し、習得し、語の知識を洗練するという、最初から難しく問題のあるプロセスを可能にするためには、第二言語の読者は知らない単語の割合が非常に低い教材や知っている単語で書かれた教材を読まなければならないということになる。言い換えれば、テキストは本来 i－1 であり、知らない単語や難しい構文をほんのわずかしか含まないものであるべきなのである。また、これらの簡単なテキストのリーディングは、大量に行われなければならない。なぜなら、「単語を特徴づける明確な意味は、様々なコンテクストの中で何度も出会うことによってのみつかむことができる」(Huckin & Haynes, 1993, p. 290) からである。

Paul Nation と James Coady が結論づけているように、「一般的に研究結果は、読書のための語彙知識の重要性と、語彙を増やす方法としての読書の大切さについて、疑う余地がほとんどないことをわれわれに示している」(1988, p. 108)。第二言語の学生は読まなければならないし、多様なコンテクストから単語を学習するため、また、より巧みな読者になるために、さらに多く読まなければならない。そうすれば偶発的な語彙学習はより容易になる。多読アプローチは─第二言語の読者が、簡単で、多様で、面白い教材をたくさん読むアプローチであるが─学生が偶発的な語彙学習を行う１番いい機会を確実に与えることができるのである。

様々な型の知識の養成

よどみなく読むことに必要な最後の要因は知識である。なぜなら、内容理解は知識の上に成り立っているからである。面白いことに、読むこと

が、読解に必要とされる知識の素晴らしい宝庫のように思われる。Albert Harris と Edward Sipay は、第一言語のリーディングの上達についての議論の中で、「幅広いリーディングは語の意味の知識を増やすだけではなく、読解をさらに容易にする話題についての知識や背景知識も養成する」（傍点筆者）(1990, p. 533) と述べている。

　よどみないリーディングの認知プロセスが第一言語においても第二言語においても同じであるということになれば、第二言語のリーディングにも類似の状況があるということになる。第二言語の読者は語法の知識、背景知識、話題についての知識を必要とするのである。それはまるで彼らが第二言語のリーディングによって、これらの知識を習得できるかのようである。Grabe は、「最大限に情報の多様さを持った、そして最大限に幅広い目的を持ったリーディングを多くすればするほど、読者は……認知スキーマの様々な配列を創造し、洗練し、結びつける能力をより早く獲得するだろう」(1986, p. 36) と主張している。

　学生がよどみなく読み、読んでいるものの意味に意識を集中する多読アプローチは、それゆえ、学生がこれらの知識を習得する最良の機会を手にしていることを確信させる重要な役割を果たすことができるのである。

　この節では、視覚語彙、一般語彙の知識、語法・話題・背景についての知識の獲得について別々に論じたが、われわれはそれらの養成が相互に関係していると言いたい。学生が多読を実行しながら、これら3つの知識すべてにおいて進歩が見られないということは想像しにくい。

結　論

　本章の目的は、学生に第二言語のリーディングを教えている教師にとって、どうすれば理論モデルが有益な指導の手段と成りうるかを示すことであり、どうすれば学生の第二言語におけるリーディングの上達を助けうるかを明確にすることであった。リーディングを相互作用的・認知プロセスとして見ることによって、リーディングについてのいくつかの識見を得ることができる。そのうちの1つは、よどみなく読むための前提条件として、幅広い視覚語彙の基本的な重要さである。さらに、第二言語の学生は幅広

い一般語彙を増やさなければならない。理解できて面白いテキストを多く読むことが、これらを成し遂げる確かな方法である。そのようなリーディングはまた、読解に必要な言語学的・背景的知識を習得する上で、重要な役割を持っている。要するに、多読アプローチは学生がよどみなく読めるようになることを可能にするのである。

　このリーディングにおける認知の観点からの検討は、第二言語のリーディング・カリキュラムに多読を導入することへの第1番目の正当化の理由を提供する。第2番目の理由は学習意欲の問題であり、それについては次章で論じる。

Further reading

　Patricia Carrell, Joanne Devine, David Eskey 編集による1988年出版の *Interactive Approaches to Second Language Reading* は、第二言語におけるリーディング・プロセスの双方向モデルの歴史を跡づけた基本的な論文集である。

　リーディングの双方向モデルは、1970年代の Frank Smith と Kenneth Goodman の仕事や著作から多くの恩恵を受けている。Colin Harrison は "The Reading Process and Learning to Read" (1992) という論文で、今なお重要な Smith と Goodman のリーディング・プロセスに対する洞察と、今後の研究を待ってなされなければならない修正の双方について、(第一言語の観点から) 生き生きとした、バランスのとれた説明をしている。

　反射的で素早く正確な語彙認知が、よどみなく読むために果たす役割を立証するのに助けになる第一言語の研究に関するさらなる情報と詳細については、Marcel Just と Patricia Carpenter の *The Psychology of Reading and Language Comprehension* (1987) と、Keith Rayner と Alexander Pollatsek の *The Psychology of Reading* (1989) に就かれたい。専門的であるが、これらの本は一読に値するものである。

　リーディングを通しての語彙学習に関しては、Thomas Huckin, Margot Haynes, James Coady 編集で1993年に出版された *Second Language Reading and Vocabulary Learning* の中で論じられている。この主題に関

する研究のほとんどは第一言語を対象としているとの理由から、特にわれわれの興味を引く1章は、Fredricka Stoller と William Grabe による "Implications for L2 Vocabulary Acquisition and Instruction from L1 Vocabulary Research" である。

第3章

学習意欲――リーディングの秘密の花園

態度と知覚がわれわれの経験のすべてを色づけする。それらはフィルターであり、そのフィルターを通してすべての学習が行われる。
— Robert Marzano (1992, p. 3)

学生は学べないのではない。学ぼうとしないのである。
— Mihaly Csikszentmihalyi (1990b, p. 115)

■本章の目的
- 第二言語のリーディングにおける態度と動機づけを紹介すること。
- 多読を態度と動機づけに関連づけること。

教師は学習において態度 (attitude) と動機づけ (motivation) が果たす役割を非常に重視する。彼らは自分たちの教室での経験から、学校、授業内容、そして教室に対する態度が悪い学生は、しばしば動機づけが弱く、授業を進める上での大きな問題となることを知っている。

しかしながら、たとえ教師がそれらの重要性を認めても、リーディングに対する意欲面 (affective aspects) への関心が、第一、第二言語のどちらにおいても、具体的なリーディング指導にまで影響を及ぼすということはめったにない。その理由を、第一言語のリーディング指導について書いているMichael McKenna は、「Athey (1985) が意欲について『目に見えない変数』(shadowy variables)(p. 527) と呼んだものを下手に概念化してしまうと、学校での時間が、リーディングの上達を追求することに当てられるのが1番という考えを強めてしまう」(1994, p.18) と提言している。

状況は第二言語のリーディング指導においても同様である。第二言語学

第3章　学習意欲──リーディングの秘密の花園

習への一般的な動機づけに関する研究がなされているにもかかわらず（例えば、Robert Gardner と Wallace Lambert の統合的で具体的示唆に富む動機づけに関する指導書（例1959）を知らない教師はほとんどいない）、これまで第二言語のリーディング学習における態度と動機づけへの関心は比較的低かった。

　第二言語のリーディングの意欲面に対して、体系的で根本的な注意が払われてこなかったことは不運である。結局、教師がリーディングコースの計画を立て、テキストを指定し、授業計画を発展させ、リーディングに関する課題や練習問題、課外活動を始めるとき、実際には、彼らは、自分たちの指導において、また、学生の学習において、態度と動機づけが果たす役割について意見を述べていることになるのである。おそらく、学生の第二言語のリーディング習得の本質に関する理論的仮定についてと同じく、これらの意見については検討されてはいないだろう。毎日、教育活動に追われたり、リーディングコースでの実質的で具体的な目的や目標を達成することに心を砕いたりしなければならないために、それらはしばしば忘れ去られている。にもかかわらず、態度と動機づけ、それに、どうすれば教師がそれらを自分たちに有利に利用できるかを深く理解することによって、すぐに実際の教育に生かせる利点を得ることができるのである。

　本章では、第二言語リーディング・プログラムに多読を導入する第2の根拠（リーディング・プロセスの意欲面に基づく根拠）を紹介し議論する。われわれは、Athey の意欲の「目に見えない変数」をできるだけ浮き彫りにすることから始め、次に多読にそれを関連づけることへと進みたい。最初に検討する「意欲変数」は態度であり、次が動機づけである。

態　度

　態度は複雑で仮説的構造を持っていて、その一般的定義は普通、評価 (evaluation) という概念を含んでいる。例えば、Icek Ajzen は、「態度はある対象物、人、組織、あるいは出来事に対して、積極的にまたは否定的に反応する性向である」(1988, p. 4) と述べている。同様に Alice Eagly と Shelly Chaiken (1993, p.1) は「態度はある特定の対象に対して、積極性又

は否定の程度によって表現される心理的傾向である」と書いている。この態度の持つ評価的側面はその際立った特質であり、他の意欲変数から態度を区別するものである。

態度についてもう1つ重要な点は、それが変化を受けやすい（固定されたものではない）ことである。これは教師には都合のよい点である。なぜなら悪い態度は変えることができるからである。しかし、この都合のよい点も、態度を変えさせるには多くの変数が関係するという事実（例えば、他の色々な態度、ある1つの特別な態度の強さ、そして原因）によって、かならずしも喜べないものとなる。だから態度を変えさせようとする試みは、いつも成功するとは限らない。しかしながら、ある研究によると、消極的な態度とその原因を認識することで、先入観を弱める、あるいは排除さえできうるという (Pratkanis, 1989, p. 82)。それゆえ、教師にとって有益な最初の第1歩は、生徒の第二言語のリーディングに対する態度（積極的であれ消極的であれ）の原因を理解することだと言える。

態度と第二言語のリーディング

第一言語のリーディングの態度に関してある分析がなされている。よく知られているのは、Grover Mathewson の 1994 年出版の "Model of Attitude Influence upon Reading and Learning to Read" と、そのモデルを発展させた Michael McKenna の "Toward a Model of Reading Attitude Acquisition" (1994) である。図1は、第二言語の観点からその内容を説明し、第二言語のリーディングに対する学生の態度の4つの原因を示したモデルである。これら4つの原因、すなわち、第一言語のリーディングに対する態度、今までの第二言語のリーディング学習の経験、第二言語と文化と人々に対する態度、第二言語教室の環境を以下順番に検討していく。

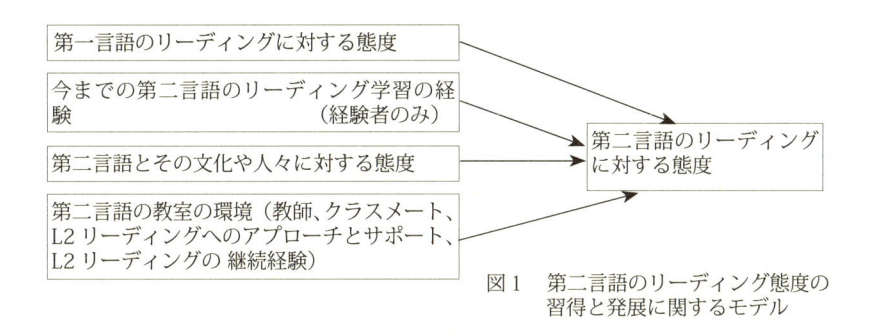

第3章　学習意欲—リーディングの秘密の花園

```
┌─────────────────────────────┐
│ 第一言語のリーディングに対する態度 │────┐
├─────────────────────────────┤    │
│ 今までの第二言語のリーディング学習の経 │    │
│ 験　　　　　　　　　（経験者のみ）   │───┐│   ┌──────────────┐
├─────────────────────────────┤   ││   │ 第二言語のリーディング │
│ 第二言語とその文化や人々に対する態度 │──→├─→│ に対する態度       │
├─────────────────────────────┤   ││   └──────────────┘
│ 第二言語の教室の環境（教師、クラスメート、│   │
│ L2 リーディングへのアプローチとサポート、│──┘
│ L2 リーディングの 継続経験）         │
└─────────────────────────────┘
```

図1　第二言語のリーディング態度の習得と発展に関するモデル

第一言語のリーディングに対する態度

学生がすでに自分たちの第一言語で読み書きができることを前提とすれば、第二言語のリーディングに対する態度の原因の1つは、彼らの母語でのリーディングに対して、彼らが示す態度にあると言える。つまり、自分たちの言語によるリーディングに対して積極的な態度をとる学生は、第二言語のリーディングに対しても積極的な態度で読み始める可能性が高いのである。第一言語のリーディングがあまり魅力的であるとも重要であるとも感じない学生は、第二言語のリーディングをあまり積極的でない、あるいは消極的とさえ言える態度で始めるだろう。

第一言語のリーディングに対する態度は、学生の日常の気楽な読書体験、教室の授業での練習、第一言語文化の中でリーディングがどのように考えられているか、に由来する。Albert Harris と Edward Sipay (1990, pp. 49-51) は読書態度の習得に関する調査についての有益なまとめを提供してくれている。早期の読書体験は、読むことを学ぶ最初の重要な1歩であるばかりでなく、態度までも形成することは明らかである。Harris と Sipay が述べているように、「両親や兄姉が読書をしているのを見たり、本を読んでもらったりすると、読書に対する好ましい態度が自然と身に付き、子供が読書を尊重する手助けになる」(p. 49)。

幸運にも、読書に対する積極的な態度をすでに持った状態で、正式な学校教育を受け始めた子供は、その後に態度の強化はほとんど受けないかもしれない。学生に読書に対する積極的な態度を植えつけることの重要性は広く認められているが、そのために実際の練習は実行されない。Betty

Heathington はこう説明する。「積極的態度を促進するか、あるいはスキルの上達に重点を置くかのどちらかの選択を迫られたら、教師はスキルの上達を選ぶように思われる。彼らの実際の指導は、読み書き能力に関して、学生にとって必要なものは、態度ではなく、スキルであると信じていることを示している」(1994, p. 199)。そのような指導は悲惨な結果を引き起こしかねないと Heathington は信じている。なぜなら、「学生が無意味だと思う活動を無理やりやらせれば、学校を卒業した後ずっと、彼らはその活動を嫌う態度をとり、読み書きの練習を避けるようになるだけだからである」(p. 200)。

　興味深く、そしておそらく常識に反することであろうが、これらの否定的態度はリーディングの上達を優先し、リーディング学習において成功していると見なされる学生によっても示されることがある。Frank Smith の言葉を借りれば、「本当の悲劇は、能力のあまり高くない読者と同様、読み書きの優れた読者も、学校を卒業すると、生涯読み書きに対する嫌悪を持ち続けることである。彼らはそれを単に学校の活動、すなわち、つまらない退屈な『作業』と考えている」(1983, p. 115) のである。

　リーディングが重要で面白いものであるという態度を示す学生を送り出すことが、第二言語のリーディングの教師の望みである。しかしながら、最悪のシナリオでも、すべてがだめになってしまうわけではない。なぜなら、第一言語のリーディングに対する態度は、第二言語のリーディングの態度に影響を与える4つの変数のうちの1つにすぎないからである。

今までの第二言語のリーディング学習の経験
　もし学生が他言語のリーディング学習を経験していたなら、その経験は新しい言語のリーディングに対する彼らの態度に影響を与えるだろう。以前に成功した経験があるなら、学習者は新たな経験に取り組み易いだろう。ところが、それが不成功に終わっていたなら、彼らは新たな言語の学習プロセスを始める前に、興味を失ってしまいかねない。

第二言語とその文化や人々に対する態度
　このカテゴリーにおける積極的態度は、学生に第二言語でその文化や人

間に関する事柄について読む気を起こさせる。そのような好ましい態度を、祖先が他国からの移住者である人が多くいる地域で見つけることは珍しくない。彼らの子孫はしばしば、祖先が使っていた言語を学ぶことや、その文化を理解すること、そして父祖の地を訪れることに熱心である。

第二言語教室の環境

教師やクラスメート、教材、課外活動、課題、授業の進め方などに対する好意的な感情や経験は、第二言語のリーディングに対する積極的な態度を生みやすい。不快な感情やそれを引きずる経験は、消極的な態度につながりやすい。

教師は第二言語のリーディング学習が学生にとって簡単な作業ではないことを知っている。彼らはこのことを認めているので、様々なやり方を工夫するのである。例えば、リーディングを容易にするために、リーディングの前に背景知識を十分覚え込ませたり、難しいリーディングには、その理解のために、適切で簡単な課題を与えたりするのである。

それと同時に、教師の最善の努力にもかかわらず、第二言語のリーディングを「難しい」と考える学生が教室内で多数を占めるということは、むしろ真実であろう。本書の序文の冒頭に引用されている Aebersold と Field (1997, p. 116) の「第二言語／外国語のリーディング授業の現実」の記述を思い出してみよう。そこでは、「何を読んだのかさっぱり分から」なく、教室での評価が「気になる」のが学生の特徴だと書かれている。

簡単な回答は、多くの場合これは仕方のないことだろう、というものであろう。実際、幾つかのリーディングコース、例えば、学術的準備プログラムのものなどでは、学生に幾つかの点で彼らの第二言語能力を越えた文を読む力を身に付けさせることが目的となっている。しかしながら、仕方がないというような言い方は、難しい、あるいは面白くないリーディングの経験によって受ける、学生たちが支払わねばならない避けがたい学習意欲面での犠牲を無視している。

リーディングに対して否定的な態度を持ったまま第二言語コースを終える学生のその後の状況に関しては、めったに議論されない。しかし、どのような結果が起こりうるか、本章のはじめの方で言及した第一言語学習者

のリーディングに対する嫌悪から推論することができるであろう。

多読と態度

第二言語のリーディング指導における多読アプローチが、学生の態度にどのような影響を期待できるだろうか。図1に示した第二言語のリーディングに対する態度の4つの原因のすべてが、多読によって影響されるわけではない。第一言語のリーディングに対する態度と今までの他の第二言語のリーディングの経験の2つは過去に属し、多読であれ他の方法であれ、その後で行うリーディング・プログラムの範囲を越えたものである。しかし、他の2つの態度に対しての原因に関しては、多読の影響は大きい。

もし学生がリーディングを通して、第二言語の文化や人々を好意的に見るようになれば、多読アプローチは、第二言語の文化や人々に対する態度に影響を与えるかもしれない。しかしながら、これはあくまで可能性にすぎない。なぜなら、学生は好きなものを読むのだから、目標言語の文化や人間についても読むという保証は全くないからである。

一方、多読アプローチは個々の学生が自由にリーディング教材を選べるので、彼らはそれぞれ、リーディングによって自分自身の興味を深めていくことができる。それゆえ、彼らの自由な観点から第二言語文化に入って行くことが可能であり、深くかかわることさえできる。例えば、本書の著者の1人は多読プログラムの学生を担当しているが、（4人の学生の例を挙げれば）彼らは、アメリカのメジャー野球リーグ、チャーリー・チャップリンやマーティン・ルーサー・キングのような過去の偉人、健康と環境問題に関する全体的な積極行動主義、アメリカとイギリスの青少年向けの小説を通して見た現代の文化の問題、についてそれぞれ読んでいる。さらに肝心なのは、個々の学生は、あまり興味がない、あるいは全く興味がない他の3つの話題について読む必要はないということである。学生が教師の選んだ同一のテキストを読まなければならない授業では、あまりこのような融通は利かない。

多読がうまくいっているプログラムでは、クラスが前向きな雰囲気であること、学生にどんどん読ませることを重視する。教師は積極的に授業の活動に参加して、模範的な読者の役割を担い、リーディング活動に権威を

第3章　学習意欲──リーディングの秘密の花園

与え、手本を示し、手助けをする。多読の個人的で私的な性質はまた、教師が競争も評価もない読者のコミュニティを作ることを容易にする。学生は教師や仲間による評価をほとんど気にしなくてもよくなる。なぜなら、授業の重点は正しい答えではなく、リーディング教材に対する個々の学生の反応であるからである。教育をする側と受ける側の現場に存在する個々の多様性が容認される。なぜなら、多読アプローチは、すべての学習者が大体同じ進度で、同じ教材を読まなければならないという堅苦しい勉強方式を学生に押しつけないからである。

　実際、第二言語のリーディングに対する積極的な態度をつくる可能性が最も高いのは、第二言語の現在進行形の多読の経験である。学生は彼らの言語能力に合った教材を読み、読みたいものを選ぶことができ、興味のない話題について読むことを強制されない。さらに、学生は止めたいときに、理由を問われることもなく、自由に読書を止めることができる。好きなときに好きな場所で読むことができるのである。

　何を、いつ、どのように、どこで読むかという学生が決めるべきこれらの要素は、学習の自律性を保証するものである。自律性と第二言語学習に関する報告で Leslie Dickinson (1995, p. 174) は、自分たちの学習に責任が持てて、コントロールできる学習者は、第二言語の学習において成功できるという強固な証拠を発見している。

　学生の間に第二言語のリーディングに対する積極的な態度を植えつけ、維持させることに関心をもっている教師にとっては、多読はこのように強力な手段である。しかし、積極的な態度を発展させること自体が目的ではない。なぜなら、態度はリーディングにおいて同じく重要なものに影響を与えているからである。それは動機づけである。

動機づけ

　態度と動機づけは混同しやすい。それらには幾つか共通点がある。すなわち、両方とも直接的には観察できないこと、両方とも振る舞いや行動から推論しなければならないこと、両方とも強いものから弱いものまで程度に幅があること、である。しかし、相違点もある。Robert Franken (1988,

```
期待 ┌─ 教材：
     │    面白さ
     │    言語レベル
     │    魅力
     │    有用性
     ├─ 第二言語のリーディング能力
価値 ├─ 第二言語のリーディングに対する態度
     └─ 社会文化的環境（家族や友人の影響など）
                    → 動機づけ → 第二言語で読む決心
```

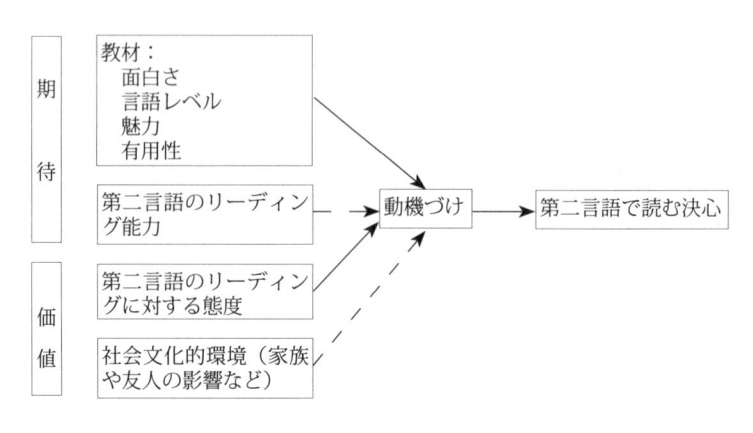

図2　第二言語で読む決心を促す主要な変数のモデル
（実線は点線よりも影響が強いことを表す）

p. 3) は、動機づけの研究は伝統的に行動の覚醒、方向、持続性にかかわってきたと書いている。簡単に言うと、動機づけとは人に何かをさせる（あるいはさせない）ものである。

　動機づけの心理モデルは掃いて捨てるほどある。教師の視点から見て、特に有益な1つの認知モデルの一群は、動機づけを2つの等価の構成要素——期待 (expectancy) と価値 (value) ——を持つものと見なしている (Feather, 1982, pp. 1-5を参照)。これらの期待＋価値モデルの要点は、人はうまく成し遂げられると思うことを行い、成し遂げられないと思うことを避ける傾向があるということである。これは、たとえ自分たちがそれらを無理なく出来ると思っても、自分たちに価値があると思う仕事には取りかかる人がいるが、価値がほとんどないと思うことは避ける人がいるのでちょうど釣り合いが取れているということだ。

　期待＋価値をリーディングの観点から見ると、本を読んで理解できるという十分な期待が持てなければ、学生はそんな企てを始めようなどと思わないだろう。——「私はあの本が読みたいのだけれど、読めないのは分かっている。だから読んでみようとも思わない。」しかし、成功や失敗の予想は実像のほんの半分を占めるにすぎない。理想的な教室では、リーディングの学習に価値がある、また娯楽や情報を与えてくれるものであると信

じ、学生はリーディングを重視する。学生は努力の成果を尊重するので、結果的に難しい本を読もうとするかもしれない。そのような場合、学生はリーディングという行為に価値を見い出しているので、リーディングで経験すると予想される困難を苦しく感じないであろう。

動機づけと第二言語のリーディング

図2は第二言語のリーディングにおける動機づけの期待＋価値モデルである。4つの主要な変数——教材、リーディング能力、態度、社会文化的環境——は第二言語を読みたいと思う気持ちを刺激するものと見なされている。これらの変数のうちの2つ、つまり教材とリーディング能力は第二言語のリーディングで成功するという期待と関係している。残りの2つ、つまり態度と社会文化的環境は、第二言語のリーディングにつけられた価値と関係している。

このモデルの中の2つの変数——教材と態度——が1番重要であり、それらに順位をつけるのは難しい。一方を他方より重要だと主張しようとするより、等しく重要だと主張する方がいいかもしれない。積極的な態度をとれない、あるいは適切な教材がないことは、学習者が第二言語を読もうと決心するのに必要な動機づけを持てない原因となるだろう。図2のモデルが暗示していることは、低いリーディング能力、あるいは不適切な社会文化的環境のどちらも、積極的な第二言語のリーディング態度と適切な教材によって埋め合わせができるということである。

多読と動機づけ

リーディング指導に対する多読アプローチは、この動機づけモデルのすべての変数に影響を与える可能性を持っている。

教　材

多読で使われるリーディング教材は、第二言語で読もうと思わせる積極的動機づけになる。というのは、それが興味を引くもので、しかも適切な言語レベルで書かれており（つまり、i－1の要素が圧倒的に多い教材で）、容易に手に入るものであるからだ。読書をしたいと思う欲求を考えるとき、

興味深い教材の果たす役割をいくら強調してもしすぎることはない。実際、Ray Williams は興味深いテキストを、外国語のリーディングの指導の原理の上位10項目中の第1位にもってきている。彼は次のように言う。

> 興味深いテキストがなければ、ほとんど何も達成できない。明白なことであるけれども、しばしば忘れられている原理である。興味深いということはとても大事なことである。なぜなら、それは動機づけを高めるものであり、同時に、読む速度を増し、よどみなく読めるようになるための重要な要素であるからである。(1986, p. 42)

リーディング能力

リーディング能力が低いということは、一般に、成功の期待を低くするだろう。したがって読む動機づけも減ずるだろう。しかしながら、このようなことは多読アプローチでは起こらない。なぜなら、学習者は自分たちのリーディング能力に合ったレベルのものを読むからである。彼らは自分たちのリーディング能力以上の能力を必要とする教材を読まなければならないというフラストレーションを経験することはない。簡単なものから難しいものまで幅広く様々な教材があるので、学生は自分たちが簡単に読める教材を選ぶことができる。

態　度

多読アプローチが第二言語のリーディングに対する積極的な態度を生み出す可能性が高いということは、本章の最初の方で論じた。

社会文化的環境

次の逸話はよく知られていて、うんざりするほどかもしれない。ドイツ語のコースを取り始めて2年目のあるアメリカ人のティーンエイジャーが、ドイツ語の詩を読んでいるのを親友にからかわれる。その学生はまず第1に、彼のドイツ語の先生と、第二言語のリーディングで同様にドイツ語の詩に挑戦していたクラスメートたちに励まされて詩を読んでいた。

多読アプローチはリーディングを高く評価し助長する教室環境を生み出

す。たとえ、社会や家族、友人が読もうとする意欲をそぐ場合でも、多読という環境は、そういった環境に対抗できるのである。多読は親友の批判的な目から離れて、詩を読むことができる安息の地を提供することさえできるだろう。

多読ブック・ストラップ仮説

多読が態度と動機づけに与える驚くべき影響力は、ブート・ストラッピング (bootstrapping) ――ある行為の結果が、より少ない努力でより早くより大きな成果を達成するためにフィードバックされるプロセスを述べた、工業技術の概念――の多読バージョンによって説明できる。ここでの関心は読むことにあるので、ブック・ストラップ (bookstrap) という用語を使う。多読ブック・ストラップ仮説 (extensive reading bookstrap hypothesis) は、次のように作用する。まず学生は最初の多読の成功で自分たちが第二言語で読むことができるということ、また、それが報いがあって楽しいものであるということを発見する。このことは第二言語によるリーディングに対する積極的な態度の発展と、第二言語を読む動機づけの成長を刺激する。次に、それらの最初のプラスの経験が、その後の多読の経験と課題にフィードバックされ、リーディング能力と積極的な態度の獲得、そして動機づけと楽しみの増大をもたらすという結果になる。

最終的に、ブック・ストラッピングは何人かの学生を本にくぎづけにしてしまう。Peter Johnston と Richard Allington (1991) は、学生の興味をとらえ引き込んでしまうリーディング指導は "flow experiences"（わき出る経験）――活動に我を忘れること (Csikszentmihalyi, 1990a 参照)――を生むだろう、と書いている。「わき出る経験」は読書にかかわり続け、そして、読書を人生の一部にする強力な誘因である。Colin Harrison はそのような読者について説明する。

> 彼らは、本を手に取り、安楽椅子にくつろいで座り、物語の登場人物たちに起こる出来事に一喜一憂し、後で彼らが読んでいる本の内容を親や友人に進んで話す。子供のとき、われわれの多くは本に夢中になり、親に怒られたり気をもませたり、目を悪くすると注意を受ける危険をおかして、

ふとんの中にもぐり込んで懐中電灯の明かりで本を読んだ。(1992, p. 13)

読書に対するそのような動機づけをわずかでも持っているかもしれない学生を教えていることを想像していただきたい。

結　論

Frances Hodgson Burnett の The Secret Garden は第二言語のリーディング指導における学習意欲の役割を説明するのにふさわしいメタファーを提供してくれる。どの学生に聞いても、彼らは第二言語のリーディング学習を難しく、ストレスを感じるものだと言う。第二言語のリーディングの教師は、現実の課題が達成されるとしても、暗い活気のない教室を避けられないものとして受け入れるであろう。にもかかわらず、常春の花園は見えないところにある。もし学生がその花園に入ることができるなら、つまり、第二言語のリーディングに対する積極的な態度と、強い動機づけを発展させることができるなら、その時、リーディング学習の全ての企ては一変する。多読は秘密の花園への鍵になれるのである。

Further reading

Norman Feather が期待＋価値モデルについて編集した Expectations and Actions: Expectancy-Value Models in Psychology という本の序文は、動機づけモデルに関する有益な概観を与えてくれる (1982, pp. 1-5)。

意欲とリーディングの関係を紹介した数少ない本の 1 冊は、Eugene Cramer と Marrietta Castle (1994) 編の Fostering the Love of Reading: The Affective Domain in Reading Education である。その焦点は第一言語のリーディングの上達に当てられているが、題材の多く、特にその研究報告と有益な教育的提案などは、第二言語のリーディングにかかわっている人にとって興味深いであろう。この本はまた、Michael McKenna の第一言語のリーディングの態度に関するモデルも取り上げている。

第二言語のリーディングが中心的な主題ではないが、リーディング一般、特に多読に対する多くの洞察を含んでいるもう 1 冊の本は、Victor Nell

の *Lost in a Book: The Psychology of Reading for Pleasure* である。学術書のなかでは、この本の導入部分の文章は誇るに足るものである。

　喜びのために読書をするのは驚くべき行為である。白いページの上の黒いくねった線は、墓のように動かず、月明かりに照らされた砂漠のように無色である。厳粛で面白味のないものである。しかし、それらは熟達の読者に、恋人に触れられるのと同じくらいの強い喜び、この世に存在する何物よりも高揚させ、色鮮やかで、神々しい喜びを与えてくれるのである。

（1988, p. 1）

第4章

多読の力 ― 調査・研究からの洞察

> 不断に行なわれる、自発的なリーディングの量は読解力テストの成績と相関関係を成し、その結果は、私達は「リーディング」によって「リーディング」を学ぶという仮説を裏づけている。
> ― Stephen Krashen (1988, p. 291)

■本章の目的
- 多読プログラムの実施結果を議論すること。

　以下は、第二言語としての英語の文学修士号講座（ハワイ大学）に登録してきた学生たちが、第二言語の学習における自分たちのこれまでの体験を議論している光景である。参加者の一人 Mei Fung Elsa Shek は、彼女の香港での英語学習の体験を次のように述べている。

　　私は3歳のとき英語学習を始めました。まず学校で英語を学び始めたわけですが、そこでは語彙を教えてくれました。そして小学校では、さらに語彙、文法、句読法、それに簡単な幾つかのセンテンスを教わりました。中等学校に進んでからは、バイリンガル教育を受けました。中国語と中国史を除いて、すべての学科は英語で行なわれました。ただし、教師はしばしば英語と広東語を併用しました。
　　学科としての私の英語は、順調でよい成績でした。しかしながら私の英語は、高等学校在学中に英文を多読し始めたとき、本当の意味で進歩しました。私の英語教師であった Miss Wong は、彼女の所蔵する英語で書かれた小説やフィクションをクラスに持ってきて、一種のクラス文庫を立ち上げました。彼女は私たちが興味を持ったものなら何でも読むように励ましてくれました。私たちは1週間に50ページを読み、それに関するレポ

ートを書かなければなりませんでした。最初は1週間以内で50ページを読み切るのは本当につらかったのですが、後に私は1日8時間の読書で200ページを読めるまでになりました。私は知らない語をすべて辞書で引くようなことはせず、その書物にしばしば出てくる語と私が知りたいと思う語だけを辞書に頼ったことを覚えています。私は物語を理解し、読書を大いに楽しみました。私の語彙は増大し、ライティングの文法能力は改善されました。一度などは、私が書いたエッセイの1つを読んだクラスの仲間が、「すごいじゃないか！君はこの本の作者と同じレベルの英文を書いている」というコメントをくれました。そのとき以来、私はリーディングを継続してきましたし、これが私の英語を向上させ続けてくれています。

Ms. Shek の体験はまれな一例であろうか。ほかの学習者が多読から Ms. Shek と同じ成果を得ることを期待できるであろう。第二言語による多読プログラムについての調査結果は、他の学習者たちも彼女と同様に多読によって彼らの第二言語によるリーディング能力を改善し、読書に対する積極的な態度を発展させ、読書への動機づけを強化しうることを示している。さらに、多読は、第二言語学習における語彙やほかの局面にも好結果をもたらしうるであろう。

本章のタイトル「多読の力——調査・研究からの洞察」は、1993年に Stephen Krashen が出版した、自発的なリーディングについての本のタイトルを踏襲している。Krashen のタイトルをまねたのは、言語習得と読解力の向上にリーディングが果たす役割の大きさを解明した Krashen と共同研究者たちの貢献に敬意を表してのことである。

多読プログラムの結果

表1は、多読プログラムに対する調査結果である。1つの例外を除いて、すべては「第二言語としての英語」(ESL) あるいは「外国語としての英語」(EFL) プログラムの結果である。ここで明らかなことは、すべてのプログラムにおいて多読が有益な結果をもたらしたということである。学生たちは目標言語におけるリーディング能力を向上させ、リーディングに対する積極的態度を増進させ、動機づけを強化し、目標言語における語彙やライ

ティングを含む多様な能力を向上させている。これらのプログラムは、幼い子供たちから大人までの様々な構成や種々の状況の中に設定されていた。

表1での最も包括的な調査の一つは、1980年にフィジー島の田舎で行なわれた Warwick Elley と Francis Mangubhai による調査である。それは多くの学校を対象としての注意深く管理された長期的な調査であった。そこでは、ある学生たちは大量の本を与えられ、ほかの学生たちはほとんど、あるいは全く本に接する機会を与えられなかった (1981, p. 4)。「本の洪水」と名づけられた大量の本は、多読を奨励するように計画された活動を特徴づけていた (p. 6)。八カ月後、「本の洪水」にさらされたグループと同じ能力と状況にいるが「本の洪水」にさらされなかったグループとの間で、いろいろな領域について比較がなされた。そしてその結論は刺激的なものであった。Elley と Mangubhai は以下のように報告している。

> この「本の洪水」の影響力は明らかである。だれもが期待したとおり、大多数の学生が、彼らが訓練してきた英語の能力、すなわち一般的なリーディング能力とリスニング能力を向上させた。加えて、効果は関連する能力にも及んでいた。例えば、書かれた英語の言語構造の知識、複雑な英語のセンテンスを正しく暗唱する能力などの点で多大な進歩を示した (pp. 24-25)。

これらの結果が、楽しみのための読書が習慣として広く根づいていないような文化圏にもかかわらず得られたものであることを強調しておきたい (p. 3)。加えて、この調査には、多読の利点を減じてしまうもう一つの要因が存在した。それは、学校の規則によって、ほとんどの子供たちが家に本を持って帰れなかったことである。

次に、第二言語でのリーディング能力、学習意欲、語彙力、言語能力、ライティング能力、スペリング能力などの領域における、多読の有効性を調査した結果（表1参照）について個々に言及する。

第 4 章　多読の力──調査・研究からの洞察

表1　多読プログラムの結果

調　査	被験者	結　果
Elley & Mangubhai-1981	フィジー（小学生）	リーディング能力、一般言語能力、リスニング能力、ライティング能力、学習意欲の向上
Janopoulos (1986)	アメリカ合衆国（大学生）	ライティング能力の向上
Hafiz & Tudor (1989); Tudor & Hafiz (1989)	イギリス（青少年）	リーディング能力、学習意欲、一般的言語能力、ライティング能力の向上、統計学的には有意の差が認められない語彙の増加
Pitts et al. (1989)	アメリカ合衆国（成人）	語彙力の向上
Robb & Susser (1989)	日本（大学生）	リーディング能力、学習意欲の向上
Hafiz & Tudor (1990)	パキスタン（小学生）	語彙力、ライティング能力の向上
Elley (1991)	シンガポール（小学生）	リーディング能力、学習意欲の向上
Lai (1993a, 1993b)	香港（中等学校生）	リーディング能力、語彙力の向上
Cho & Krashen (1994)	アメリカ合衆国（成人）	リーディング能力、語彙力、学習意欲、スピーキング能力の向上
Rodrigo (1995)	スペイン語 アメリカ合衆国（大学生）	学習意欲の向上、語彙力については統計的に有意の向上は認められず
Mason & Krashen (1997)	日本（大学生）	リーディング能力、学習意欲、ライティング能力の向上

第二言語のリーディング能力

　リーディングに対する多読の影響力についての7つの調査において、すべての調査がリーディング能力の向上を報告している。調査対象者は、フィジー (Elley & Mangubhai, 1981)、シンガポール (Elley, 1991) の小学生からイングランド (Hafiz & Tudor, 1989; Tudor & Hafiz, 1989)、香港 (Lai, 1993a, 1993b) の中等学校生に至るまで多岐にわたっている。これらの調査結果は、母語を習得しようとする子供たちと同様に、第二言語の学習者

たちも「リーディング」によって「読み」を学ぶという立場に強い確証を与えている。

　多読アプローチは、広範囲にわたる学習状況において、また、異なるタイプの学生に対して有効であるように思える。学習状況が決して有利とは言えないと判断される場合でさえ、成果は明らかなのである。例えば、香港の Fung-Kuen Lai (1993a, 1993b) は、4週間という短い夏期の多読プログラムにおいて、生徒たちがリーディングの演習において成果を上げたと報告している。Beniko Mason と Stephen Krashen (1997) は、ある日本の大学の学習意欲の低い学生たちでさえ、1学期間の多読クラスを終了後、文法の理解力を試すクローズテスト（空所補充テスト）において、統計学的に有意の向上を遂げたことを報告している。

意　欲

　リーディング能力における向上と同様に、言語学習に対する意欲の向上も印象的である。多読に関する調査が、続々と、学生たちの第二言語のリーディングに対する学習態度がいかに変化したか、そして、学生たちがいかに意欲的な読者になったかを報告している。

- シンガポールにおいて、Warwick Elley は、「英語の読み書きのレベルが向上するにつれ学生たちが本に積極的に接するようになった」と報告している (1991, p. 397)。
- アメリカにおいて、Kyung-Sook Cho と Stephen Krashen は、英語を母語とする若い読者のために書かれた *Sweet Valley* という人気のある読み物を読んだ結果として、4人の被験者がリーディングに対して学習態度を劇的に変化させたと報告している。被験者たちは、読書が持たらしうる喜びを発見して、急速に読書に対して動機づけられたのである。被験者たちのコメントには以下のようなものが含まれていた。

　　「僕は決して *Sweet Valley* シリーズに退屈しなかった。このシリーズの英語版は、私がいままでに読んだ中で、最も面白くて分かりやすい」(1994, p. 665)

「Sweet Valley Kids の 1 巻を読み終えたとき、僕は次の巻を読むことが楽しみであった。英語で書かれた本を継続的に読みたいと思ったのは、これが初めての経験であった」(p. 665)
- アメリカにおける外国語としてのスペイン語クラスにおいて、Victoria Rodrigo は、27 人の英語を母語とする大学生たちが、「リーディング・プログラムに対して並外れた積極的反応を示すに及んだ」と報告している (1995, p. 12)。その反応の例として以下を挙げておく。

「僕はスペイン語のリーディングを本当に楽しんでいる」

「リーディングは言語学習に対する僕の興味を刺激してくれた」

「僕が読んだ最初の本、僕はこの本を読むことによって達成感を得た」(pp. 12-13)

語 彙

多読に関する調査の中でも、特に語彙に関する 5 つの研究のうち 3 つの研究が成果があったと報告している。語彙の知識が増加しなかった調査のうちの 1 つである Rodrigo (1995) においては、多読を実施したグループは実施しなかったグループより、語彙テストにおいて高いスコアを得たが、それは統計学的には有意ではなかった。しかしながら Rodrigo は、コントロール・グループ（多読を実施しなかったグループ）のサンプル・サイズの小ささゆえに、これは予測できた結果であったと説明している (p. 10)。

語彙が増加しなかったもう 1 つの研究である Hafiz と Tudor (1989) は、統計学的に有意ではないが語彙の知識のわずかな増大を報告している。彼らは、有意な改善にまで至らなかった理由を、被験者の英語への接触レベルに起因すると説明している。被験者はイングランドに住み、すでに比較的流暢な英語を使用しており、日々の生活において、目標言語と広範囲な接触を持っている。このような状況ゆえに、Hafiz と Tudor は、多読の語彙増大への貢献はいくぶん減少させられたと結論づけている (1989, pp. 36-37)。彼らのもう 1 つの調査である Hafiz と Tudor (1990) においては、

被験者たちはパキスタンで英語学習を行なっている者たちで、彼らは英語の運用能力について比較的低いレベルにあった。この調査の被験者たちは、HafizとTudorが「語彙数の総合計とその使用の正確さ」と定義づけた語彙基準において、有意の改善を示した。

言語能力

多読の有効性が顕著なもう1つの領域は第二言語能力である。この領域の研究のすべてが、被験者たちが目標言語に対する総合的な言語能力を高めたと報告している。

- アメリカでは、ChoとKrashen (1994) が、小説を楽しみとして読んだ結果、大人の被験者4人がリスニング能力とスピーキング能力において向上を示したと報告している。
- イギリスでは、HafizとTudorが、「多読をさせたグループは、その後の言語能力を測定する7項目のテストすべてにおいて、統計的に有意の向上を示した」ことを確認し、「これらの結果は、実施された多読プログラムが被験者の言語能力に相当な向上をもたらすことを示した」としている (1989, p. 8; Tudor & Hafiz, 1989 参照)。
- 香港では、Laiが、「実施中の研究のために企画された多読計画、特に夏期のリーディング・プログラムは、学生たちの英語習得を多いに促進した」と報告している (1993a, p. 33)。

ライティング

多読の影響はライティング能力にも及び、「リーディングによってライティングを学ぶ」という広く受け入れられた概念を裏づけている。表1にみられる幾つかのプログラムでは、ライティングに対する特別の指導あるいは焦点が当てられなかったにもかかわらず、学生たちがライティング能力を向上させたと報告している。

フィジーにおいてElleyとMangubhaiは、幼年期の子供たちが、英語の書きことばの学習において有意の改善をなしたと報告している (1981, p.

24)。イギリスでは Hafiz と Tudor (1989) が、被験者たちが特別のライティング課題を与えられなかったにもかかわらず、ライティング能力を向上させたことに驚いている。アメリカでは Michael Janopoulos が、ESL のコースで学んでいる大学生を対象とした調査において、楽しみとしての読書と英語のライティング能力との間に有意の相関関係を確認している (1986, p. 767)。

スペリング

幾つかの調査が多読とスペリングの熟達との関連性を指摘している。Krashen (1989) は英語の母国語話者の徴候を吟味し、比較的確かな実証を得ている。しかし、第二言語学習における多読とスペリングの関係に対する経験的証明は、これまでのところ十分になされてきたとは言えない。この問題に対しては、Polak と Krashen (1988) と Day と Swan (1998) の2つの研究を挙げられるのみである。これら2つの研究は、多読プログラムの状況設定のもとに行なわれたものではないが（それゆえに、これらは表1には含まれていない）、多読との関連があるので、ここでの議論の対象となる。

Jeanne Polak と Stephen Krashen は、アメリカのコミュニティ・カレッジの学生の読書習慣を調査し、読書習慣とスペリングの熟達度との相関関係を見いだした。つまり、より多く読む学生は、より確かなスペリングをするということである。Richard Day と James Swan は、EFL である日本の大学生を対象に、スペリングに対するリーディング・プログラムの効果を調査した。彼らの研究は、目標言語で物語を楽しみながら読んだグループは、読まなかったグループよりも、事後テストにおいて目標言語をより正しくスペリングし、両者間には有意の差があることを明らかにした。

結 論

多読アプローチを採用したコースの結果は印象的である。Krashen は、多読の利点を次のような言葉で表現している。

リーディングは君たちに恩恵をもたらす。しかしながら、リーディングに関する調査結果はさらに強い結論を導いている。すなわち、その結論とは、リーディングが、優れた読み、優れた文章のスタイル、十分な語彙、上級文法、間違いのないスペリングを身に付けさせてくれるというものである (1993b, p. 23)。

同様に興味深い結論は、多読アプローチを通じて「読み」を学んだ学生は、積極的な態度をとりはじめ、第二言語のリーディングに強く動機づけられるという点である。もし、教師と学校当局がこれらの結論に興味を持つなら、次の課題は、多読を第二言語のカリキュラムにどのように結びつけるかである。次の章に示されているとおり、これには多くの可能性がある。

Further reading

Warwick Elley による、大量の「本の洪水」プログラムの結果の要約である "Acquiring Literacy in a Second Language: The Effect of Book-Based Programs" は、一読の価値がある。それは、ジャーナル *Language Learning* (1991) に掲載されている。

また、多読ついての Stephen Krashen の研究例には以下のものがある。

- "Do We Learn to Read by Reading? The Relationship between Free Reading and Reading Ability," in Deborah Tannen's edited volume *Linguistics in Context: Connecting Observation and Understanding* (1988).
- "We Acquire Vocabulary and Spelling by Reading: Additional Evidence for the Input Hypothesis," in *The Modern Language Journal* (1989).
- "The Case for Free Voluntary Reading," in *The Canadian Modern Language Review* (1993a).
- A book-length treatment, *The Power of Reading: Insights from the Research* (1993b).

第 5 章

多読と第二言語教育カリキュラム

リーディング・プログラムを完全なものにするための 1 つの主要な方法は、カリキュラムの中に多読の素材を導入することである。
—— William Grabe (1986, p. 43)

■本章の目的
- 多読をどのようにして第二言語教育プログラムに結びつけるかを議論すること。
- 第二言語による学術的な活動を学生に準備させることを目標とするプログラムに、多読を導入する理由を議論すること。
- 多読プログラムに可能な目標を提示すること。
- 第二言語によるリーディングの指導において、多読がなぜもっと普及しないのかを考察すること。

　リーディングの教師の指針となる本のほとんどは、第二言語のリーディング・カリキュラムのすべての段階において、多読が果たすべき役割の重要性を述べている。例えば、Beatrice Mikulecky (1990) と Christine Nuttall (1982, 1996) は、リーディング指導についての著書に、多読に関する章を加えている。Mikulecky は、「学生は大量に読むという習慣を身に付けなければいけない」と主張している (1990, p. 13)。Nuttall は、「私たちは『リーディング』によって『読み』を学ぶ。……私たちは学生により優れた読みを望む。……それを実現するには、学生はもっと多く読む必要がある」と言っている (1996, p. 128)。*Teaching Second Language Reading for Academic Purposes* の 1986 年度版における下級者用リーディングスキルコースに対する Fredricka Stoller の提案は、リーディング指導に本来的に備

わった構成要素としての多読を含んでいる。Linda Jensen は、3部構成からなる上級者用リーディングスキルコースの3番目の構成要素として多読を入れている。

　上記の諸提案は、多読の実践的な局面について幾分詳しく述べているが、カリキュラムに多読を結びつける方法論についての明確なガイダンスはほとんど示していない。本章は、多読のカリキュラムについての問題点を調査し、多読がどのようにして多様な第二言語クラス、コース、そして学術的準備プログラムなどに含まれうるのかを検討する。そして次に、多読プログラムが設置されたときに定められるであろう目標について議論される。さらに、William Grabe が1995年の「TESOL、第二言語のリーディングについての研究会」において投げかけた問題に焦点を絞る。その問題とは、第二言語で読みを学ぶうえで多読の重要性に対する圧倒的な証拠が挙がっているのに、なぜそれを多くの人が導入しないのか、第二言語のリーディングを教える場合に、なぜこれまでずっと多読は導入されにくいアプローチなのかという問題である。

第二言語プログラムへの多読の統合

　第二言語カリキュラムに多読を組み込む方法は、少なくとも4つの方法が考えられる。

- 分離した単独コースとして
- 現存するリーディング・コースの一部として
- 現存するリーディング・コースの単位習得には関係のない追加コースとして
- 課外活動として

以下に、これら4つのコースを説明する。

分離した単独コースとして
　独立した多読コースを立ち上げるには、基本的にほかのコースを立ち上げるときと同じことが含まれる。すなわち、教師、シラバス、教室、教材、

時間帯の設定である。また、ほかのコースと同様に、第二言語カリキュラム全体の総合的な目標に関連して多読コースに充てられる時間が算出されなければならない。例えば、それは1週間に1回の50分授業から1週間に5回の50分授業まで広範囲にわたる。

現存するリーディング・コースの一部として

この方法は、既存のコースに、ある一定時間の多読を加える方法である（例えば、1週間、あるいは1学期間、教室内と宿題の双方において、何冊かの本を読む）。多読に与えられる単位評価の割合は、多読がカリキュラム全体に占める割合によって算出される。教室内のリーディングに加えて、学生たちによる口頭発表のような多読に関連した活動のための時間が準備される。

現存するリーディング・コースの単位習得には関係のない追加コースとして

学生たちは、自分の興味と楽しみのために読むことを奨励される。このコースは選択課題であり、正式なコースの一部ではない。成績評価のための単位は与えられないが、学生の最終成績を少し引き上げる手助けになるであろう特別の単位が、もしその学生がAとBのボーダーラインにいる場合には与えられるかもしれない。このような補足的な選択課題としての多読にどれくらいの配慮が加えられるかは、教師次第である。もし、教師が積極的に多読に関わり多読を熱心に促進するなら、学生は教師の熱意を汲んで多読に引き込まれるものである。

課外活動として

任意の多読は、課外の読書クラブの形を取る。その場合、カリキュラムの中の必須課程には連結されていない。このような多読クラブは、言語プログラムを履修中のだれもが参加可能であり、言語能力レベルに関係なく誰もが参加を奨励される。ほかの課外活動と同じように、多読クラスは放課後にもたれる。担当教師は、そのクラスをほかの課外活動と同様に扱う。どの程度の活動がなされるかは、担当教師を含む参加者の興味に完全に依存する。このクラスは、週ごとの、あるいは半月ごとの活動から、1週間

に2、3回1時間程度集まる活動まで多岐にわたる。

　第二言語プログラムに多読を取り入れようとする際の上記の4つの可能性は、お互いがお互いを排除するものではない。プログラムの規模にもよるが、言語習得プログラムの異なるレベルあるいは異なる科目において、2つ3つの方法を同時に採択することも可能である。さらに、第1番目の選択肢（単独コース）に消極的な管理者や教師が多い教育機関のためには、ほかの3つの選択肢のうちの1つを選ぶことも多読導入の第一歩となるであろう。そのうち多読の利点が理解されたとき、その機関のカリキュラムに、より十分な多読を導入することへの考察がなされうるであろう。

　多読プログラムが取らねばならない特別の形式などないのと同じように、プログラムの立ち上げに取りかかる特別の方法もない。例えば、この本の著者の一人は、教えていた私立高校の学長に、多読の概念を紹介した。その学長は理解を示し、結果として、選択制の多読コース設立を認可した。「多読プログラムは、教育機関レベルでの公的支援を必要とする」(1992, p. 50) という David Hill のコメントが意味しているのは、ある程度はこの種の形式主義の打開策のことである。しかしながら、カリキュラム・コーディネイター、教師のグループ、あるいは、一人一人の教師が、学校当局の承認印を求めることなしに、多読を導入することも可能である。

　また、それぞれの学校や教育機関の事情が、部分的に、カリキュラムに多読がどのようにして導入されるかを決定するであろう。次の簡潔なシナリオが、多読がいかに異なる形態を取りうるか、加えて、異なる状況下ではいかに異なる結果が得られるかを説明している。

集中言語プログラム
　フルタイムの第二言語あるいは外国語コースにおいて、学生たちは1日に50分のリーディング授業を受けている。そのプログラムは、毎回のリーディング授業の最初の20分を持続的黙読の時間に充てるように編成されている —— ここでのリーディングでは教材は学生たちによって個々に選ばれる。加えて、学生たちは、宿題として少なくとも1日1時間は自分たちが選んだ本を読むことを求められる。その結果、1年4学期

制の学期末に、学生たちはそれぞれ1000ページ以上を読み終えた。幾人かの学生は、本当の意味で初めて第二言語での読書を体感したと報告している。持続的黙読の時間中、学生たちの読書を観察してきた教師たちは、それぞれの学生の長所、短所をより鮮明に認識でき、そのことで、学生一人一人に個人的なガイダンスを与えられたと報告している。

高校の外国語カリキュラム

このカリキュラムにおいては、目標言語が外国語である状況におけるリーディング・プログラムに焦点が絞られる——つまり、学生たちが国の公の言語として使用されていない言語を学ぼうとしている状況である（例えば日本における英語学習）。非常に重要な入試の準備に目標を定めた外国語のカリキュラムでは、教師は授業中に何か新しいことのために割く時間がないと感じている。それなのに、教師は学生に対して自由時間内に、1週間に約1時間くらいは何かを読ませようと決める。学生たちのリーディング能力や自信に対する利点に加えて、教師は多読を、そのリラックスできて楽しみの多い性質ゆえに、ほとんどの学生たちの言語学習を特徴づけている高いプレッシャーがかかる詰め込み式学習とのバランスをとるための活動と見なしている。教師は、週に1度の教科書からのリーディングの宿題の1つを多読の宿題に置き換える。つまり、学生たちは短編を1冊選びそれを読み、それについての短いレポートを書かなければならない。学生たちは、その読書を1時間以上行なわないように言われる。例えば、40分を読書に使い20分をレポート作成に使うのである。

2、3週間後、意外に多くの学生が、その読書が面白く易しいのでこの課題が1番好きだと言ってきた。幾人かの学生は、昼休みの時間に本を読みレポートを書く。他の学生は学校から帰宅途中の列車の中で、あるいは家で夕食を待っている間に読書すると述べている。このようにして、彼らの夕方の時間を受験のための学習や他の学習から解放するのである。

成人教育や語学学校

週に1度の第二言語の成人クラスは、就業時間の後行なわれている。学生たちは教室の後ろの書棚の文庫を調べるために夕方やってくる。すると

教師は学生に、気に入った本を選び家に持ち帰って読むように言う。その後、教師は 90 分の授業中、最初の 10 分を学生たちが読んだ本の短い口頭発表の時間に充てる。そして、最後の 5 分間を、その日学生たちが文庫から持ち帰る本を選ぶための時間に充てる。ここでの読書は全く自発的なものである。学生たちは彼らが望むだけの本を選ぶことを許されている。それがごくわずかの量であれ、かなりの量であれ、彼らは好きなだけの量を読むことができる。数週間後、学生たちは教師に、1 週間に 20 分から数時間本を読んでいることを報告する。学生たちにとって読書は宿題と感じるものではない——宿題がこのクラスの一部であることは決してないのである。

多読と第二言語による学術プログラム

　第二言語による学術的な活動を大学生に提供しようとする学校当局や教師たちからの多読に対する反発は、ただちに放棄されるべきであろう。大学生は、大量の読書にうまく対処していくために、高度なリーディングスキルを要求されている。このような学生たちに、自分自身で選べる易しい教材に基づくどんなリーディング・アプローチが提供されるべきであろうか。

　学生に学術的読書に対する準備をさせる際に、なぜ多読が統合的な、時には主要な部分となるかについて、説得力のある理由が幾つか挙げられる。もちろん、多読は、視覚語彙 (sight vocabulary)、一般語彙、よみのない読みの基礎となる背景知識の向上に、重要な役割を担っている。それに加えて、多読は、学生に第二言語によるリーディングに対する自信と積極的姿勢をも与える。このように、その学術的成功に果たす根元的な役割を考慮すると、多読は重要性を持っていると言えよう。しかし、学術的準備プログラムの中に多読を含む理由は、もっと広範囲にわたり、学習者の認識の成長とも関連性を持っている。

　多読は高等教育での成功に非常に重要である批評的思考力を向上させるのに、重要な役割を果たすであろう。William Grabe は、学生たちが学術的環境の中で第二言語としての英語を学ぶ際のリーディング指導法を議論

して、以下のように書いている。

　物事を発見したり、独創的な考えを編み出したりすることは、これまで人の心の中にあって別個の知識分野であったものの間に、何かおぼろげな結びつきや関連性を見いだして初めて現出するプロセスである。英語で新しい、あるいは複雑な概念を議論するための外国人学生の能力不足はいつも顕著である。彼らの言語能力がこのような議論が可能なレベルに達し始めるときでさえそうである。上級のESLクラスでも、やや紋切り型の思考や意見の表出がしばしば生ずる。要するに、第二言語コースの学生は通常、議論に対する安全な応答を選ぶのである。この傾向については多くの原因があるが、主要因の1つは、より論理的思考を始めるための土台を構成する、あるいは多くの英語での思考を構成する背景知識の前提が欠けていることである。大切なことは、はっきりしない関係を整えるための情報源を持つには、先行する読書経験が不可欠だということである。(1986, p.35)

　学術的準備プログラムにおける第二言語の学生は、むずかしい学術的テキストを読みこなすための特別なスキルを習得しなければならない。しかし、彼らが同時に第二言語をよどみなく自信をもって読むのでなければ、論理的な考え方の拠り所となる大量の背景知識を獲得するに十分なほど広く深く読むことは不可能であろう。多読アプローチは、学生にそのようなリーディングを可能にするのである。

多読プログラムの目標

　教師が新たな多読プログラムを企画するとき、前章で議論されたような多読プログラムからの幾つかの、あるいはすべての結果は、プログラム目標として採択されうるだろう。目標をもつことは、プログラムの最後に、教師が多読を通して達成しようと試みたことが達成されたか否かをいえることを意味する。可能性のある目標には、以下のようなものが考えられる。

1．第二言語でのリーディングに対する積極的な姿勢を持つこと。
2．リーディングに対する自信を持つこと。

3．第二言語でのリーディングに対する動機づけを持つこと。
4．未知の言葉、あるいは難しい言葉をひっきりなしに辞書を引かないで読むこと。
5．言葉に対する認知能力を高めること。
6．リーディングの目的を知ること。
7．目的に応じて適量のリーディングを行なうこと。
8．自分たちの興味と言語能力に応じての適切なリーディング教材の選択法を知ること。

これらの目標の適切さと成功の程度は、部分的にはその多読プログラムの集中度や継続期間によるであろう。プログラムに充てられる時間が多ければ多いほど、学生たちは多くの量を読み、彼らが効果的で手際良い読者になる可能性は高まる。Leo Schell が主張しているように、「実際のリーディングに使われた時間は、リーディング能力の向上に対する最も重要なファクター」(1991, p.115) であろう。同時に、強制と制限によって意欲をくじかれることのないようにすることが重要である。Fung-Kuen Lai の研究 (1993a, 1993b) における被験者たちが、夏期プログラム中に能力の向上を示したことを思い出してほしい。

多読はなぜ普及しないのか

多読アプローチを第二言語のカリキュラムに取り入れることの容易さや前章で報告された肯定的な結果などにかんがみて、尋ねてみたくなる疑問は、なぜ多読がもっと普及しないのかということである。これにはいろいろ理由があり、以下にそれらを列記する。

- 経費
- プログラムを立ち上げるのに要する労力
- 時間的に余裕がないカリキュラムの中で多読のための時間を見いだすことの困難さ
- 教師にとって特異な役割
- リーディング教材の内容の軽さ

- リーディング・スキル・アプローチの圧倒的優位、特にESLの学術的準備プログラムにおいて
- 学生たちが第二言語を話し理解できるようになるまで、リーディングの訓練は待つべきだという信念
- 多読とクラス用リーダーとの間の混乱

このような懸念は、状況によって、見当違いのものから克服できそうもないものに至るまで広範囲にわたっているように見えるが、ここに挙げられたということは、これらの問題のすべてに注意を向けねばならないことを意味する。

経費は確かに大事な考慮されるべき問題である。十分な文庫を設立するには資金調達が必要である。限られた予算のプログラムにとっての結論は、小規模でもいいからとりあえず始めることである。

多読プログラムを立ち上げるために払われる注意と組織化のための労力の総量は、もう1つの大事な問題である。ここでも、解決法は小規模で始めることである。そして肯定的結果をまず獲得し、次に、プログラム拡大のためにさらに費やせる時間とエネルギーを承認してもらうことである。

多読のための時間を見つけることは、何を優先するかの問題である。もし、教師や学校当局が学生たちに、第二言語での上達した自律した読者になってほしいという考え方を支持するなら、週に1度、1時間程度の宿題の時間なら見つけられるであろう。

多読における教師にとって特異な役割は、従来の役割に慣れている教師には問題となろう。多読においては、教師は学生を導いたりするほどには知識を与えない。その読書会のメンバーとして参加しているだけである。David Eskey (1995) が指摘したように、これは大いに反教育的に見える。教師というものは教えることを好む者である。彼らは何かをしているという実感を欲しがる。それゆえに、教師の役割と責任を再定義することには、確かに、慣れが必要である。しかし、教師が教えすぎないようにするという試みは、多読アプローチが取る1つの挑戦である。そして、この挑戦は机の反対側の学生にまで及ぶ。つまり、学生たちもまた、新しい役割と責任に慣れていかなければならないのである。

多読に使用される教材の本質は、議論の余地があるかも知れない。Stephen Krashen は、Sweet Valley シリーズ、雑誌、新聞、そしてコミックスといった軽い読み物は文学的メリットに欠けていると見なされるだろうと述べ、さらに、教師、学校当局、両親たちは、このような軽い読み物の使用が「古典作品の鑑賞力の低下につながりはしないか、あるいは古典の鑑賞を損ないはしないか」を心配すると述べている (1993a, p. 80)。しかし、Krashen が結論づけているように、全く逆のことがいえるのである。つまり、このような軽い読み物の使用は古典への出発点になるのである。彼は、外国語による娯楽的読書を、文学への前向きな姿勢への最強の先導者と見なす James Davis、Lynn Gorell、Rebecca Kline と Gloria Hsieh の 1992 年の研究を引用している。
　リーディング・スキルの指導に重点を置くことは、多読に向けられる注目の欠如につながっているかも知れない (Day, 1993, p. xi)。リーディング指導に対する技術的アプローチは、止めようのない流行となってきている。したがって、スキル重視の優勢は、特に ESL の学術的プログラムにおいては、ほかのアプローチを持ち込む余裕をほとんど残していない程である。
　学生が第二言語で話したり理解するしっかりとした能力を身につけるまでは、リーディング指導は遅らされるべきだという信念を、いまだにもっている教師が存在する。Grabe (1995) は、このことが多読の低い採用水準の説明の一部となっていると示唆している。「スピーキング優先」主義は、1950 年代、60 年代のオーディオリンガル時代の特質であった。しかし、現在では、理論的にも教育学的にも第二言語教育におけるリーディング教材を差し控えることを正当化するのは難しい。
　多読とクラス用リーダーとの間の混乱が、多読への注目をそぐことになったかもしれない。Colin Davis は、クラス用リーダーによる授業（教室で学生は同じ時間に同じ本を読む）は、経費や多読を組織することに含まれる作業といった多読アプローチの欠点を避ける方法に思えるかもしれないと指摘している (1995, pp. 330-331)。クラス用リーダーによる授業は、読み物を自由に選べる自律した多読よりも、リーディングや文学を教える伝統的な型との共通性をより多くもっている。クラス用リーダーは、多読を補足し手助けすることはできる、しかし、リーディングのよどみのなさ

や積極的な態度を向上させる手段として多読に取って代わることはできない。

Davis は、多読の問題点を再検討し、次のように結論づけている。

> 究極的には、これら多読の問題が克服されるか否かは、優先順位の問題である。教師や教育関係者は、多読に必要とされている多くの方策にコミットすることが価値あるものだと認識するためには、まず最初に、このような多読プログラムが、学生の言語運用能力に大きな進歩を与え得ると確信するべきである (1995, p. 331)。

幸運なことに、Davis も指摘しているように、「多読を学生に紹介しようとしている教師ならだれでも、その効力に徐々に気づくであろう」。(p. 330) したがって、多読に関する問題に取り組む際、最も効果的な方法は、まず何はともあれ多読を導入してみることである。その効力を証明するには、多読を実行に移すのが一番である。

結 論

この章の議論の要点をはっきりとさせておくと、第二言語によるリーディング指導において、多読アプローチを採用するのか、ほかのアプローチを採用するのかという二分法は存在しないということである。多読は、さまざまな方法で第二言語のカリキュラムに取り入れることが可能であろう。そしてその取り入れ方は、多読のみを行なうクラスから課外活動としてのクラスまで広範囲にわたるであろう。多読プログラムの適切な目標は、望まれる結果と、これから行なわれるであろうリーディングの量に基づいて設定されるべきである。

多読を実行に移すことは、多くの点でむずかしい活動であるという事実から逃れることはできない。一般的にいって、多読授業を行うことへの不安には、最初は小規模で始めて、多読そのものにその有効性や優位性の証明をさせることで対処できる。

Further reading

　エディンバラ大学多読プロジェクトは、教育機関や政府への働きかけこそが、多読の導入と持続を確実にするのに最も優れた手段だという立場から、多読プログラムが教育機関や政府から支援を得られるよう常に働きかけている。また、David Hill は、多読プログラムの導入と持続の方法論についての書、*The EPER Guide to Organising Programmes of Extensive Reading* (1992) を発表している。多読プログラムを大規模に企画し、準備し、実行するにあたっての努力には、このような案内書は不可欠であろう。加えて、この書は、個々の教師や関係者に、いかなる状況においても多読の導入の提案は可能であると提唱している。

第 2 部

多読用教材——その発展に関する問題点

　多読の基本を提示し、その有効性を主張している第 1 部と、実際の教室へ多読を導入するにあたって実用的な助言を与えている第 3 部との間の懸け橋の役目を担っているのが第 2 部である。そしてこの懸け橋は、第二言語教育を受けている学生が読む際に、どの教材が適し、どの教材が適していないかを巡る議論がわき起こっている現状ゆえに必要である。

　第 2 部の目的は、この議論に根拠と理論を吹き込むことである。第 6 章は、論争中の 2 つの主要な問題を取り扱っている。具体的に言うと、リーディング教材にとって自然度 (authenticity) とは何を意味するのか、第二言語教育を受けている学生にとって教材の平易化 (simplification) とは何を含むのかを検討しているのである。ここでは、これら 2 つの用語に関する異なる見解が再検討されており、恐らく驚くべき結論に達している。つまり、言語学習者のためのリーディング教材に対する新しい概念が導入されているのである。それは、*LLL* という概念である。第 2 部は、言語学習者にとって読み物が含意するものは何か、に対する一歩踏み込んだ視点で終わる。

第 6 章

本物崇拝と平易化神話

可能な限り本物のテキストを使用することが大切である。
　　　　　　　　　　　　　　　— Françoise Grellet (1981, p. 7)
本物の言語学習教材などというものはない。
　　　　　　　　　　　　　　　— Henry Widdowson (1976, p. 270)
平易化 (simplicity) はむずかしい。
　　　　　　　　　　　　　　　—Alan Davies (1984, p. 181)

■本章の目的
- 第二言語のリーディング教材に関して本物度と平易化の概念を批判的に検討すること。
- 言語学習者とコミュニケーションを図る、本物でありながら平易なテキストの必要性を提案すること。

　リーディングのよどみのなさや自信を向上させるためには、第二言語の学習者は面白くまた理解可能な教材を読む必要があること、をこの本では議論してきた。なお、ここでの面白く理解可能な教材とは、基本的に i － 1 レベルの教材、つまり、学生の言語能力より少し下のレベルの教材という意味である。しかし、ほとんどの第二言語で書かれた本、新聞、雑誌などは第二言語の学生が理解するにはむずかしい。なぜなら、学生たちの言語能力と背景知識が限られているからである。論理的な解決法は、第二言語の学生の言語能力と背景知識の欠如を考慮に入れた教材を書くという形で出現するであろう。しかしながら、こうした解決法は、言語教育においては本物の教材が使用されるべきだという広く普及した定説に反する。この章は本物度に対する批判的分析から始め、さらに同じ批判的視点から平易化を分析する。最後の 2 節では、多読のための第二言語用教材に、本物

の教材と平易化された教材の最もすぐれた要素を、両者が抱える問題点を回避しながら、どのように取り込んでいくかを議論する。

本物崇拝

　第二言語の学生の言語能力と背景知識の欠如を考慮した教材を開発することの是非は、残念ながらまだ論争中である。言語教育においては、「本物崇拝」という根強い信念が存在する。これは、1970年代後半の「コミュニカティヴな言語教育」(CLT) 運動の流行に端を発する。その CLT は、言語教育において、本物教材 ── つまり母国語話者によって母国語話者のために書かれたもの、言語教育のために特別に書かれたものではない教材 ── は、言語学習者のために特別に書かれた教材や平易化された教材より優れていると主張したのである。

　自然なテクストが教師に対して、結果的には学生に対しても持つ魅力、さらにはそれが学生のリーディングに対する考え方に与える影響などは、Catherine Walter による *Genuine Articles : Authentic Reading Texts for Intermediate Students of American English* の中の "Introduction to the Student" によって計り知ることができよう。

> この本の中のすべてのテクストは、英語で書かれた本物のサンプルである。……どのテクストも、特に外国人のために書かれたものではない。このことは、幾つかのテクストは他のテクストより理解しやすいということを意味する。しかし、より易しいテクストでさえ、よりうまく読むことへの助けになるであろう。(1986, p. vii)

このように、本物への熱狂状態の一部分は、テクストを学習道具として価値あるものにするのはテクストの難しさであるという考えに起因する。

　こうした本物のテクストの使用は、広く受け入れられているにもかかわらず、「本物」という言葉の意味については、コンセンサスを得られていない。Robin Scarcella と Rebecca Oxford は、「一般的に本物の言語とは、母国語話者のために書かれたもので、編集され、要約されたテクストでは

ないものだ」と述べている (1992, p. 98)。一方で Catherine Walter は、その著書 Genuine Articles の中で、本物のテクストは「短縮された」、さらには「わずかに手を加えられた」テクストを含むとしている (1986, p. ix)。しかし、もう1つの見解が Henry Widdowson によって示されている。彼は、本物はテクストの質を表わす言葉ではなく、「読者が作者の意図を認識したとき、本物は獲得されるのだ」とした (1976, p. 264)。最終的に、Eddie Williams は、本物のテクストとは「何かを主張するために、メッセージを伝えるために書かれたテクストだ」と簡潔に述べた (1984, p. 25)。

　本物のテクストは、どのように定義されていようとも、現に言語教育において使用されている。なぜなら、それらは興味深く、人を引きつける魅力があり、文化的にも啓発的であり、有意義であり、動機を与えるものであり、そして、本物を読むための準備をするのには最適のものだからである。(後者の意味は、「私たちは、本物のテクストを読むことによって、本物の読み物を読むことを学ぶ」という格言に恐らく要約されていよう)。Williams が説明しているように、「もし、学習者が教室の外で真の言語に立ち向かうことを最終的に期待されているとすれば、そのことに対しての準備としての最良の方法は、教室の中でも真の言語に触れること」(1984, p. 25) であろう。

　多くの教師にとって、本物のテクストの使用に対する最も説得力のある主張は、本物のテクストは真の意思伝達だという点であろう。Christine Nuttall は、*Teaching Reading Skills in a Foreign Language* なる影響力の強い著書の第二版の中で、この点について詳しく述べている。彼女が述べているように、本物のテクストとは、学生を読む気にさせるだけではなく、「真の会話や文章の特質、つまり何かを言おうとしていて、筋が通っていて、しっかり構成されている会話や文章の特質をそなえているもの」(1996, p. 177) なのである。

　同時に、本物のテクストは、その長所のゆえに、リーディングの向上を遅らせる可能性がある。Williams は、本物のテクストの使用は、しばしば意図されたこととは逆の結果を生じてしまうという矛盾を指摘している。つまり、言語レベルが難しすぎる本物のテクストは、読者がメッセージの意味を読み取ることを助ける代わりに、読者に対して暗号読解に焦点

を合わすことを強いるというのである (1983, p. 175)。Wilga Rivers は、「平均的な学生が言語能力を越えている教材にあまり早く出会うと、彼らは通常、辞書の助けを借りて暗号の解読に戻らざるをえなくなり、リーディング・スキルの価値ある訓練への時間が浪費されていく」(1981, pp. 37-38) と述べている。この点については、Nuttall も、「言語的に難しいテクストは、ほとんどのリーディング・スキルの向上に適切ではありそうにない」(1996, p. 177) ことをしぶしぶ認めている。

　加えて、学生の学習意欲に与える犠牲も存在する。Rivers は、「ところどころ文脈上の推測を交えるのみで、どんどん全体を理解させていこうとする、ある意味で学生の現状の能力を越えているリーディング教材に時期尚早に立ち向かわせることは、彼らの自信を喪失させてしまう」(1981, p. 260) と主張している。

　それなのに、このような欠点にもかかわらず、David Clarke によると、本物の教材は、「言語教室の絶対的な義務、すなわち必須条件となってきた」(1989, p. 73) という。また、David の同僚は、「それがリーディング指導であれリスニング指導であれ、あるいは何であれ、十年前、大学院で耳にたこができるほど聞いたのは、本物の教材の使用の必要性であった。しかし、同時に、第二言語教育の教師および学習者としての自分の経験から、平易化された教材が機能することを知っていた。だから、私は混乱した。その時以来、私は平易化された教材を使用していることに罪の意識を感じている」と言う。

　David と同僚の教師たちがともかく平易化された教材を使用するということは、本物の教材の致命的な欠点を指摘している。もし、Ambrose Bierce が言語教師であったなら、彼は、次のような素晴らしく皮肉の効いた定義づけを、Andrew Cohen の好意により、*Devil's Dictionary* につけ加えたであろう。「本物の教材とは、言語学習者が理解するのが不可能もしくは困難な教材のことである」と。

　実際、初期のころから、この問題に対しての認識は、専門家たちの著書の中に存在した。しかし、しばしば非常に間接的に述べられるだけなので、要点が見失われていた。例えば、Françoise Grellet が *Developing Reading Skills* の中で、「可能ならばいつでも、本物のテクストを使用することが大

第6章　本物崇拝と平易化神話

切である」(1981, p. 7) と述べるとき、インパクトが強いのは、「本物のテクストを使用することが大切である」という部分で、「可能ならばいつでも」という点はぼかされてきたのである。

　このような状況下で、教師と学生は、本物の教材を平易化された教材より好ましいと見なすようになった。しかし、第二言語によるリーディングに熟練しているとはいえない学生にとって、これは危険な見解である。なぜなら、この見解は、第二言語の学生から、彼らが熟練した読者になるために必要なリーディング教材の最も重要な供給源を奪ってしまうからである。

　平易化されたテクストは避けるべきだ、あるいは難易度の高いテクストこそが優れているのだという考え方は、リーディングに対する態度に関してひどく有害である。実際に、そのような考え方は、リーディングというものを難しいものだという固定観念に結びつけてしまう。学生たちは、テクストというものは常に難しいものだと思うだろうし、リーディングをテクストと格闘しながら学ぶ行為と同一視しがちである。これは、リーディングの楽しさを教え込む方法として適切ではない。

　しかし、本物崇拝は、真空状態の中でわき起こったのではなかった。その卓越性の一部は、唯一本物の教材の代わりに選び得るように思えるものの本質にさかのぼれるかも知れない。その代替教材とは、平易化された教材のことである。

平易化崇拝

　平易化されたテクストは、言語教育においてあまりいいイメージを持たれていないといえば、それは控え目な言葉であろう。もし本物のテクストが、自然で、興味深く、実際的価値を持ち、教育的にも理にかなっているなら、平易化されたテクストは、一般的にちょうど反対に位置するものと思われている。つまり、堅苦しく、不自然で、真実性が低く、刺激がなく、教育的にも行き詰まっていると思われているのである。確かにこの視点には存在理由はある。しかし、それは単純すぎる見方である。Ronald Carter と Michael Long が言うには、「すべての本の場合と同じように、

69

出来がよかったり、悪かったり、取るに足りない平易化されたテクストがあるということは思い起こす価値がある」(1991, p. 152)。なぜであろうか。それは書き方の問題であろうか。物語性があるか否かという文学的問題であろうか。それとも、もっと深い問題があるのだろうか。

　平易化されてでき上がった作品は多くの名前、つまり、simplified（平易化された）、graded（段階別の）、abridged（短くされた）、adapted（書き直された）、pedagogical（教育的に配慮された）等のように呼ばれて世に出ているので、まず最初にその中のどのように平易化されたテクストなのかを明確にする必要がある。このように多くの呼び方があることは不幸なことである。なぜなら、多くの呼び方が混乱を生み、教師と学生に誤解を生じさせているからである。

　平易化という言葉は、少なくとも2つの異なるタイプの、第二言語のリーディング教材を開発するために使用される。その2つのタイプとは、第一言語の原作を平易化したテクストと、最初から特に第二言語学習者のために書かれたテクストである。前者のタイプ、すなわち、もともと第一言語の読者に対して書かれたテクストを平易化したものは、原作者の著作権が消滅してしまっていて所有権が公共のものとなっている古典をしばしば使用する。英語においては、幾つもの平易化された文学作品が存在する。例えば、『黒馬物語』(Black Beauty)、『トム・ソーヤの冒険』(The Adventures of Tom Sawyer)、『バスカービルの犬』(The Hound of the Baskervilles)、『フランケンシュタイン』(Frankenstein)、『ロシアより愛をこめて』(From Russia with Love)、『二都物語』(A Tale of Two Cities)、『船乗りシンドバッド』(Sinbad the Sailor)、『偉大なるギャツビー』(The Great Gatsby) 等である。

　この、元来第一言語の読者のために書かれたものを書き直した、もしくは改作したテクストは、2つあるうちのどちらか一つの方法で取り組まれる。一つ目の方法は、原作の主題をより平易な表現形式と言葉で完全に書き直したものである。二分法には鋭い眼を持つHenry Widdowsonは、これを "simple account" (1978, pp. 79, 89-91) と名づけている。2つ目の方法は、一般的な言葉でいえば、原作の表現形式と言語は保ちながら、短かくしたりある難しい言葉や文章構造をより平易なものに置き換えること、あるいはある部分をわかり易くするために配列し直すこと、さら

には、時として、難しい観念について詳しく述べることなどが含まれる。Widdowson は、これを "simplified version" (1978, pp. 79, 88-89) と呼んでいる。言語学習者が未熟であればあるほど、原作を書き直したり、改作したりする際に使用される言葉と文章構造は限られたものになる。

後者のタイプは、特に第二言語学習者用に書かれたテクストである。最初から言語学習者のために作られたこの種のオリジナルなテクストは、David Hill と Helen Reid Thomas によって、"simple original" (1988, p. 44) と名づけられた。第一言語の読者に対して書かれた原作の書き直し版、もしくは改作版と同じように、"simple original" の中で使用される言葉や文章構造やテクストのタイプは、そのテクストが対象とする学習者の言語能力のレベルによって決定される。

また、平易化された教材が、"simple account"、"simplified version"、"simple original"、のいずれであろうと、それは、1つの不可避の理由によって、第二言語によるリーディングのために開発され使用されることは明らかである。その理由とは、初級と中級の第二言語学習者は平易化された教材が必要だということである。しかし、本物崇拝の影響を反映して、平易化された教材は、その制作目的、つまりリーディング指導と言語学習に対する積極的な貢献が正当に評価されることはほとんどない。平易化された教材は、一般的に、そのあるべき目的とは異なるかたちで言語教育の場に存在する。例えば Christine Nuttall が、「本物の教材は理想的であるが、もし、教師が学生の言語が十分でないと判断したなら、平易化された、もしくは特別に書かれた教材を使うことから始めなければならないだろう」(1996, p. 178) と言っているように。また、彼女は、「どんなに平易化が優れていても、いつも何かが失われている。それゆえに、幾人かの教師は "simplified version" の使用を拒否する」(1996, p. 178) と嘆いている。

確かに、平易化された教材への批判には正当性がある。なぜなら、それらは不完全に書かれており、興味深くはなく、読みづらく、繰り返しや寄り道それに流れの一貫性といった通常のテクストの特徴が欠落しているからである。これらの多くの欠点は、1つは言語そのものに、もう1つは内容に起因する。

言語学習者にとって、本物のテクストにおける難点は難しい言語にある

ので、平易な言語が時には解決策と見なされる。第二言語のテクストは、主に、学習者が習得することを期待されている言葉や文法形式のリストに基づいた言語公式の視点から書かれ改作される。不幸にも、著者にとって、語彙と言語構造のリストを基にものを書くという行為は、「著者の注意の焦点は、彼らが作り慣れている会話や文章よりはむしろ、語彙、統語法に向けられる」(Widdowson, 1978, p. 89) ことを意味する。

内容の問題は、複雑な原作を平易化しようとする試みがなされるとき発生してくる。David Hill は、ペンギン・リーダーズを再検討して、1つの例を挙げている。「『推定無罪』(Presumed Innocent) においては、十人の登場人物の内三人がニックネームを持っていて、第一章において紹介され、出来事が次から次へと目が回るほど起きる。その結果は、33回転のレコードを78回転で回しているようなものだ」(1995, p. 17) と述べている。

問題の原因が言語であれ内容であれ、結論は同じである。言語及び内容において原作の平易化に注意が向けられすぎると、平易化されたテクストの作者は、原作の本質、すなわち、読者と意思疎通を図ろうとすることに注意を向けなくなる。このことが、平易化された教材は、通常の会話や文章(コミュニケーションのために書かれたもの)ではなく、それゆえに、リーディングを学ぶには良い訓練法ではないという十分に正当化されたコンセンサスにつながっていった。

これで教師たちはお手上げになった。自信を植えつけ、熟練したリーディングをもたらすには、本物の教材は、要求されているi－1レベルにはない。それに対して、平易化された教材は、すべての欠点にもかかわらず、i－1レベルにある。実際に第二言語の読者たちが多読において必要なことは、本物のテクストと平易化されたテクストの長所が結びつけられることである。言い換えれば、本物で適度に平易なテクストが望まれているということを意味する。

このようなテクストには先例がある。母国語話者は児童向け読み物と青少年向け読み物という財産を持っているのである。こうした読み物は特定の読者とのコミュニケーションを目的としているため、会話や文章は自然である。加えて、それらは、若年層とのコミュニケーションを目的としているので、言語と内容の双方において適度に易しい。

自然度と平易度の再検討

このような自然度と平易度との融合が、第二言語教材の中で達成できるであろうか。自然度と平易度の概念への綿密な検討が、それは可能だと示唆している。*Longman Dictionary of Language Teaching and Applied Linguistics* における自然度の定義は、「言語教育用教材が持っている、自然な会話や文章の質の程度である」(Richards, Platt, & Plat, 1992, p. 27) という記述で始まっている。この記述は、自然度の議論の出発点として非常に洞察力に富んでいる。なぜなら、母国語話者である著者や読者へのアピール、あるいは新聞や雑誌などからの情報源といったものよりもむしろ、名前はつけられていないが、ある自然な特質がテクストを本物にするのだという点に注目しているからである。日常の情報源から構成された本物のテクストのみがこれらの自然な会話や文章という特質を与えうるのではなく、言語学習者のために書かれたり編集されたりしたテクスト、つまり、平易化されたテクストによっても所有されるだろうというのである。

この視点によると、平易化されたテクストと本物のテクストは互いに排他的で正反対のものではない。むしろ、平易化されたテクストは、本物の持っている自然さを持っているか否かでよしあしが判断されるといえる。ゆえに、Charles Alderson と Alexander Urquhart が彼らの研究論文集 *Reading in a Foreign Language* の中で、「私たちは、平易化されたテクストが本物になりえると信じている」(1984, p.198) と言っていることに矛盾はない。

他の研究者も同じ結論に達している。例えば、Sandra Silberstein は、彼女の著作 *Techniques and Resources in Teaching Reading* の中で、「リーディング・テクストは、それが編集されたものであっても、本物であることが可能だし、そうあるべきだ」(1994, p. 111) と述べている。

リーディング・テクストは、統語法、談話構造、語彙、内容といった点で、学生たちが出会うであろう実世界での会話や文章に似ているという意味で本物であるべきだ。すべての言語能力レベルにおいて、私たち教師は、

学生に、彼らのリーディングの目標に相当する、本物度の点で同じようなテクストに取り組んでほしいと望んでいる (p. 102)。

それでは、どのようにして、どこから見ても本物でかつ平易なテクストが用意可能だろうか。その答えは、かつて Henry Widdowson が提案したように、「解釈のメカニズムを外国語のデータに応用するために、学習者の能力内と思われる範囲内に言語のレベルを落とす」(1979, p. 190) ことであろうか。別の言葉で言えば、より優れた言語学的な平易化を持ち込むということであろうか。この提案は、本物度と平易度が両立するかというテーマに対する大方の意見や研究のまとめである。例えば、John Klapper は、Ruth Berman の研究 ── 複雑な統語法がどのくらい教材を重苦しく解読不可能にしているか ── について言及している (そして、前記の Alderson と Urquhart の研究論文集に報告している)。Klapper は、「Berman (1984) の教材の密度と量に対する概念は、平易化の過程の基準として使用されるべきであり、情報に基づいた推測を可能にする適当な文脈を作る際の繰り返しや寄り道が果たす重要性も当然注目されるべきだ」(1992, p. 53) としている。

テクストに手を加えることが第二言語学習者のテクスト理解を助長するか否か、あるいは、どのような状況下においてそれが可能かということに関する研究もまた数多く存在する。例えば、Patricia Johnson (1981) は、基礎知識と語彙と言語構造の平易化の関係を調査し、外国語学習者は、基礎知識が欠けている場合のみ、平易化によって学習を助けられると結論づけた。Yasukata Yano、Michael Long と Steven Ross (1994) は、テクストの３つのバージョンを比較している。その３つのバージョンとは、「本物バージョン」(authentic : e.g., "Because he had to work at night to support his family, Paco often fell asleep in class.")；「平易化バージョン」(simplified: "Paco had to make money for his family. Paco worked at night. He often went to sleep in class.")；「精巧化バージョン」(elaborated: "Paco had to work at night to earn money to support his family, so he often fell asleep in class the next day during his teacher' s lesson.")(p. 193) である。彼らは、外国語学習者の平易化バージョンの内容理解と精巧化バージョンの内容理

解との間においては、違いをほとんど見いだせなかった。そこで彼らは、文章の精巧化は、推測を助長し、「言語学習者が言語学習において必要とする豊かな言語表現」(p. 214) を提供するときのみ、平易化より好まれると結論づけた。

　これらの提言や研究に共通しているのは、彼らがひきつづき平易化を言語学の問題としてとらえようとしている点である。確かに、言語学習者とのコミュニケーションを指向するテクストは、平易な語で書かれるであろう。しかし、このことは、学習者にとって、平易な語が使われるからテクストの情報が伝達されるということには直結しない。「読みやすさ」(readability) の専門家 George Klare が指摘しているように、「語や文に対する考察よりも書き方の問題が、情報伝達という点にはより大きくかかわっている」(1984, p. 703) と言えよう。そして、この Klare の指摘は、恐らく、Alan Davies と Henry Widdowson がかつて投げかけた、「言語要素の平易化は必然的に 1 つのコミュニケーションとしてのテクストの平易化につながるだろうか」(1974, p. 183) という疑問に重なるであろう。

コミュニケーション

　言語要素のより優れた平易化は、1 つのコミュニケーションとしてのテクストの平易化に対する正しいアプローチであろうか。もしそうでないとしたら、平易化に対してどのようなアプローチがあるだろうか。Janet Swaffar による本物度の定義は、次のような答えを提供している。

　　外国語学習の教室において、本物のテクストとは、意味を伝達することを最重要視するテクストのことである。言い換えれば、そのようなテクストは、情報伝達、説得、感謝などの意図をもって、母国語話者によって母国語話者のために書かれるものだといえよう。あるいは、それは言語学習者グループのために書かれるものでもあろう。要するに、本物のテクストとは、それがだれを意識して書かれたものかが問題にされるべきものではなく、もともと心の中に本物の伝えたいものが存在するテクストのことである (1985, p. 17)。

　この説明は、*Longman Dictionary of Language Teaching and Applied Linguistics* よりさらに一歩踏み込んだものとなっている。なぜなら、著者が伝達

目標を持っていることを、自然な発話や文章の特質、すなわち本物度の定義の議論に持ち込んできているからである。

　Swaffar は、教科書は「情報を伝達するためのものというより、言語を教えることを目的としているため、注意深く編集された短い読み物は、本物のメッセージに本質的に必要な要素——すなわち、繰り返し、余剰性、会話や文章の目印（discourse markers：論点を分かりやすくするために挿入するもの、例えば、then, the point is … etc.）など——に欠けている」(1985, p. 17) と指摘している。その場合には、テクストを本物にする本質的特徴を提供しているのは、明らかに、作者の伝達しようとする意志ということになる。また、本章の冒頭に紹介した Sandra Silberstein の関心事（編集されたテクストは自然であるべきだ）、そして彼女が投げかけた疑問（テクストは、どのようにして本物に編集されうるのか）に戻ると、恐らく、答えは、著者や編集者が伝達しようとする意志ということになろう。

　同様に、このことは、もう1つの興味深い疑問を提示している。その疑問とは、「平易化は存在するのか」ということである。平易化とコミュニケーションとの結びつきは、Henry Widdowson が、平易化とは、「言語使用者が、コミュニケーション効果を上げるために言語習慣を適合させる過程だ」(1979, p. 196) と定義したとき、明確になった。また、Christopher Brumfit が「平易化はその特別の地位に値するのか、それとも、実際、平易化は、単に基本的コミュニケーションを指すもう1つの方法なのか」(1993, p. 2) と問う気にさせられたことからも、平易化とコミュニケーションの関係は明確である。あるいは、Alderson と Urquhart が既存の概念に反して皮肉たっぷりに主張しているように、「もし平易化が、学習者に対してテクストを適切にするものだと定義されるのなら、恐らく、いかなるテクストも平易化されたテクストと見なされる」(1984, p. 196) であろう。

　いずれにしても、第二言語教育においては、平易化は言語学習者のために書くことを意味する用語——幾分軽蔑的な用語である。そして、このような執筆活動に見いだせるいかなる平易化も、本物度を犠牲にして得られる何物かではなく、まさに、本物そのものの体現なのである。

結 論

　第一言語による児童向け読み物や青少年向け読み物は、特に子供や青少年が必要としている娯楽や情報を提供するために書かれている。多様な年齢層に対する多様なトピックについて書かれたこうしたテクストはまた、「読み」を学ぼうとし、本に夢中になる者にそのための材料を提供をもする。

　これらと全く同じ理由——すなわち、娯楽、情報、読みの学習、本に夢中になることなど——のために、第二言語の学習者も、彼らのために書かれた多様な優れた教材を必要とする。そうしたコミュニケーションを意図した教材は、本物でかつ言語と構想の点で程よく平易であろう。このような教材には、LLL という呼び方がふさわしいだろう。そして、これは次の章の主題である。

Further reading

　Breen, Davies, Widdowson は、一般的に受け入れられている本物度への生産的議論を提供している。Michael Breen は、1982 年の論文 "Authenticity in the Language Classroom"（1985 年にジャーナル *Applied Linguistics* に再録）において、この問題に考察を加えている。Alan Davies は、J. Charles Alderson と A. H. Urquhart が編集した古典的論集 *Reading in a Foreign Language* (1984) で彼の担当した章 "Simple, Simplified and Simplification : What Is Authentic?" の中で、本物度の問題を議論している。本物度についての Henry Widdowson の考察には以下のものがある。

1. Fanselow と Crymes の *On TESOL '76* に掲載した "The Authenticity of Language Data" を、Widdowson 自身の *Explorations in Applied Linguis-tics* (1979) に転載している。
2. *Teaching Language as Communication* (1978) の中の "Comprehending

and Reading" と名づけられた章の冒頭部分。最も関連性があるのは 79-82 頁。
3. *Explorations in Applied Linguistics 2* (1984a) の中の "Reading and Communication" に関する考察が掲載されている。なお、この考察は Alderson と Urquhart の *Reading in a Foreign Language* にも転載されている。

平易化されたテクストの短所についての有名な調査としては、John Honeyfield の "Simplification" (1977 *TESOL Quarterly*) がある。

また、本物度という概念に対する初期の批評家であった William Lee は、"Some Points about 'Authenticity'" (*World Language English*, 1983) の中で、「本物度とは、コミュニケーションの別名である」という本章と同じ結論に、本章とは異なるアプローチで到達している。

第7章

LLL: Language Learner Literature

将来、もし言語教育が想像力に富んだ内容を欠いているとすれば、それはこの分野がまだごく初期の段階にあったのだと考えられるであろう。

— John McRae（1991, p. vii）

■本章の目的：
- *LLL*（Language Learner Literature）を紹介すること。
- 言語学習者を読者とした文章を書くテクニックを検討すること。

　Louis Kelly によれば、言語教育において、やさしく書き直された教材が試みられたのは 15 世紀後半にまでさかのぼることができる。当時はラテン語学習者のために書かれたものであった（1969, p. 141）。しかし、しばしば〈リーダー〉と呼ばれるこの種の本の現代版は、少なくとも歴史的には、ある一人の人名と同義である。Alan Maley が嬉々として述べているように、「短くて、やさしく、要約され、改作されたリーダーは、英語教育がまだぼんやりした霧に包まれた太古の頃から、我々とともにあった……この英語教育の太古の沼地を Michael West の亡霊がひらひらと飛ぶ姿をまだ見ることができるのだ」（1988, p. 3）。1920 年代のインドで英語を教えていた West は、自分の生徒のために民話を書いたり、文学作品を改作していたのである。平易で自然なことばに対する細やかな心配りと、持ち前のストーリーを書く才能をともに発揮させて、West はひとりで、やさしく書き直されたリーダーの現代版を創り出した。彼の著作の多くは、今日でもまだ出版されているのである（Appendix 参照）。

　West の先駆的な仕事は、多くのさまざまな言語の学習者のための、ほ

とんどあらゆるジャンルにわたる本を生み出すきっかけになった。わずかな例をあげても、スリラー、伝記、ロマンス、ホラー、フィクション、SFといったジャンルにまで及んでいる。この章では、一連のこのような作品を紹介し、その検討を行う。

LLL（Language Learner Literature）とは何か

　優れた書き物の特徴の1つは、それがあらかじめ想定された読者に向かって語りかけていることである。どのような読者を想定しようと、また、作者の目的が何であろうと、ものを書くという行為は1つのコミュニケーションである。首尾よく書くためには、作者はどのような読者を対象にしているのかを心に留めておかなければならない。これにはほかに選択の余地はなく、あらゆる執筆作業にとって不可欠なものなのである。想定された読者は、たとえば、大衆新聞の読者や子供、もしくはあなたが今読んでいるこのような本の読者かもしれないし、あるいは、第二言語学習者かもしれない。

　言語学習者は、他のどのような読者とも何ら変わるところがない。第二言語学習者を読者として教材を書く行為は、他の形態の執筆と同様にコミュニケーション行為にほかならない。対象とする読者がはっきりしており、〈自然なままの〉(authentic) とか〈やさしく書き直された〉(simplified) という用語はあいまいでかつ不正確であり、その含意するところは満足のいくものではなく、また、重要なのはやさしく書き直すこと（「平易化」simplification）や精巧に仕上げること（「精巧化」elaboration）ではなく、コミュニケーションなのであるから、これまで第二言語学習者を念頭に置いて書かれてきた読書教材の呼び名として、既存のものに取って代わる用語を提案する。すなわち *LLL*: Language Learner Literature という用語である。

　われわれは、*LLL* という用語は、独自に確立したジャンルであるヤングアダルト (YA) 文学や児童文学という用語に類似したものだと考える。*LLL* は、フィクションやノンフィクション、オリジナルもの、言語学習者用に改作したものも含んでいる。しかし、どのような形であろうとも、*LLL* は

第 7 章　*LLL:* Language Learner Literature

すべての本物の作品のあかしである完全さを前提としている。すなわち何か他のものの劣った形のものではなく、作者と読者の間のコミュニケーションが完全に行われ、それ自体で完結するようなものでなければならない。したがって、他の書き物と同じように、*LLL* の成否を判断する基準となるものは、読者の反応、言い換えれば、読者がどのような意味を読み取り、どのような経験をするかである。

第二言語学習者を読者として書く

一般的に、第二言語学習者を読者として執筆する作者は、この読者が持つ3つの特徴を念頭に置いておかなければならない。そのうちの1つは、言語能力が限られており、その結果として、読書の際に疲れてしまい、集中力の持続時間も限られているということである。もう1つは、目標言語の文化においては常識となっている考えや話題をよく知らないということ。最後の1つは、第二言語学習者は、それぞれの異文化に特有のテクストの型をよく知らないということである。第二言語学習者は、このような独特のテクストがどのように構成されているか、つまりその修辞的な慣習を理解できないし、また、このテクストに対してその文化圏の人々が通常どのような反応を示すのかも理解できないだろう。これらの3つの第二言語学習者に共通した要因は、入門段階の言語学習者／読者に最も当てはまり、学習者が第二言語を習得していくにつれて、次第に大きな問題ではなくなっていく。

これら3つの共通した要因以外にも、第二言語学習者は年齢的にも、興味関心の点でも、出身文化に関しても多種多様であるが、それでも一般化は可能である。Keith Morrow と Marita Schocker が述べているように、音楽、ファッション、映画、テレビが地球をめぐっている現代、「たとえば、イギリスの17歳の若者たちがドイツの17歳の若者たちとほぼ同じものに興味を抱いていると想定してもほぼ間違いない」(1987, p. 253) のである。したがって、自分のよく知っているある特定の言語学習者集団が持つ興味や精神性に焦点をあてる作者は、同時に世界中の似たような学習者とコミュニケーションすることになるのは確かなことであろう。

言語学習者とコミュニケーションする場合、内容と言語の両方を考慮しなければならないし、実際、この2つは切り離すことができない。Henry Widdowson が指摘するように、すべての教育において、「コンセプトは……学習者の経験に適合するように構成され、表現される（傍点筆者）」(1979, p. 200) のである。Widdowson の言うことはすべてのコミュニケーションにあてはまろう。

　内容と言語を統合したこの観点から、前章で検討した Johnson（1981）と Yano et al.（1994）の両者の研究を振り返るのは興味深いことである。Johnson、Yano et al. やその他の研究は、言語の平易化を内容と切り離して考えており、そこから生み出された結果は、言語の平易化の信用を落とすために用いられてきた。Johnson は背景知識のない学習者は、言語の平易化から恩恵を受けると報告しているが、この結果は、テクストというものが1つのコミュニケーションである場合の、内容と言語の相互依存性を例証するのに役立つ。Yano et al. は、やさしく書き直された散文と、精巧に仕上げられた散文を比較した。コミュニケーションという点からすれば、作者がより少ない語、より短い文を使う（「平易化」）のか、それとも、埋め込み文 (embedded sentences) においてより多くの語を使い、背景に存在するあらゆる想定を明らかにする（「精巧化」）のかということが重要なのではない。重要なのは、読者を見下すような態度を取ることなく、また、ことば数が少なすぎず、また多すぎもせずに、読者に伝わるように内容を表現することである。

　言語学習者のために書くことは、平易な言語を使用することだと一般的には考えられてきたので、作者は簡単なことばや、平易な構文のリストを使って書いたり、文や単語の長さによってテクストの難しさを判断する読みやすさの公式 (readability formulas) に自分の書いたものを当てはめたりする。これは、平易な言語がコミュニケーションを手助けしてくれるという考え方に基づいている。しかし、この優先順序は、真の執筆においては正反対のものなのである。

　作者が読者とコミュニケーションをする際、表現手段、つまり言語は通常直観的なものである。作者がメッセージと読者に焦点をあてると、すなわち、コミュニケーションに焦点をあてると、言語は自然に浮かんでくる

のである。George Klare が言うように、「読みやすさの評価のほぼ大半は……作者によって、ものを書く過程において行われる。それもほとんどの場合、主観的に、そして、ことによると無意識のうちに行われる」(1984, p. 702) のだ。Charles Alderson と Alexander Urquhart はさらに次のように述べる。

> その証拠が……示唆するのは、有能な作者が明らかに公式に頼ることなくテクストの「やさしく書き直された」版を作る時、そのやさしく書き直された版は読みやすいだけではなく、公式に当てはめても読みやすいということである。興味深い点は、そのようなテクストを作るために作者が何をしているかである。(1984, p. 196)

答えは様々なところから提供されているが、そこには、成功し、高い評価を受けている英語学習者用図書シリーズの編集者も含まれている。*Heinemann Guided Readers* の編集者である John Milne の説明によると、このシリーズの執筆にあたっては「作者や編集者の経験に基づいて、それぞれのレベルにおいて学習者がどのような語彙に対処できるのかを判断している。……われわれはこのように、機械的な単語数の計算や固定した単語リストに基づいて語彙を制限するよりも、むしろ直観的な手法によって語彙を制限してきたのである」(1977, p. 16)。

ほとんどすべての英語シリーズと同じように、*Heinemann Guided Readers* は名称と使用基本語彙数によって、具体的には「入門レベル／600 語」または「初級レベル／ 1,100 語」というようにそのレベルが示されている。しかしながら、興味深いことに、これらの語彙数は本が書かれた後で算出された数字なのである。John Milne が説明するように、「それぞれのレベルにおいて、いくつもの原稿が用意された。……それからこれらの原稿において使われている基本単語の数を概算する。『基本』ということばが意味するのは、ある特定のストーリーにのみ使われるような特殊なことばではないということである」(p. 17)。構文に関しても同じような手法が用いられる。

> 作者は構文の制限を厳格に、機械的に行うようには要求されていない。その代わりに、作者は絶えず言語に対する持ち前の直観的な感覚に頼り、ある特定のストーリーを伝えるのに必要とされる構文と、学習者に克服し

がたい困難を招くような構文との取捨選択力を求められている。(p. 12)

　Christopher Brumfit のことばを借りると、執筆をはじめる前に基本的に必要なことは、「できる限り正確に、読者として想定している学習者のタイプを頭の中ではっきりとさせること」(1985, p. 98) である。そして、Tricia Hedge が言語学習者用の *Oxford Bookworms* シリーズの作者に対するガイドラインの中で推奨しているように、「あるレベルの言語学習者を念頭において、ストーリーの最初の部分を直観的に書き、それからそれがシリーズのどのレベルにふさわしいかを見てみるのが効果的」(1988, p. 5) なのである。

　適切に使えば、学習者がおそらく知っている（もしくは、知っているべきはずの）単語のリストは、作者にとって大きな手助けとなる。Christopher Brumfit は『ケンブリッジ英語辞典』(*Cambridge English Lexicon*) の書評において、次のような助言をしている。「辞書に頼らずに、できる限り明瞭に、そして適切にテクストを書きなさい。……辞書は……作者によって肯定的にではなく否定的に用いられるなら……あなたの判断力を啓発し、敏感にしてくれる。このようにすることによってのみ……執筆は……執筆であり得る」(1985, p. 98)。換言すれば、学習者の知っている単語からテクストを作り上げてはいけないし、学習者の知らない単語を機械的に排除してはいけないのである。その代わりに、あなたが使った単語の中で学習者が知らないものを知るために、書き終わった後で辞書を使うのである。その情報は、あなたが意図した読者に及ぼす効果という点から、単語の使い方をより良く判断する手助けとなろう。

　作者は直観的に書くといっても、それは必ずしも、言語それ自体に対して意識的に注意を払わずに書くことを意味しているのではない。作者によっては、コミュニケーションの面を神経質なぐらいに意識し、テクストの流れに寄与する単語を1つ1つ慎重に選んでいるかもしれない。結局、すべての作者が目指しているのは、優れた書き物の持つあの捉えどころのない特質なのである。John Milne は「前の文からスムーズに流れ、自然に次の文へとつながっていくというように、1文1文が内的にうまくバランスが取れていなければならない」(1977, p. 5) と言っているが、これは、

第 7 章　*LLL:* Language Learner Literature

結束性 (cohesion) のことだけではなく、同様にスタイルのことについても言及しているのである。Tricia Hedge は「いろいろな角度から情報に焦点をあわせ、『明暗』をつけてテクストを展開する」ことを作者に強く勧めているが、Hedge もまた、やはりスタイルを重要視しているのである (1988, p. 3)。

　これはすべて、ケーキのアイシングのような飾り物ではなく、それは言語学習者のために書く場合には不可欠なことでなければならないのである。というのも Milne が指摘するように、「下手に書かれた本は読みづらいものである」(1977, p. 5) というわけである。それゆえ、Christopher Brumfit が言語学習者用の本は「とりわけ（傍点筆者）上手に書ける人によって書かれる必要がある」(1985, p. 99) と述べる時、彼は重要な指摘をしているのである。ここで Brumfit は、単独で *LLL* を生み出した教師であり作家でもある Michael West のことばをそっくり繰り返しているのだ。West が感じていたのは、言語学習者用の本を最も上手に書けるのは「オリジナルの短編小説や長編小説を書く力量のある人々である。……求められるのは、相当のインスピレーションをもって書くことのできる人である」(1960, p. 28)。

　この章ではこれまで、言語学習者のために書くことを主に技術的な点から考察してきた。しかし、本当のセックスは『セックスの喜び』といったハウツーものの手引書を凌ぐものであるのと同様に、言語学習者とのコミュニケーションは、言ってみれば、内容と言語を結合するのとは異なる次元において生じるのである。したがって、今こそ、*LLL* の真価を本物の芸術の一形態として考えるべき時なのである。

　このことをはじめる理想的な方法は、*LLL* の実例をいくつか見てみることである。したがって、レベル 1 からレベル 6 までの言語能力の学習者用に英語で書かれた、もしくは改作されたテクストの抜粋をお見せしてこの項を締めくくることにする。これらのサンプルは *Oxford Bookworms* シリーズの編集者である Tricia Hedge と Jennifer Bassett が、テクストの実例として、作家としての素質を秘めた人のために選んだものである。そこで、さあくつろいで、*LLL* と呼ばれるジャンルを味わってみてほしい。

Sample Text for Level One

The Phantom of the Opera by Jennifer Bassett

The Opera House in Paris is a very famous and beautiful building. It is the biggest Opera House in the world. Work on the building began in 1861, finished in 1875, and cost forty-seven million francs.

It has seventeen floors, ten above the ground, and seven under the ground. Behind and under the stage, there are stairs and passages and many, many rooms — dressing-rooms for the singers and the dancers, rooms for the stage workers, the opera dresses and shoes . . . There are more than 2,500 doors in the building. You can walk for hours and never see daylight, under the Paris Opera House.

And the Opera House has a ghost, a phantom, a man in black clothes. He is a body without a head, or a head without a body. He has a yellow face, he has no nose, he has black holes for eyes . . .

This is the true story of the Phantom of the Opera. It begins one day in 1880, in the dancers' dressing-room . . .

第 7 章　*LLL:* Language Learner Literature

CHAPTER 1: THE DANCERS

'Quick! Quick! Close the door! It's him!' Annie Sorelli ran into the dressing-room, her face white.

One of the girls ran and closed the door, and then they all turned to Annie Sorelli.

'Who? Where? What's the matter?' they cried.

'It's the ghost! Annie said. 'In the passage. I saw him. He came through the wall in front of me! And . . . and I saw his face!'

Most of the girls were afraid, but one of them, a tall girl with black hair, laughed.

'Pooh!' she said. 'Everybody says they see the Opera ghost, but there isn't really a ghost. You saw a shadow on the wall.' But she did not open the door, or look into the passage.

'Lots of people see him,' a second girl said. 'Joseph Buquet saw him two days ago. Don't you remember?'

Then all the girls began to talk at once.

'Joseph says the ghost is tall and he wears a black evening coat.'

'He has the head of a dead man, with a yellow face and no nose . . .'

'. . . and no eyes — only black holes!'

Then little Meg Giry spoke for the first time. 'Don't talk about him. He doesn't like it. My mother told me.'

'Your mother?' the girl with black hair said. 'What does your mother know about the ghost?'

Sample Text for Level Two

The Death of Karen Silkwood by Joyce Hannam

CHAPTER 1: THE ACCIDENT

It was dark. Nobody saw the accident. The small white car was found on its side by the bridge. A river ran underneath the road there, and the car was lying next to the bridge wall, below the road. Inside the car was a dead woman. Her name was Karen Silkwood and she was twenty-eight years old. It was November 13th, 1974.

How did the car come off the road? Why was it on the wrong side of the road? Why was it so far from the road? There was nothing wrong with the car. Karen Silkwood was a good driver. Everybody knew that.

The police thought that there was an easy answer to these questions. Karen was tired after a long day, so she fell asleep while she was driving. It could happen to anyone very easily. They took the car to a garage and they took Karen's body to a hospital.

But some people were not happy about the accident. First of all, her boyfriend, Drew Stephens. Also a newspaper journalist from the *New York Times* and a Union official from Washington. These three men were waiting for Karen on the night of the accident. She was bringing them some papers and some photographs in a big brown envelope. The papers were very important. The men were waiting for Karen in a hotel room a few miles from the accident. But she never arrived. When they heard about the accident, the men looked for the brown envelope at once. They looked for it inside the white car. They looked for it at the hospital and at the police station. The next morning they looked all around the wall and in the river, but they never found it. Nobody ever found that brown envelope.

Sample Text for Level Three

'Sredni Vashtar' from *Tooth and Claw*
Short stories by Saki, retold by Rosemary Border

Conradin was ten years old and was often ill.

'The boy is not strong,' said the doctor. 'He will not live much longer.' But the doctor did not know about Conradin's imagination. In Conradin's lonely, loveless world, his imagination was the only thing that kept him alive.

Conradin's parents were dead and he lived with his aunt. The

第 7 章 *LLL:* Language Learner Literature

aunt did not like Conradin and was often unkind to him. Conradin hated her with all his heart, but he obeyed her quietly and took his medicine without arguing. Mostly he kept out of her way. She had no place in his world. His real, everyday life in his aunt's colourless, comfortless house was narrow and uninteresting. But inside his small, dark head exciting and violent thoughts ran wild. In the bright world of his imagination Conradin was strong and brave. It was a wonderful world, and the aunt was locked out of it.

The garden was no fun. There was nothing interesting to do. He was forbidden to pick the flowers. He was forbidden to eat the fruit. He was forbidden to play on the grass. But behind some trees, in a forgotten corner of the garden, there was an old shed.

Nobody used the shed, and Conradin took it for his own. To him it became something between a playroom and a church. He filled it with ghosts and animals from his imagination. But there were also two living things in the shed. In one corner lived an old, untidy-looking chicken. Conradin had no people to love, and this chicken was the boy's dearest friend. And in a dark, secret place at the back of the shed was a large wooden box with bars across the front. This was the home of a very large ferret with long, dangerous teeth and claws. Conradin had bought the ferret and its box from a friendly boy, who lived in the village. It had cost him all his money, but Conradin did not mind. He was most terribly afraid of the ferret, but he loved it with all his heart. It was his wonderful, terrible secret. He gave the ferret a strange and beautiful name and it became his god.

Sample Text for Level Four

A Tale of Two Cities by Charles Dickens, retold by Ralph Mowat

CHAPTER 1: THE ROAD TO PARIS –1775

It was the best of times, it was the worst of times. It was the season of light, it was the season of darkness. It was the spring of hope, it was the winter of sadness. It was the year one thousand seven hundred and seventy-five.

In France there was a King and a Queen, and in England there was a King and a Queen. They believed that nothing would ever change. But in France things were bad, and getting worse. The people were poor, hungry, and unhappy. The King made paper money and spent it, and the people had nothing to eat. Behind closed doors in the homes of the people, voices spoke in whispers against the King and his noblemen; they were only whispers, but they were the angry whispers of desperate people.

Late one November night, in that same year 1775, a coach going from London to Dover, stopped at the top of a long hill. The horses were tired, but as they rested, the driver heard another horse coming fast up the hill behind them. The rider stopped his horse beside the coach and shouted:

'I want a passenger, Mr Jarvis Lorry, from Tellson's Bank in London.'

'I am Mr Jarvis Lorry,' said one of the passengers, putting his head out of the window. 'What do you want?'

第 7 章　*LLL:* Language Learner Literature

'It's me! Jerry, Jerry Cruncher, from Tellson's Bank, sir,' cried the man on the horse.
'What's the matter, Jerry?' called Mr Lorry.
'A message for you, Mr Lorry. You've got to wait at Dover for a young lady.'
'Very well, Jerry,' said Mr Lorry. 'Tell them my answer is – CAME BACK TO LIFE.'
It was a strange message, and a stranger answer. No one in the coach understood what they meant.

Sample Text for Level Five

King's Ransom by Ed McBain, retold by Rosalie Kerr

CAHPTER 1: 'WE WANT YOUR VOTING STOCK, DOUG'
Outside the window boats sailed up and down the River Harb. In the clear October air, orange and gold leaves screamed their colour against the cold blue sky.
　The room was full of cigarette smoke. It hung over the five men like the breath of ghosts. The room was enormous, but it was full now, full of the dirty ash-trays, used glasses and empty bottles left at the end of a long and difficult discussion. The men themselves were as exhausted as the smoky air.
　Tired but determined, the men sitting opposite Douglas King hammered out their argument. King listened to them silently.
　'We're asking you to think about profit, Doug, that's all,' George Benjamin said. 'Is that a lot to ask?'
　'Think of shoes, yes,' Rudy Stone said. 'Don't forget shoes. But think of profit. Granger Shoe is a business, Doug, a business. Profit and loss. The black and the red.
　'And our job,' Benjamin said, 'is to keep Granger in the black. Now take another look at these shoes.'
　A thin man, he moved fast and silently to a glass table, which was covered with women's shoes. He picked one up from the pile and gave it to King.
　'What woman wants to buy a shoe like this?' he asked.

'Don't misunderstand us,' Stone said quickly. He was a muscular blond man who looked much younger than his forty-five years. 'It's a good shoe, a fine shoe, but we're thinking of profit now.'

'The red and the black,' Benjamin repeated. He turned to an older man sitting beside him. 'Am I right, Frank?'

'One hundred per cent,' Frank Blake said, in a thick Southern accent. He blew cigarette smoke at the high ceiling.

'The American housewife,' Benjamin said, 'can't afford this shoe. But even if she *could* afford it, she wouldn't want it. Mrs America, our customer. The stupidest little woman in the world.'

Sample Text for Level Six

Pride and Prejudice by Jane Austen, retold by Clare West

CHAPTER 1: THE BENNETS' NEW NEIGHBOUR
It is a truth well known to all the world that an unmarried man in possession of a large fortune must be in need of a wife. And when such a man moves into a neighbourhood, even if nothing is known about his feelings or opinions, this truth is so clear to the surrounding families, that they think of him immediately as the future husband of one or other of their daughters.

'My dear Mr Bennet,' said Mrs Bennet to her husband one day, 'have you heard that someone is going to rent Netherfield Park at last?'

'No, Mrs Bennet, I haven't,' said her husband.

'Don't you want to know *who* is renting it?' cried Mrs Bennet impatiently.

'You want to tell me, and I don't mind listening.'

Mrs Bennet needed no further encouragement. 'Well, my dear, I hear that he's a very rich young man from the north of England. It seems he came to see Netherfield on Monday and was so delighted with it that he arranged to rent it at once. Of course, it is the finest house in the area, with the largest gardens. His servants will be here by the end of the week, and *he* will be arriving soon afterwards!'

'What is his name?' asked Mr Bennet.

'Bingley.'

'Is he married or single?'

'Oh, single, my dear, of course! A single man of large fortune — he has an income of four or five thousand pounds a year. How wonderful for our girls!'

'Why? How can it affect them?' Mr Bennet asked.

'My dear Mr Bennet,' she replied, 'how can you be so annoying! You must realize I'm thinking of his marrying one of our daughters.'

'Is that his purpose in coming to the area?'

'His purpose? No, of course not. But it's very likely that he'll fall in love with one of them. And I want him to see the girls as soon as possible, before our other neighbours introduce themselves. So you must visit him as soon as he arrives.'

'I really don't see why I should,' said Mr Bennet. 'You and the girls can visit him, or perhaps you should send them by themselves. Yes, that might be better, as you're as attractive as any of them, and Mr Bingley might like you best.'

'My dear, you flatter me,' replied his wife, 'I certainly have been called beautiful in the past, but I think a woman with five adult daughters should stop thinking of her own beauty. Mr Bennet, I beg you to visit him. You know it's correct for the gentleman of the family to visit new neighbours first. I simply cannot take the girls to see him unless you have already met him.'

'Surely you worry too much about the rules of polite society. I'm sure Mr Bingley will be delighted to see you all. And I'll write him a few lines, which you can give him, agreeing gladly to his marrying any of the girls, although I must especially recommend my dear little Lizzy.'

'Oh no, Mr Bennet!' gasped Mrs Bennet, horrified.

(Hedge and Bassett, forthcoming)

(オックスフォード大学出版局の許可を得て転載)

芸術としての LLL

　Monica Vincent は、やさしく書き直されたテクストは、本物の文学とは「質的に異なる」(1986, p. 210) と述べている。しかし本当にそうでなければならないのだろうか。

　文学とは何なのか。Ronald Carter と Michael Long はその優れた実践的な著書 *Teaching Literature* において、文学は「ことばを通じてある効果を創り出す」(1991, p. 105) ために書かれると言っている。John McRae はその著書 *Literature with a Small 'l'* において、文学を「反応と応答を刺激する」(1991, p. vii) テクストだと考えている。McRae は、ジョージ・オーウェル (George Orwell) が長編小説『1984年』(*Nineteen Eighty-Four*) においてロンドンを描写するために、"dirty" というやさしい語よりも "grimy" という語を選択していることを出発点として、前述の2つの考えを敷衍する。

　　文学とはまさに 'dirty' と 'grimy' の違いである。作者の単語や構文の選択が奇抜ということ、そしてしばしば、思いがけないということが、想像力に富んだテクストを、ただ単に言語を指示的に使用したものとは異なるものにしているのである。……書いているものを作者自身がどのように見ているのかということと、その作者が読者に同じものをどのように見てもらいたいのかということの間には、明らかな相関関係がある。作者の行う選択、つまり何について書き、そしてそれをどのように書くかが、読者の受け取るテクストの基本となるのである。そして「望ましい効果」('desired effect') と呼ばれるもの、……テクストがその読者に与えるインパクトは、大いにこの作者の選択によって決定されるのである。(1991, p. 42)

この一節が意味するところは、grimy が言語学習者のためには好ましい選択であるということでもなく、また dirty が正しい選択であるということでもない。その選択は、ある特定の読者に対して敏感な作者が意図している望ましい効果によって決まるのである。ここで思い出されるのは、作者は「言語に対する直観的な感覚を使い、……ある特定のストーリーを伝え

第7章　*LLL:* Language Learner Literature

るのに必要とされる言語と、学習者に克服しがたい困難を招くおそれのある言語との取捨選択力が求められている」(1977, p. 12) という、前章で見た John Milne の発言である。

　読者にとって奇抜なことばや思いがけないことばを作者が選択するところに文学は依存しているという McRae の主張は、やさしく書き直されたテクストは文学ではありえないという Vincent の主張を支持しているように見える。結局、dirty は言語学習者にはふさわしい単語であり、一方、grimy はおそらくただ学習者を混乱させるだけであろう。つまり、言語学習者はそのような語彙を理解できないか、味わうことができないのである。しかし、それにもかかわらず、言語世界の小さい学習者にも、母語話者にとってはごく普通の語——たとえば grimy のような語——の持つ奇抜さ、思いがけなさ、インパクトを受け取ることができるのである。巧みな作者は、きわめて効果的にこれを利用することができる。

　前項で見たサンプル・テクストには、注意深くて効果的な *LLL* のことばの選択の実例が見られる。Rosemary Border は、言語のニュアンスにすばらしく敏感な作家である。サキ（Saki）の短編小説「スレドニ・ヴァシュタール」("Sredni Vashtar") を中級前半レベルの英語学習者のために改作し、彼女は、よく知られた say somebody cannot もしくは not let / allow という表現よりも、むしろ forbid という語を使っている。forbid という語は Border がその基準としている約 1000 語のレベルをはるかに越えているが、このことばには誰か権威のある人によって禁じられているという意味合いが含まれているので、伯母の世界においてコンラディン（Conradin）が感じている自分の無力さを強調することになっている。なじみのないことばを理解するのに用いる認知処理能力をほとんど持ち合わせていない未熟な読者は、きっと forbid という語の理解に困ってしまうであろう。しかし、Border は、まさに読者に対する望ましい効果のために、この単語を作品中に含めようと決めたのである。おそらく Border は、この単語が読者に克服しがたい困難を引き起こすことはないだろうと感じたのであり、実際、この単語をその意味が文脈から推測できるように配置し、また3行中に3回も繰り返し使用することによって、その単語が最大限に目立つようにしているのである。中級前半レベルの言語学習者にとっ

ては、forbid という語（"He was forbidden to pick the flowers. He was forbidden to eat the fruit. He was forbidden to play on the grass."）の持つインパクトは、ジョージ・オーウェルがロンドンを描く際に grimy という語を使用したのと同じように、コンラディンの世界を描写することにおいては、力強くそして文学的なものとなっていると言えるのである。

LLL の作者は、それが許される時には、インパクトと情動でコミュニケーションをすることができる。しかし、Christopher Brumfit は英語テキストの作者として語る時、満たされない気持ちで次のような苦言を呈している。

> 出版社の編集者が、英語学習者はまるでありきたりの解釈しかしないコンピュータのように、空っぽで、非文学的で、非人間的な状態で読書をはじめるのだと思い込み、つまらない表現を採用し、その代わりに興味深い表現をボツにしてしまう（具体的に言えば 'she was coming to the evening of her life' が 'she was very ill' に変わってしまう）ことがよくある。こんなぞっとするような取って置きのねた話を、われわれの多くが実際に経験しているのだ。(1985, p. 96)

幸運なことに、先に紹介したサンプル・テクストには語彙に対する柔軟な姿勢が見られ、詩的で比喩的な表現が削除されずに生かされていることから証明されるように、やはり敏感な編集者は存在するのである。具体的に見ると、「スレドニ・ヴァシュタール」では、コンラディンの伯母は、彼の想像の世界から「締め出されている」（"locked out"）のである。また、『二都物語』（*A Tale of Two Cities*）ではチャールズ・ディケンズ（Charles Dickens）の「それは最高の時代であり、また最悪の時代でもあった」（"It was the best of times, it was the worst of times"）という記憶や感情を喚起する逆説表現が残されている。『キングの身代金』（*King's Ransom*）では、「その色を際立たせる」（"screamed their colour"）枯葉や「亡霊の吐息のように」（"like the breath of ghosts"）宙に漂う煙草の煙によって作品の雰囲気が定められている。これらの表現を作者は入門段階を過ぎた言語学習者のために書かれたテクストに含めているし、また編集者はそれらを残している。入門段階を過ぎた学習者は、その発達は限られたものであるにせよ、すで

に視覚語彙（sight vocabulary）を持っており、したがって、このような言語の使い方を理解し、そのよさを味わうための認知能力をある程度は身につけているのである。

内容の重要性

David Hill は、「作品を執筆し、レベル分け体系を適用することは、大いにレベル別リーダーの作家や編集者の頭を悩ませてきたが、残念なことに、作品の内容自体はそれほど彼らの頭を悩ませてこなかった」(1997, p. 59) と、控えめな姿勢でこの点に触れている。出版社や編集者はレベル別リーダーを基本的にシリーズの一部分と見なし、そうしてはじめて 1 個の創作と見なしているようである。このような優先順位で考えれば、本の内容が二の次になっていても決して驚きではない。読者にとって重要なのは、何よりも本の魅力それ自体であるということを作者や編集者は忘れているようなのである。

LLL が花開くためには、LLL は、言語的に適当な作品を生み出す仕組みがその主な関心事となっている編集者によって管理された、一枚岩的なレベル別シリーズの制限から開放される必要があるだろう。出版社、編集者、作者は、それぞれの興味、要望、趣味を持った読者としての言語学習者とコミュニケーションしているのだということを真面目に考えなければならない。そうすると、児童文学やヤングアダルト文学のように、市場原理にのっとった、言語学習者にとっての人気作家、人気キャラクター、人気シリーズが現れることであろう。

その 1 例をあげると、作家の Stephen Rabley とイラストレーターの Inga Moore は、マルセル（Marcel）と呼ばれる（お決まりだが）勇敢なフランスのネズミの探偵を創り出した。彼はネズミであるため、その功績は彼が助けた人間には気づかれないのだが、そこに彼の魅力がある。マルセルのストーリーはこれまでに 3 篇か 4 篇が、ロングマン社の英語学習用 *Easystarts* と *Longman Originals* シリーズとして出版されている（Appendix のレベル F と G を見よ）。マルセルとミステリー解決のパートナーであるセリーヌ（Céline）を愛する学習者は、喜んでもっとたくさんの彼らの冒

険話を読むことであろう。しかし、マルセルものがレベル別シリーズの単なる1つのアイテムである限り、出版社はマルセルものを独自の作品と考えることはなさそうであるし、需要を満たすほどの数のマルセルものを出版することはなさそうである。

　LLL にはあらゆるジャンルが含まれるべきで、中でも、John McRae のことばを繰り返せば、小文字の"l"の文学（literature）でさえも含まれるべきである。言い換えれば、成人の学習者のために、もし文化的に適当であれば、LLL には、B. M. Z. Murphy が Modern English Teacher の中で「悪本と下品な本」(1987, p. 23) と呼ぶもの、つまり「大衆雑誌（パルプ）スタイルのフィクション」（"pulp-style fiction" [p. 22]）も含まれるべきなのである。このジャンルは、そのむんむんとしたエロティシズムによって英語で書かれたベストセラーのリストの頂上に押し上げられているのである。

　言語学習者は他の読者と同じように、単に読み物であればいいというものではなく、彼らの心に訴える様々な文学を与えられるのに値する読者なのである。大手出版社の英語教育部門担当の Julie Stone が次のように語っているが、そこには希望が見出せる。言語学習者のための本は、

> 　読者を見下すところがなく、できるだけ取っつきやすく、とりわけ、楽しめるものであるべきであろう。……ストーリーは筋がしっかりしていて、登場人物とわき筋の数は適度なものでなければならない。登場人物には動機づけがあり、劇的要素と緊張に加えて、しっかりしたテーマがあるべきである。最も精力的な学習者でさえ「乾草みたいに無味乾燥な読み物」を読むのであれば、すぐに読む気を無くし、失望してしまうことであろう。
> 　　　　　　　　　　　　　　　　　　　　　　　　　　　(1994, p. 15)

Stone が、本は取っつきやすいものであるべきだと言うとき、それは LLL の作成において最終的に考慮すべきこと、つまり、読書をもっとやさしいものにするための学習者に対する支援のことに言及しているのである。コミュニケーションや内容と同じように、この点に関しても編集者は何を優先すべきかを決めなければならないのである。

第 7 章　*LLL: Language Learner Literature*

読書支援

　もし編集者が *LLL* 出版物を内容という観点から考えたがらないのであれば、それは、彼らが読みやすくするための工夫を加えることに断固として反対しているように思える。少数のシリーズには読者が作品の背景を理解するのに役立つ序文がつけられているが、それは例外であって、一般的ではない。ほとんどの編集者が読者に与える唯一の手助けは、巻末につけられた、読後に答えるようになっているストーリーの要点に関する質問である。これは、編集者が学習者／読者の要求ではなく、教師の要求を考慮しているということをはっきりと示すものである。David Hill は、もっと役に立つ手助けの必要性をわかりやすく述べている。

　　私の判断では、まずはじめにある本を「読んでみよう」という気を起こさせる読書前の手助けが必要である。また、学習者は読書中の手助けも必要としており、それは読んだところまでの要点のまとめという形か、もしくは次のセクションを読む際の注意すべき点のメモという形か、またはその両方である。「ジェーン・エアは学校を出て、裕福な紳士が庇護している子供の家庭教師となった。彼女は新しい雇い主によってどのように扱われるのだろうか。彼女はその生徒とどのようにやっていくのだろうか。」各章の間に挿入されたこのような質問は、これまで読んだことに対する学習者の理解を確認し、次のセクションへのはっきりした道標を学習者に与えることになる。これはまた、学習者が数時間もしくは数日間その本から離れてしまい、そのため簡単にストーリーについていけなくなってしまうという事実も考慮に入れているのである。
　　この種の手助けは、読書の妨げになり、読者を見下しているように思われるかもしれないし、しかも、母語による読書が堪能で経験豊富な学習者にとっては、まさにそうかもしれない。しかし、そういった学習者は別に読書の手助けを利用する必要はない。レベル別リーダーは、長い文章を読むのに熟練していない学習者の要求を満たすためのものなのである。

　　　　　　　　　　　　　　　　　　　　　　　（1997, pp. 64-65)

　しかし言語学習者にとっての読書の最大の困難事は、語彙である。学習

者は未知の単語の理解と語彙の増強の両方において手助けを必要としているが、それを与えてくれるシリーズはほとんどない。Hill が指摘するように、そのような手助けのあるシリーズでも、効果的なものはめったにない。

> テクストの中で「難しい」単語に印をつけていても、その単語を語彙集（glossary）には載せていないものもあれば、語彙集はあっても、テクストの中では単語に印をつけていないものもある。またテクスト中の単語に印をつけた上で、それを語彙集にも載せているものもある。編集者は自分たちのポリシーを擁護するために、いつでもすぐにバリケードを築いて論争をはじめる。しかし私にとって唯一納得のいくものは、テクストに印をつけ、なおかつ語彙集を設けることである。私が嫌うのは、巻末で単語を調べて、結局そこにはその単語が見当たらないということや、語彙集があることに気づく前に本を読み終えてしまうことなのである。
>
> (1997, p. 65)

言語学習者のために執筆し、彼らとコミュニケーションすることは、すなわち、彼らがどのような反応をするかを予想することである。テクストが読者に与える効果を推測することには、読書とは難しくて当惑してしまう体験ではなく、楽しく実りある体験だということを確かなものにしてくれる読書支援を考慮することも含まれるのである。語彙集などは、言語学習者や読書の初心者にとっては適切な役に立つ道具である。大胆なイラストや大きな文字による印刷が児童文学を特徴づけているように、また各章が短く、口語体で書かれていることがヤングアダルト文学を特徴づけているように、テクスト中に印をつけられた難しい単語や、語彙集、要約、読書の指針となる質問が言語学習者のための真の文学、つまり LLL を特徴づけるべきであろう。

結　論

第二言語によるリーディングを習うことは、なかなか大変な仕事であり、学生にも教師の側にも同じように時間と努力を要求するものである。学生、教師とも最良の道具を与えられるべきであり、この場合の道具は読書教材

第7章　*LLL:* Language Learner Literature

である。

　できる限り多くの種類の第二言語で書かれた、しっかりした多種多様な *LLL* が必要とされている。教師、学生、その他の第二言語によるリーディングに関心のある人たちは、本来的にそのもの自体が興味深く、またうまく書かれており、そして適切な読書支援の工夫をこらした *LLL* を求めるべきである。それは不可能な要求ではない。この要求が満たされるまで、学生が第二言語でのリーディング能力を伸ばし、第二言語による読書を愛好するようになることを望んでいる教師には、困難な仕事が続くのである。

Further reading

　1978 年の著書 *Teaching Language as Communication* の第 4 章「理解と読書」において、**Henry Widdowson** は、言語学習者が理解でき、さらにリーディングを学ぶのに役立つテクストを書く過程を検討している。特に 77 頁から 93 頁を参照。

　おそらく、過去、現在を通してこれほど多くのレベル別リーダーを読んでいる人はいないと思われる **David Hill** は、その経験を "Survey Review: Graded Readers" (1997) という形にまとめ上げており、これは、教師にも作家にも同じように役立つレベル別リーダーの最も進んだ分析である。また、*LLL* の作家としての素質を秘めた人に役立つものとして、**John Milne** の *Heinemann Guided Readers Handbook* (1977) や **Tricia Hedge** と **Jennifer Bassett** による *Oxford Bookworms: Guidelines for Authors* の改訂版（近刊）がある。

　原作とその改作を比較するのはいつでも興味深いことであり、これを行っている作者もいる。

- **Alan Davies** と **Henry Widdowson** は（Julian Dakin の手助けを得て）、チャールズ・ディケンズの『オリヴァー・ツイスト』(*Oliver Twist*) にあるあの有名な「お願いです、もう少し欲しいのです」("Please, sir, I want some more") の一節を 2 つのやさしく書き直した版と比較し、平

易化した作者はそれぞれの場合において何をしようとしていたのかを考察した。AllenとCorderの1974年の *Techniques in Applied Linguistics* において彼らの担当している章「読むことと書くこと」(pp. 155-201) の176頁から177頁、182頁から185頁、190頁から195頁を参照。

- Ronald CarterとMichael Longは彼らの著作 *Teaching Literature* (1991, pp. 148-153) において、ジョージ・エリオット (George Eliot) の『アダム・ビード』(*Adam Bede*) のきわめて長い一節の原文とやさしく書き直されたものを比較して、すぐれた平易化版と原典の違いをはっきりと示してくれている。

- Tricia Hedgeはその著作 *Using Readers in Language Teaching* (1985, pp. 16-20) において、オルダス・ハックスレー (Aldous Huxley) の『すばらしき新世界』(*Brave New World*) からの1節の原文とやさしく書き直されたものを並べて、それらを念入りに比較している。

エディンバラ大学多読プロジェクト (Edinburgh Project on Extensive Reading [EPER]) のDavid Hillとその同僚はかなり以前から、*LLL* と「乾草みたいに無味乾燥な読み物」を区別している。EPERのデータベースは、入手可能なものと絶版のものの両方を含め、英語のレベル別リーダーをその質の高さにおいてランクづけしている。EPERの最良のレベル別リーダーのリストはAppendixにあげてある。

第3部

多読の実際

　全体の半分以上のスペースを割くこの最後のセクションは、多読プログラムの立案(8〜10章)、実践(11〜13章)、そして最後に評価(第14章)を詳述する。

　第8章は、学生がどれほどの量を読むか、学生のリーディングがどのような基準で評価されるかの問題から始めて、多読を準備する作業を扱う。次の2章は、リーディング用教材に焦点を当てる。すなわち、多読に使用可能な多様なタイプの教材(第9章)と、それらの教材をいかに効率的なライブラリーとして集めるか(第10章)に焦点を当てる。

　多読プログラムは、第11章で取り上げるように学生のオリエンテーションから始め、クラス活動(第12章)へ、そしてリーディングのフォローアップとして行われる種々の活動(第13章)へと続く。学期ないし学年の終わりに、そのプログラムが成功したか失敗したかについての分析(第14章)がなされる。

　第3部は第15章において多読の方法が成功する必要条件は何かを述べて終わる。この条件の1つが *LLL* の開発である。この多読のプロセスを奨励し、本書を可能な限り実用的にするために(少なくとも第二言語としての英語の教師のために)、英語で書かれた最良の *LLL* の書目を付録として挙げておいた。

第 8 章

プログラムの立案 ― カリキュラムの決定

> リーディングがすべての学生にとって貴重な生活の一部となるように、教師は適切な状況を作り出さなければならない。
> ― Christine Nuttall (1996, p. 127)

■**本章の目的**

次のカリキュラムに関する質問について検討すること。
- 学生はどれくらいの量の読み物を読めばよいか。
- 学生の評価をどのようにすればよいか。
- 学生は授業中または宿題として、あるいはその両方で読むのがよいか。
- 学生はどの難易度のものを読めばよいか。
- 学生は読書中に辞書を使ってもよいか。

　教師や学校当局が、学生に多読から何か利益を得させようと決めたなら、おそらく彼らは地図のない地域に入っていくことになるだろう。なぜなら多読は、学校当局、教師、学生がふだん住んでいる世界とは違う教育領域にあるからである。1つには、読むという主な作業が教室の四方の壁に閉じ込められていないこと、また1つには、積極的な態度を育てることが読書力を伸ばすことと同様に重要な目標だからである。結局、教師は、リーディングの授業をしているというより、むしろ読む人のコミュニティを作っているのだと気がつくことになる。

　多読を義務教育の枠の中に位置づけるのは必ずしも一筋縄ではいかない。学生は自分たちの当面の要求や興味に一見そぐわない科目を学校で勉強していると思うこともあるだろう。学生が熱心にすべての課題に喜んで

取り組むような教室が理想であろうが、現実は違う。したがって、この章では、成績評価、必須事項、規則と管理という日常の教室における現実の観点から教授法の提案が述べられる。

　この章は、基本的には多読アプローチを実践しようと考えている教師と学校当局のためのオリエンテーションである。上述の5つの質問は、多読プログラムを立ち上げるときに教師が解決しなければならない主要な問題点の枠組みを形成している。それぞれの質問を順に考えてみよう。

学生はどれくらいの量の読み物を読めばよいか

　多読とは第二言語で多く読むことである。これこそまさに多読のやり方の本質であり、すべての利点は多く読むことに基づいている。にもかかわらず、「多く」という用語に適切な特定の読書量というものはない。学生がどれだけ読むかは彼らの環境と能力に関連する。学生の目標がすらすらと読める読み手になることであれば、彼らは無理のない程度で、できるだけ多く読まなければならない。

　主に考慮すべき点は、学生が読書のためにどれだけの授業時間と宿題の時間を割けるかということである。リーディングの授業は1週間に1度か毎日か。学生は1週間または1日につき、どれだけの時間を宿題の読書に無理なく充てることができるか。

　次に考慮すべき点は、学生が興味を失わずにどれだけ長く楽しんで読めるかということである。初級者は、上級の学習者ほど長時間は読めないのは明らかである。彼らは読むのが遅いだけでなく、飽きるのも早い。初級者は多分20分で十分だが、上級の学生は1時間かそれ以上たっても読むのをやめようとは思わないものである。

読書への期待 (Reading expectations)

　いったん、すべての考慮すべき事柄が議論されたら、学生に期待される読書の量を読書達成目標 (a reading target) として示すことができる。William Grabe が言うように、

第8章 プログラムの立案―カリキュラムの決定

> 読書力の進歩はある一定の期間を経過してこそ認識できる……。教師はその過程を喜んで認めるべきである……。信頼していることと見守っていることをはっきりと示す必要がある。読書は個人的な経験で、学生の肩越しにのぞき込むことはできない。しかし教師にできるのは……学生に期待をかけることである。大抵の学生は教師側も責任を持ってかかわっているという態度を正しく理解するものである。(1986, pp. 44-45)

　読書達成目標（期待されるにしろ要求されるにしろ）と、それに向かっての進歩を測ることは、多読において非常に重要である。目標があれば、学生は自分の持ち時間内は読書を続けるだろうし、さらに意欲のある学生にとっては読書の支えになるだろう。学生はすることが多く、したいことをすべてやり遂げるには時間がない。求められている読書量がはっきりと分かれば、学生はすらすらと読める読み手になる目標に向かって進み続けることは確かである。

　読書達成目標は、読み物の量 (読まれた本の数とページ数)、時間 (読書に費やされた時間数)、または両方の組み合わせにより表すことができる。Bernard Susser と Thomas Robb は、多読指導の概観の中で、どれくらいの読書量が提案されているか、どのように読書量を計るかについて文献を調べ (1990, pp. 165-166)、次のような提案を紹介している：

- 1 時間に 30 ページ (Hill & Reid Thomas, 1988, p. 50)
- 1 週間に 50 ページ (Paulston & Bruder, 1976, p. 202)
- 1 年に 60 冊 (Bright & McGregor, 1970, p. 69)

　分量や表現方法は異なっても、いずれにしても考慮しなければならない重要なことは、読書課題は精読や翻訳の意欲を失わせるほどに長いということである。あるいは、同じ目的のために、学生が読み終えなければならない時間で提示することも可能であろう。第 5 章で高校の教師が、生徒は決められた制限時間内に宿題の読書をしてしまわなければならないと主張したのは、そういう理由からである。

　David Hill の経験則―短くて簡単な本は 1 週間に 1 冊―は、読書達成目標を公式化する際のよい出発点となる。初級用の LLL 1 冊なら、多分

初級の学生でも15分で読めるだろう。このような本は本文が約16ページである。中級の本（60〜70ページ）は読むのに約2時間、上級の本（80ページ以上で小さな文字）は約3時間かかるかもしれない。ネイティブ・スピーカーのために書かれた本は、上級の学生が1時間に約30ページの割合で読むのに適している（1ページに約300語で、学生は休みを入れても1分間に平均150語読むことができる）。これらの数値に基づいて、また学生が読むのに要した時間を調査することによって、与えられた時間にどれだけ読めるかが計算できる。そこで、学生が1週間、1学期間、あるいは1年間に読む本の量を予測することができる。

　「短いから」という理由で学生が図書を選ぶのを見て、教師は時々苛立ちを覚える。学生が本そのものの内容にもっと関心を持つよう奨励すべきではないだろうか。怠け者で向上心のない学生が宿題として残されるのを避けるため、易しくて短い本ばかり読むのを阻止する方法の一つとして、「負荷頁」(weighted pages)公式を作り出した教師もいる。その公式は、各々の学生が1学年中にどれだけ読んだかを、正確によりよく評価するための適度に客観的な基準を教師に与えるものでもある。

　公式は次のようなものである。図書館の本を1冊ごとに調べて、標準より上か下かという負荷頁値(a weighted pages value)を与える。例えば、Bernard SusserとThomas Robbは日本の大学で英語を教えていたとき、1ページごとの単語、余白と挿絵の部分、および読みやすさの公式によって示されたレベルに基づく公式を作った。彼らの図書館の本は、「中級のグレード別読本(graded readers)の場合での0.70から……標準的な大人の小説の場合での2.30までの範囲であった」(1989, p. 9)。（公式についての詳細は、この章の最後の"Further reading"を参照。）

　「短い」とか「易しい」とかいう考え方は、読む本を選ぶ時に用いられる当然の基準に含まれているが、その考えは必ずしも怠け者の印ではない。例えば、学校に来る電車の中で読めるような短い本をわざと選んだ女子学生もいる、とある教師は言う。教師には、そのことを本選びの過程の一つと見なすか、禁止するかの選択の自由がある。言うまでもなく、特別の公式を課さないで本を読み物として読めば、教師も学生も共に煩雑さを防げる。そうすれば、教師も学生も読書を1週間あたりの(負荷)頁数の問題

第8章 プログラムの立案――カリキュラムの決定

と見なすようにならず、個々の本を面白く味わうようになる。他にも学生を短くて易しい本から遠ざけるファクターは常にある。例えば、学生が級友の意見に感化されると、彼らは長さに関係なく、薦められたものを読んでしまう。たとえそんなことがなくても、学生が図書館にある短い本をほとんど読んでしまって、より長い本を選び出さなければならない時が来ることもある。

　読書に費やされた時間、読んだ本の数、ページ数、負荷頁に関する量を数えるかどうか（何らかの読書量の指示をするかどうか）は、結局、教師次第である。小規模な授業では、教師が学生を1人1人指導でき、期待されたり要求されたりする読書の量とレベルは個々の学生に応じて柔軟に適用することができるであろう。大規模な授業で、そのような密接で個人的な配慮が難しい場合は、固定した要求がなされなければならないかもしれない。

学生の評価をどのようにすればよいか

　他の指導形式で行われるような課題提出、成績記録、点数評価が多読では行われないということはない。学生は同じようにレポートを書いたり質問に答えたりしてリーディングの理解度を示すよう求められることができる。したがって、個々の学習者の進み具合が追跡でき、到達度合が認識され評価される。そして、難しいと感じている学習者には必要とされる助けが与えられる。

　学生を評価する1つの方法は、前節で述べた読書達成目標によるものである。厳密に言えば、履修単位は読んだ本と提出したレポートによって与えられる。標準的な評価方法は、何冊かの本または何ページかの読書（例えば1週間に本1冊）を課題として出し、学生が授業に合格するか、一定の点数を取るかを見る。より高い点数あるいは追加の単位は、学生が授業に合格するために必要な最低限を超えた読書に対して与えることができる。これは、通常、学生にさらに良い成績に挑戦する動機を与えることになる。

記録のつけ方と評価法

読書ノート

学生を評価するのに読書達成目標を用いるには、学生がどれだけ読んでいるかを追跡する何らかの方法が必要である。これは、学生自身が行う種々の記録行為によって達成される。最も基本的なものは読書ノートである。学生は読んだ本のタイトルや他の読み物の名前を書いておく自分用のノートを用意し、読み物を読んだ日付、その日にどれくらい読んだか、また、読み物を楽しんだかどうかを付け加える。教師は、定期的にそのノートを見て、評価の基礎として用いる。

週間読書日記

通常のリーディング・コースで使われている読書ノートの変形は、週間読書日記である。あらかじめ印刷された形式が用いられる —— 学生は一番上に名前を書いて、その日に何をどれだけ読んだかを、形式に従って埋めていく。第二言語で読んだ新聞や雑誌を含めすべての物を記録しておく。この日記形式が各週末に提出されたら、教師はその前の 7 日間に学生がどれだけ読んだか一目でわかる。図 1 (a) は読書日記形式の一例で、1 (b) は記入されたものである。

ブック・レポート

評価と記録のつけ方として、それ以外にブック・レポートが挙げられる。これは単純な方法で、読んだ本の簡単な要約や個人的な感想を生徒に書かせるだけである。ブック・レポートは記録を容易にするが、新聞や雑誌のような付随的な読書を反映しないので、学生の読書習慣を完全に描くとは言えない。教師は、学生に返却する前にどれだけの数のレポートが提出されたかという情報を得ることができる。あるいは、授業の終わりにすべてのレポートをまとめたものを再提出するよう学生を指導すればよい。

第8章 プログラムの立案—カリキュラムの決定

```
Name: _____
                                  Target:
Date          Material            _____ per day
Monday                            I read for

                                  _____ minutes
Tuesday                           I read for

                                  _____ minutes
Wednesday                         I read for

                                  _____ minutes
Thursday                          I read for

                                  _____ minutes
Friday                            I read for

                                  _____ minutes
Saturday                          I read for

                                  _____ minutes
Sunday                            I read for

                                  _____ minutes
```

図1(a) 週間読書日記 (Copyright © Cambridge University Press)

リーディング・テスト

　教師の中には、読書力の進歩を測りたいと考える人もいる。Beniko Mason と Tom Pendergast は中級と上級の学生の語彙、文法、総合的読書力をトータルに評価するための方法を提案している (1993, pp. 16-17)。次に

111

Name:	Shuichi		
Date	Material	Target: 1 hr.	per day
Monday 11/25	Gandhi	I read for 60	minutes
Tuesday 26	Gandhi The Wonderful Wizard of Oz	I read for 60	minutes
Wednesday 27	The Wonderful Wizard of Oz APRIL IN MOSCOW THE NEW ROAD	I read for 60	minutes
Thursday 28	HERCULES ANNA and the Fighter	I read for 50	minutes
Friday 29	ANNA and the Fighter Death of a ~~Sod~~ Soldier The Long Tunnel	I read for 60	minutes
Saturday 30	The long Tunnel Grace Darling	I read for 20	minutes
Sunday 1		I read for 0	minutes

図 1(b)　週間読書日記（記入された例）

挙げるのは、彼らの方法を単純化した形式である。
　1 年の終わりに学生が読めるようになるであろうと予測される種類と難易度の（約 1500 語の）テキストを選ぶ。最初のパラグラフはそのままにしておき、その後の部分から 10 語ごとの単語を削除し、その合計が 100

になるようにする。数人のネイティブ・スピーカーにテストを試してもらう。その情報から、削除した各部分に容認できる単語のマスターリストを作る。

コースの最初に学生に試験を受けさせる。試験は約1時間で終える程度のものとする。学生には事後テスト (posttest) として、同じ試験をすると言ってはいけない。予備テスト (pretest) をした後、テスト内容が漏れないようすべての配布資料を回収する。ネイティブ・スピーカーに学生の答案用紙を見せて、削除部分に当てはめられる単語がまだあるか聞き—その単語を容認できる解答のマスターリストに加える。この予備テストの平均点は100点中35点以下となるようにする。同じ内容の試験をコースの終わりにも受けさせる。

MasonとPendergastのクローズテスト(空所補充テスト)(cloze test) は、毎年異なった学生に繰り返し使えるので、最初にかけた準備の手間が報われる。

交渉による評価 (Negotiated Evaluation)

Beatrice Dupuy、Lucy TseとTom Cookは、異なった評価の方法を提案している。1996年の *TESOL Journal* の論文 "Bringing Books into the Classroom: First Steps in Turning College-Level ESL Students into Readers" の中で、彼らは、学生がリーディングに対して評価してもらいたいと思っているように評価するという方法、すなわち「交渉による評価」("negotiated evaluation") を解説している。Dupuy、TseとCookが書いている——「教師は学生が甘い評価を選ぶと思うものだが、自分たちの経験では、学生が責任を真面目に受け止めているなら、彼らは教師が定めた基準を超えることもある」(p. 14)。学生が評価されたいと選んだ方法の例として、「他の授業に本を紹介するための本の推薦チームを作ること、[そして]物語や本の続編を書くこと」(p. 14) がある。

交渉による評価方法は、教師が押しつける要求よりも多読の精神と総合的な多読の目標に近いものである。多読の目標が読書の上達だけでなく、自立した読者になることだとしたら、学生は自分自身の読書に責任を持つという経験をすべきである。Dupuy、TseとCookが言うように、交渉による評価は、教師だけでなく学生にとっても「心が解き放たれる」ことに

なる。

学生は授業中または宿題として、あるいはその両方で読むのがよいか

学生が読むように求められる量はどれくらいか、また、どのように評価されるかについて決まれば、3番目に決められるべきカリキュラムは学生がどこで読むべきかということである。Albert Harris と Edward Sipay は、この問題に関して第一言語のリーディング教師に次のように述べている——「授業時間を与えて、リーディングがやりがいのある活動であることを立証しなければ、どうして私たちは子供たちにリーディングの価値を認めさせることができるだろうか」(1990, p. 656)。このことは第二言語の学生にとっても、同様に考えるべきことである。学生が授業中に読むための時間が設けられるなら、それは学生にリーディングの価値を示し、その活動に評価を与えることになる。

同時に、多読は、学生に多量に（最も環境が整った教室の中で可能な量よりもさらに多く）読むことを要求している。それゆえ、多く読むには、学生が宿題として読まねばならないことになる。しかし、宿題は便宜上出されるわけではない。Keith Morrow と Marita Schocker が、どのように学生をリーディングに没頭させるかという論文の中で指摘しているように、リーディングは多くのレベルの選択肢を含んでいる。そして選択肢の1つの重要な側面は、「いつ、どんな条件でテキストが読まれるか」ということである (1987, p. 254)。さらに、John Klapper が指摘するように、「学習者は画一的なプログラムに従うように強制されるより、むしろ自分のスピードで自分の選択した本を読むということに好反応を示すだろう」(1992, p. 54)。

したがって、教室外でのリーディングは、読書習慣をつける決定的な要素である。学生は、いつ、どこで読みたいかを見つけ出さなければならない。この本の著者の一人による非公式の調査では、ある女子学生は、ベッドで、学校の図書館で、電車の中で、授業間の休憩時間に、そしてコーヒーショップで、図書館から借り出した外国語の本を読むと言っている。別の男子学生は、主に家で机に向かって読む、なぜならそこが1番集中できる場所だからと言っている。どこで、いつ読むかは、試行錯誤によって見つ

第8章 プログラムの立案—カリキュラムの決定

けた個人的な選択であり好みの問題である。自分の時間と状況に合わせて読むことは、リーディングを始める唯一の方法である。

興味深いことに、上記の二人の学生は、彼らの母語による読書習慣も外国語の読書について報告したのと全く同じだと言っている。彼らが、どこで、いつ読むかの選択を任されたので、外国語の読書が特別なものでなくなり、単なる読書になったと考えられる。

学生はどの難易度のものを読めばよいか

幸いにも種々のレベルの本を所有している大きな図書館を持っている学校の教師にとって、すべての学生が非常に易しい本から読み始めるのはよい考えである。易しい本から読むことは、学生が早く自信をつけ、初めて見ただけで分かる一般的な語彙を増やし始めるのを容易にする。翻訳もせず、また非常な努力もせず、直接第二言語で読むことは新しい経験のようなものである。i－1 レベル (i minus 1 level) で、非常に易しい読み物を読むことは学生に自信をつけ、彼らが多分慣れていたものとは異なる種類の読書練習だと分からせることになる。

学生が彼らの言語と読書力を発達させるにつれて、一段一段上に上る (ladder up) ことは重要である。学生の読む物のレベルは、彼らが言語と読書の能力を発達させることと呼応している。かつては学生の能力を超えていた読み物も、彼らの安心領域 (comfort zone)（たやすく自信を持って読める範囲）が拡がるにつれて、徐々に i－1 になる。学生は自分たちの興味によって読み物を選ぶことを許されているので、一般的に、教師が促さなくても段階を上ることが起こる。通例、レベルが高くなればなるほど、本が面白くなるので、学生にとって段階を上る励みとなるのである。

しかし、多読をしている学生が、必ずしもまっすぐ上方へ向かう道をたどるとは限らない。日本の女子短期大学で英語を教えている Marc Helgesen は、彼の学生が必ずしも低いレベルから高いレベルへ進むわけではなく、レベル間を任意に行き来する方が多いと書いている。例えば、読み応えのある本を読んだ後で、学生はもっと易しい本を 1 冊か 2 冊選ぶかもしれない。これは当然のことで、レベル間を行ったり来たりするの

はがっかりすることではない。学生の中には、わずかでもやりがいを与えるトピックについて熱心に読む者もいる。また、どれだけ易しくても難しくても級友に薦められた本を読みたい者もいる。そして学生は、さまざまなレベルでさまざまな時間に、彼らの容易に読める程度の読み物や、それを少し超えるものを読む。例えば、大人の初級クラスの生徒は、易しい本を読むかもしれないし、ネイティブ・スピーカーのために書かれたファッションやサッカーの雑誌を、休み時間に図書館や学生ラウンジで手に入るなら、むさぼるように読むかもしれない。そのような学生は、雑誌の言語の大半は理解できなくても、分からないことは無視するからである。同時に、彼らはあちらこちらの写真説明や好みのスターの記事を読んで、十分に楽しむのである。

しかし、楽しみのためではなく、自分たちがもっと難しい読み物を読まなければならないと考えたり、それが進歩するのに1番よい方法だと考えたりして、彼らの容易に読める程度を超えて読もうとする学生がいる危険がある。さらに、途中でやめたり読み物を替えたりするのは敗北を認めることだと信じて、難しくて面白くない本を読み続けようと努力するかもしれない。

これは第二言語リーディング指導の"no reading pain, no reading gain"を信条とするマッチョマキシムと呼ばれる症状である。授業計画の本来の目標の1つであるすらすら読めるようになるということは、易しいテキストを多く読むことによって達成されることを、綿密なオリエンテーションにより学生は理解しなければならない。難しくて面白くないテキストに取り組むことは、すらすら読めるようになる方法ではない。難しい題材を少し読むより、易しいものを多く読む方がよいこと、また、退屈したり関心を持てなくなったりするより、読んだものを楽しむ方がよいということを、学生は悟らなければならない。このことは、学生が自然にテキストに没頭しているのを確かめながら、教師が学生の進み具合を監視する必要性を指摘している。学生は1ページにつき4、5個以上の知らない単語がある読み物は避けるよう助言される。というのは、これ以上の知らない単語があれば、その読み物は多分難しすぎるので、もっと易しいものが選ばれなければならないことを意味している。

第 8 章 プログラムの立案――カリキュラムの決定

学生は読書中に辞書を使ってもよいか

　この最後の教科課程に関する質問は、前述の 4 つに比べて本質的でないように見えるかもしれないが、学生にとってはかなり重要である。この質問を検討する場合、よどみなく読めることの本質が理解される必要がある。すらすらと効率的に読むためには、読者が未知の単語や句を無視すること、あるいは、たとえそれを理解することが不可欠であっても、大体の意味を推測することが必要とされる。読者が辞書を使うために読むのを中断すると、よどみなく読むことが妨げられる。Stuart Luppescu と Richard Day (1993) は、日本の大学における EFL の学生が辞書を使用したために、短編を読むのに要する時間が 2 倍になったということを知った。

　もちろん、単語を知らないという問題は、あまり重要な議論ではない。というのも、学生が読む教材の語彙のほとんどは辞書なしで理解できるくらいのものでなければならないからである。しかし、未知のあるいは忘れかけた単語は必然的に出てくるものだし、学生がそれらを辞書で引くのは、本当にそんなに悪いことだろうか。辞書を引かないことで、彼らは語彙を増やす機会をなくしてしまうのではないだろうか。そして、「辞書なし」という厳格な指示は学生の自由と選択（多読の 2 つの重要な特徴）を侵害するのではないだろうか。

　辞書の使用は学生によりけりであり、個々の学生の必要性次第である。しかし、少なくとも最初は辞書の禁止を奨励する理由がある。多読は、学生が第二言語の教材を検討し取り扱ってきた方法と多分非常に違っている。辞書（あるいは、どちらかと言えば「辞書なし」）は、多読と学生の頭の中にある他のリーディングに対するアプローチとの違いを強く表している。学生は、すべての未知の単語を辞書で引く習慣をやめるべきである。

　さらに、学生が単語を辞書で引くという選択の自由を持っていたら、まじめな学生が教材を「正確に」理解するため、ますます単語を辞書で引かなければならないと感じるのは避けられないであろう。したがって、学生が家で自分の思うようにしてよい場合、辞書の使用禁止は課題をやり終えたと学生に心底より感じさせる唯一の方法であろうし、また教師が意図し

たように課題が果たされるという、言い換えれば、リーディングというものがもともと多読であったということの唯一の保証であろう。

　Dupuy、CookとTseの言葉によれば、学生は「毎日読む習慣をつけ、1語1語辞書で引く習慣から抜け出る」べきだというのである (1995, p. 2)。それゆえ、多読の未経験者に対するオリエンテーションは、決して辞書は使うな、という指示とその理由を述べるものである。

　多読がどのようなものであるかを理解している学生は、より一層の自由を与えられる。1つの単語がテキストの中に数回出てきて、重要な意味を持っているように見えるとき、その意味を捜し求めるのは賢明なことである。1度覚えて忘れたが、知っているような気がする単語が、テキストから飛び出てくるなら、学生は物語を読み続けるのにそれを無視するか、辞書を引いて安心するかの選択権を持つ。辞書を使う自由を持つことで、学生は場合に応じた基準に基づいて、このような決定をするのに慣れることになる。単語がテキストでどのように使われているか、どうしてそのテキストを読んでいるかによって、学生は未知の単語に対する柔軟性のある手法を学ぶのである。

　ネイティブ・スピーカーのために書かれた読み物を読んでいる上級の学生は、本当のジレンマに直面するだろう。彼らは漠然と全体的に分かるために読むのか、あるいは骨折って辞書を引いて理解をさらに深めようとするのか。多分、そのような学生は易しい本を楽しみながら読んでそこから多くを学び、第二言語をもっとよく知るようになった時のために、難しい本は取っておくのだろう。

　楽しみのために難しい本を読み、語彙を増やそうと動機づけられた学生にとって、有益なテクニックがある。知らない単語に出会ったとき、意味を確認するために読むのを中断しないで、それに単に印をつける（もし、図書館の本であれば、薄く鉛筆で書いて後で消す）。1章の終わりに、元に戻って幾つかの単語を辞書で引く。大抵の学生にとって、1章につき3、4個の単語が意味を確認するのにちょうどよい単語数である。それから、同じように次の章を読み進める。読むのは妨害されず、いらいらした気持はうまく処理される。後での見直しは、どの単語が理解するのに最も重要か、どの単語を無視できるかを、学生が決めやすくする助けともなる。

第8章 プログラムの立案――カリキュラムの決定

結 論

この章の最初にリストに挙げた5つの教科課程に関する質問を検討することによって、教師と学校当局は、授業あるいは学校での多読の青写真を、頭に描き始めることができる。次の段階は、多読で用いられる読み物の分布範囲を調査することである。学生に広範囲に読ませるためには、適切な読み物が入手でき、すぐに利用できるようでなければならないので、これは基本的な問題である。読書用教材の選択と供給が次に続く2つの章の主題である。

Further reading

Bernard Susser と Thomas Robb's の負荷頁公式 (weighted pages formula) の詳細は *The Language Teacher* の 1989 年の論文 "Extensive Homework" を参照するとよい。興味を持つ人に便利なように、以下に公式を載せておく。これは、標準に基づいている。標準のページは1行50字で40行 (=2000字)。標準の本は19頁が本文で、1頁が余白か挿絵から成っている。テキストの読みやすさの標準レベルは 7th grade level である。これらの標準に経験的基準はないが、それぞれの本が比べられるように選ばれている。ある特定の本の負荷要素 (weighting factor)(WF) を計算できるように、(a) テキスト中の適当なページの全字数を数える、(b) 代表的な連続した20頁を選び、何頁余白あるいは挿絵があるか数える。必要があればページのわずかの余白も数える、そして (c) 読みやすさの程度を決めるために、コンピュータ化された読みやすさのレベルプログラム (computerized readability level program) か、主観的な評価法を用いる。結果を以下の公式に当てはめる。

$$WF = \frac{\text{characters per page}}{2{,}000} \times \frac{\text{pages of print per 20 pages}}{19} \times (([\text{grade level} - 7] \times 0.1) + 1)$$

(Susser & Robb, 1989, p. 9)

第9章

魅力ある教材 ― 読み物とステップアップ

モットーは、質よりはむしろ量と多様性である。つまり、本は文学的なメリットよりもむしろ本の持つ魅力と、その本が学生たちの生活といかに関連性を持つかどうかで選ばれる。
— Colin Davis (1995, p. 329)

適切な本が手元にある場合には、学生たちはそれらの本を読み尽くすものだ。
— J. A. Bright and G. P. McGregor (1970, p. 72)

> ■本章の目的
> - 多読に適した様々な読み物を紹介すること。
> - *LLL* が手に入らない場合は、基礎レベルと中級レベルの学生たちに対して、代わりの適切な読み物を提案すること。

Ruth and Hallie Yopp は、56人のアメリカの小学校教師に「小学生に読み方を教えるのに一番良い方法は」と尋ねたとき、興味深い発見をした。小学生たちを動機づける教材を与える、というのが教師の挙げた優れたアイディアの中で断然トップだったのである。Yopp and Yopp は「リーディングのプログラムが成功するためには、学生が読みたくなるような教材を与えることと、多様で興味深い活動の中でそれらを与えることが重要である」と結論づけている (1991, p. 132)。

第二言語のリーディング授業でも同じことが言える。魅力があって面白く、適切なレベルと適切な長さのリーディング用教材がなければ、プログラムは成り立たないし、成功させることもできない。Albert Harris と Edward Sipay がもっと明確に次のように述べている。「リーディングへの

興味をうまく発達させる基本的な原理は 'lure and a ladder'（餌とはしごの仕組み）として見事に要約されている」(1990, p. 674)。多読では、'lure'（餌）は学生たちをリーディングという餌に食いつかせ、釣り上げるようにデザインされた興味深く、魅力的な教材である。また、'ladder'（はしご）は、リーディング用教材の幅広い階層を意味する。学生たちのリーディング能力が発達するにつれ、非常に容易に読めるものから難しいものまで、少しずつ向上させることができるようになっている。

　この章では、多読に使える読み物の主なカテゴリーを検証する。その中には、LLL、児童向けの本、学習者自身の書いた物語、新聞、雑誌、児童向け雑誌、ポピュラーで簡単な読み物、若者向けの読み物、コミック、そして翻訳書などがある。リーディング用読み物のこれらのカテゴリーを順に検証していく。ある特定の学生のために適した教材を決定する時、教師は以下のような項目について検討してみるとよい。

- この教材は学生たちを引き付けるだろうか。
- 学生たちは自分でこの教材を読んで、楽しみ、啓発されるだけの十分な語学力と背景知識があるだろうか。
- 読者として、学生はこの教材を読むことで勇気づけられるだろうか、またはがっかりする経験となるだろうか。

LLL（Language learner literature）

　LLL は、まさに lure（餌）と ladder（はしご）を具現化したそのものである。つまり、様々なレベルの難易度を持つ多様で魅力的な教材であり、第二言語学習者のために特別に作成されたあらゆる種類の本や雑誌、新聞などを含む。もし自分が教える言語でこれらを利用できるのであれば、*LLL* は、上級レベル以外の学習者には、当然真っ先に選ぶべき教材である。

言語学習者用に改作された文学

　LLL に特有のあるタイプについて、ここで補足説明を加えておく。このサブカテゴリーは、第二言語学習者のために原典から改作された古典作品である。原典をよく知っている人たちはこれでは幻滅だと言ってきたし、

書き換えられた本が同じ名前で売られていることに対して幻滅し、さらには恐怖であるとさえ述べている。この反発は無理もない。しかし、このような改作物を退けることは、その目的と有効性を誤解してしまうことになる。

　文学作品に基づく映画を考えてみれば分かりやすいであろう。ある映画が有名なオリジナルと同じタイトルである場合、それは原典の映画バージョンであることを表している。しかし、それは映画というメディアとその観客のために書き換えられたものである。例えば、その映画バージョンでは多くの細部を削る必要がある。登場人物や挿話を通常2時間の上映時間内に収めるためである。言い換えれば、映画の製作者は映画というメディアと映画を見に来る観客の期待に合うように、原典の内容を仕立てるのである。

　映画バージョンがその元になっている本の本質をつかんでいることはめったにない。たとえ本質をつかんでいるときでさえも、その映画がオリジナルとは無関係に、映画として成功しているとか、失敗作だとか言うことができる独立したものである。そして、古典や他の文学作品の改作物もまた同じである。改作が多かれ少なかれ、原典の本質をつかむのに成功しているかどうかというのは見当違いである。結局、改作本はその本を読んでみてよかったか、またその本自体は成功しているかなど、それ自体で判断されるべきであろう。それゆえ、多読のプログラムに改作物の入る余地があるかどうかを問う「この本は言語学習者である読者に伝わるだろうか」とか、「私の学生たちはそれを読んで楽しむだろうか」などの質問は、ほかのどの教材に対するものと同様である。

　LLL はどの言語にもあるというものではない。もし教師がそのような図書のない言語を教えているのなら、学生のレベルに適したリーディング教材をどこかで探さなければならない。1つの可能性は、自分の学生が使っているもの以外の語学用教科書を見てみることである。その教科書が何か興味深いリーディングの1節を含んでいるかどうか見るためである。また、次に挙げるカテゴリーの中から探すこともできる。

第9章 魅力ある教材——読み物とステップアップ

児童向けの本

　もしある言語に LLL がない場合には、どの言語にもある、第一言語で読むことを教えるために書かれた易しい児童向けの本に目を向けてみよう。この種の本の多くは、子供だけではなく、大人にも訴えかける質の高いものであり、どのような多読用図書にも多様性を加えることができる。この貴重な供給源は見逃すべきではない。

　このカテゴリーの本には、文字のない絵本（これはリーディングの練習にはふさわしくない）から多くの挿絵の入った簡単な筋の童話までいろいろある。これらの本の主な特長は比較的分かりやすい言葉と、魅力的なレイアウト、大きな活字、そして楽しい挿絵である。同じくらい重要なことは、その長さである。つまり、これらの本は短いので大抵 15 分くらいで読み終えることができる。口語調で書かれていても、挿絵が理解を助けてくれる。教師が、注釈（難しい言葉の説明や訳）を加えて理解の助けにすることができるだろう。

　大人は児童向けの教材を与えられて侮辱されたと感じるとは限らない。児童向けの本は、大人の学習者にとっても様々な魅力がある。楽しい子供の世界に引き戻してくれるので喜ばれる本もあれば、芸術や文学作品として、また文化の窓口として鑑賞されるものもある。また年齢を問わずに興味深いテーマ、例えば、偏見、環境問題、愛する人の死に対する気持ちを整理することなどを取り扱っている本もある。教師は、学生たちの力を知ったうえで、どの本が適切かを決めればよい。もし教師がそのような決定を下す自信がない場合は、Linda Thistlethwaite (1994) が、大人の読者に児童向けの本を使うことについて検討した論文の中で示した、テーマと挿絵などに基づく個々の本の適正度を評価する基準を利用してもよい。

　外国語を学ぶのに児童向けに書かれた本を使っている Francine Schumann の次の話は参考になるだろう。彼女はイランに住んでいる間に、夫と共にペルシャ語を学んだ経験について語っている。

　　テヘランで、素晴らしい挿絵のついたペルシャ語の児童向けの本が売ら

れていて、私はその芸術作品ともいうべき挿絵にとても魅了されました。それで、私はこれらの児童向けの本を使って、リーディングを学ぼうと決心しました。夫はそれらの本には語彙リストや発音表記がないので、そんな本にお金を浪費するべきではないと言いました。つまり、私は辞書で単語を調べるのに大変な時間を費やさなければならないし、かなりの部分を間違って発音してしまうと言うのです。しかし、テヘランに滞在して1ヶ月が過ぎたころ、ついに夫は数冊を試してみることに同意しました。

　うれしいことに、私たちは児童向けの本で非常に成功したのです。物語がとても面白いので、ついつい（教室で学ぶ）読者よりもリーディングの学習にはげんでしまうのです。事実、今では勉強することが生活の大切な一部となり、日々の楽しみとなりました。挿絵が物語の筋を理解するのに随分大きな助けになってくれます。それに加えて、これらの物語が私達にイランの文化に対する認識を高めてくれるというボーナスまでありました。(F. Schuman & J. Schumann, 1977, p. 245)

彼女の経験は、第二言語でリーディングを学ぶのに児童向けの本を利用したすべての大人に当てはまらないかもしれないが、場合によってはいかに有効となるかを示している。

児童向けの本は、推薦書で検討したり、図書館や本屋でざっと見たりして、うまく選ぶことができる。ペーパーバック版ならば比較的安いので、少しずつ見事なライブラリーを築き上げることができる。

学習者自身が作った物語

もし出版されている LLL が十分でなければ、自分たちで作ってみてはどうであろう。学生たちに、自分たち用か、または自分たちよりも低いレベルの学生のリーディング用に、一連の短い作文を第二言語で書かせてみよう。これらの作文は以下に挙げるような、学生たちがよく知っていて、他の学生たちにもおそらく興味深いトピックにするとよい。

- 私の知っている面白い人物
- 私に起こったおかしなこと
- 私の怖かった経験
- 私のお薦めの場所
- 私の故郷（多言語クラスでは、私の国）

第9章 魅力ある教材―読み物とステップアップ

　できれば、授業中に学生たちの書いた中から各人の1番面白いものを1つずつ選ぶのもよいだろう。そして、すべての作文を、書き直して、編集し、必要に応じて学生の考えが自然な言葉で表されるように訂正して打ち出してみよう。次に、タイトルと書いた学生の名前を付け加え、難しい言葉には注釈を付けよう。時がたてば、教師は面白くて読むに足る物語の比較的大量のコレクションを築くことができるであろう。

　もし学生がライティングを難しいと感じたり、クラスの学生数が少なかったり、ワープロ機能付きのコンピュータが利用できるなら、学生たちは個人的に自分の物語を教師に口述する。次の手順は、母語でのリーディングが困難な middle-school (中学校) の子供を助けるために Nancy Lee と Judith Neal (1992-1993) が開発したものを応用したものである。学生が物語を口述して、教師がそれをタイプする。学生たちにとって、コンピュータ画面に自分が話した単語が現れるのを見ることは、その語のつづりを知る助けとなる。それはまた、わくわくするような経験でもある。Lee と Neal は、学生たちが単語を選び、それが画面に現れるのを見て、いかに喜びに目を輝かせたかを語っている。(p. 281)

　教師は、学生たちが口述している間に、口頭で言い替えて表現を示したり、または学生の話した内容を変えることを示唆したりする。もし学生が口頭での教師の改訂に同意したなら、それは本人が見ている前でタイプされる。最後に、下書きがプリントアウトされ、読み返すために学生に渡される。もしその学生が何かを付け加えたり、変更したいと言えば、物語の最終版が印刷される前に、その部分が改訂される。物語は、最初は非常に短いものでも、学生たちがこの手順に慣れるにつれて長くなっていく可能性がある。

新　聞

　安くてどこにでもある新聞は、中級や上級の学生たちにとって、特に教室以外でのリーディングのための素晴らしい教材となる。レイアウト、(ローカルニュース、世界のニュース、社説、漫画、広告などの) 内容のカテゴリー、(見出し、要約と詳細部分、コピーや写真の説明文などの)

書き方が、概して多くの文化間で同じなので、リーディングをさらに容易にしている。

新聞記事は短い傾向がある。このことは、読者が記事を読み終えたという達成感を素早く実感できるのである。簡潔さはまた、リーディングにすぐに飽きてしまう、あまり上達していない第二言語学習者にとって助けとなる。さらに、人々は概して自分の関心がある部分だけを読むので、新聞はすぐに「読み終わる」のである。これは、動機づけになる。つまり、第二言語での読者は、長かろうが短かろうが自分が望む時間でうまく読み終えられると分かっているので、新聞を取り上げることができる。

新聞には、ほとんどすべての読者に関心を持たせる要素がある。内容は最新のものである。決定的なのは、もし学習者が自分の母語で同じニュースやトピックについて読んだり、聞いたりしていたなら、その内容はすでに学習者によく知られているのである。また、学習者はある特定のトピック（例えば、国際政治やロックミュージック、またはアメリカンフットボールなど）について興味があり、背景知識を持っているかもしれない。第二言語学習者にとって、そのような知識は語学的に難しい教材を理解しやすいものにする。低いレベルの学習者にとっては、トピックに対する予備知識や興味が特に必要である。

多読は、理想的には、適切なリーディングスタイルを選択するという練習のために、いろいろな目的のために書かれた多様な教材を含むべきである。新聞の内容の多様さはこの種のリーディング練習に最適である。なぜなら別の欄へ移れば、また別の読み方を必要とするからである。テレビ番組欄、スポーツの結果、星占いや天気予報などではスキャニングの練習ができる。新聞にざっと目を通すこともまた、スキミング（全体を大まかにつかむこと）やスキャニング（要点をとらえること）の自然な練習になる。一方、記事や写真の説明などは、読者が興味を持っている場合には、より集中した注意深いリーディングを誘う。

タブロイド判新聞は、記事がさらに短いので、多読に適していると思われる。この種の新聞は、第二言語で読む読者と同じ必要性を持った母語での読者のために作られている。つまり、この新聞の読者はリーディングに多くの時間も努力も費やさないで、見出しとイメージによって自分たちの

関心を刺激されたいと思っている。しかし、第二言語での読者にとって大きな障害となるのは、よく知らない口語表現や現地の人にしかわからない話題が取り上げられていることである。

タブロイド紙に対して高級紙は上級の学生にとって有益である。最初は大量の活字が詰まった紙面で読みにくく見えるが、特定のトピックに関心のある読者には中身のある楽しみを提供してくれる。

最新の新聞は、構内で読める。古い新聞は学習者が借りてくることができよう。興味を持った学生は記事を切り抜き、興味のある記事を徐々に集めてファッションやスポーツなどのトピック別に分類し、スクラップブックにすることもできるであろう。キーワードとなる単語には注釈を付けることもできる。

新聞は非常に大量に印刷されて、売り出された翌日には時代遅れになるので、古新聞は事実上無料で手に入れることができる。外国語の新聞が、あなたが教えている国で発行されたり売られたりしているであろう。もしない場合は、少し工夫すれば、新聞を集め束にして、その国から普通便で送ってくれる人を探すことは可能であろう。

雑　誌

週刊誌や月刊誌は、たいていカラフルで魅力的である。視覚に訴えかける紙面作りをしているので、内容が理解しやすい。新聞と同様、雑誌は中級や上級の学習者にとってより適切である。また新聞と同様、雑誌は、最初から最後まで読むよりもむしろ拾い読みされるので、早く読み終えられる。ほとんどの雑誌類は、通常約1年間は図書館に置かれ、その後それらの雑誌類はバラバラになったり、時代遅れになってしまう。雑誌は学生たちが自宅で読むために借りることができる。また新聞と同じように、人気が高い写真入りの流行雑誌はラウンジなどで読めるようにすることもできる。そうすれば、自発的なリーディングを奨励することになる。

雑誌の記事の多くは新聞の記事よりも長い。さまざまな内容を網羅している新聞と違って、雑誌は通常、1つのトピックに焦点を合わせている。例えば、10代のファッションや生活、車、テニス、催し物案内、または、

ヘビメタミュージックなどがある。その結果、比較的少ない人しか、ある特定の雑誌には関心を持たない。このことは、第二言語でのリーディング授業の中では、学習者の気に入るように多様な雑誌を用意する必要があることを意味する。問題は、新刊の雑誌が安くないことである。もし新しい雑誌のための予算がないのであれば、バックナンバーでも十分に間に合う。教材にふさわしい古雑誌を手に入れることは、さらに困難であろう。しかし、なんらかの組織に働きかけて、地元の流通業者や海外との交流などを通して雑誌の供給を受けることができる場合もある。

どの雑誌を定期購読するかを選択するときには、見本を見比べるのが良いであろう。いろいろな雑誌を買い、すべての裏表紙にアンケート用紙を張りつけて、学生たちに何でも感じたこと、そしてその雑誌を定期購読したいか否かまたその理由を書くように指示するとよい。

また、学生たちに自分が関心のある分野の第二言語で書かれた雑誌を買うように奨励し、そして、それらの雑誌をクラスメートに貸し出すようにすることもできよう。通常、この場合必要なことは1つだけで、リーディングクラスの中で持続的黙読の時間を持つことである。学生たちは通例、第二言語の雑誌をこのリーディングのクラスに持ち込む。そうすると、他のクラスメートたちがこれらの本に必ず気付き、貸してくれるように頼むのである。このようにみんなで回し読みをしたり協力したりすることで、クラスはリーディングコミュニティのような雰囲気を帯び始める。

児童向け雑誌

前述のカテゴリーである「雑誌」は、一般には少なくとも第二言語の中級レベルの能力を持つ学習者に適している。しかし、幅広い年齢層の児童に書かれた雑誌があり、その中にはあまりレベルの高くない第二言語学習者に適したものもある。児童向け雑誌には、リーディングの理解を助ける多くの挿し絵があり、魅力的に編集されている。児童向け雑誌はまた、遊びやゲームなどを含む傾向がある。この中には言葉ゲームも含まれていて、これは第二言語学習者にとっても役に立つ。

大人にとって、児童向け雑誌は興味を持つにはあまりにも幼稚だと思え

第9章 魅力ある教材——読み物とステップアップ

るかもしれない。しかし、多読アプローチの本質は、読者自身が選択するものなので、これは実際には問題にならない。児童向け雑誌を読みたくない大人は、読まなくてもよいのである。

　アメリカには、たくさんの面白くてためになる児童向けの英語の雑誌がある。*Weekly Reader*、*Sesame Street Magazine* や、環境保護を扱っている *Your Big Backyard* などのような、3歳から5歳までの幼い就学前の児童向け雑誌である。これらの雑誌は非常に分かりやすい言葉で書かれていて、大きくて明るい挿絵や、音読用に作られた物語や、簡単なパズルやゲームなどから成っている。これらの雑誌は、とても幼くてまだ字が読めないか、ようやく読み始めたばかりの幼児向けに作られているので、文字を知らない幼児向け雑誌は、大人の学習者には、どちらかといえばあまり魅力的ではないかも知れない。

　もう少し年齢の高い児童向けの雑誌は、青少年や大人の学習者に対して、より魅力的であろう。これらの雑誌のスタイルやレイアウトは、就学前の幼児用雑誌よりも洗練されている。例えば、アメリカには *Ranger Rick*（自然を扱った月刊誌）やベストセラーの月刊誌である *Highlights for Children*（「面白くてためになる」がモットーになっている）などがほぼ6歳から12歳ぐらいの児童向けに書かれている。また *Cricket* は世界の文学や芸術の月刊誌で、7歳から14歳までを対象にしている。次に、*Surfer*（サーファーについての、サーファーのための、サーファーによる雑誌）は10歳から50歳までの年令層をターゲットにしている(50歳以上のサーファーでもかまわないであろうが)。

　アメリカでは、Educational Press Association 協会 と 国際読書協会が *Magazines for Kids and Teens* を出版している。この雑誌は、Donald Stoll により編集された対象年齢層別(就学前、小学校、中学校、高校、特に年齢を指定しない)とテーマ別(娯楽、エコロジー、スポーツ、健康、ニュース、宗教やその他雑多)で200点以上の雑誌を紹介したガイドブックである。その中には、注文するための住所や詳細な情報のほか、どうすればサンプル版が手に入るか又は入らないかなどが示されている。

人気がある簡単な読み物

注意深く選ばれたフィクションやノンフィクションは、その本が短くて内容と言葉が簡単なものであれば、中級、上級レベルの言語学習者が利用することができる。ここでも、ざっと目を通したり、推薦記事などがベストな情報源になる。もし教師の教えている言語での出版目録が手に入らなければ、教師の住んでいる地域の教師用雑誌や会報などに推奨してくれるよう頼むことができるだろう。

若者向けの読み物

10代の学生を他国の文化に親しませるためのものとして、若者向けの読み物に及ぶものはない。Lilian Rönnqvist と Roger Sell が指摘しているように、「10代のための小説は、学習者自身と同年令の登場人物により経験されるものとして、なじみのない環境の中での生活を劇化してくれる」(1994, p. 129)。若者向けに書かれたフィクションは、比較的短くて話しの筋が簡単なので、特に多読に適しているだろう。内容は大抵はよく知られているもので、特に普通のスリラーや10代の生活の一断面を描いた物語などはそうである。言葉は、くだけた口語体で書かれているので、問題があるかもしれないが、しかし同時に利点でもある。Rönnqvist と Sell は「10代の学生たちは積極的にこれらの本が好きで理解したいと思う。なぜなら、とりわけその本で10代の母語話者によって使われている口語体の言葉を勉強できるからである」と、繰り返し主張している。(p. 125)

10代の若者向けの読み物は、病みつきになるようなシリーズや作家を生み出しているジャンルである。*Hardy Boys*、*Fear Street*、*Sweet Valley Twins* や、*Sweet Valley High* などは、Stephen Krashen が ELT の世界で有名にした英語のシリーズであるが、時にはそれぞれのシリーズが100話以上に及ぶこともある。このように、もし学生がこのシリーズにはまってしまったなら、David Eskey (1995) も言っているように、教師としての仕事は終わったようなものだ。教室を出てマティーニを1杯やればよい。

第 9 章 魅力ある教材―読み物とステップアップ

Judy Blume、Paula Danziger や、R. L. Stine などのような作家は、英語学習者である熱心な読者を魅了する。そして中には、自分のひいきの作家が書いた本をすべて読みたいと思う学生もいるだろう。引き続きもっと Judy Blume を入れてほしいという要求で困らせられることは、教師として大きな喜びであろう。

時としてグレード別読本にもみられるのだが、小さな活字が詰まったページは未熟な読者を不快にさせるものだ。青春文学の出版社はそのようなミスはめったにしない。本は 100 ページを越えていても、活字は大きく、余白は広くとってあり、非常に重要なことであるが、各章は短い。要するに、若者向けの読み物は多読用図書の上級向けの貴重でたいへん好まれる供給源になるだろう。それは、10 代以上の大人の読者も同様に魅了する教材であろう。

コミック

母語話者のために書かれたコミック本も、第二言語での多読用教材として明らかに選択肢の中に入るように思われる。なぜなら話は主として挿絵によって進められるからである。しかしながら、コミック本の見かけ上の簡潔さは当てにならないかもしれない。コミックにはしばしば読者がよく知っている人物や過去の冒険などが描かれている。上級の学習者はたぶん最も様式化されたコミックでさえ、ほとんど困難を感じないであろうが、初級レベルの学習者はおそらく子供向けのコミックを手にしたほうが無難であろう。

William Grabe は、第二言語に翻訳されたアメリカのコミックを読んだ自身の試みについて述べている。

> 『スパイダーマン』は私の頭には難しすぎた。それは実際、退屈きわまる代物だった……また、理解するのは不可能だった。そして本当に私の動機づけに役立ったのは……*Mickey Mouse* と *Donald Duck* だった。これは本当に役に立った。話の筋が易しいので、読み進んでいくのがそんなに困難ではない。中に幾つかの面白い筋のひねりがあった。私はブラジルから *Mickey Mouse* と *Donald Duck* を山ほど持ち帰った。(1995)

翻訳物

　最後に、しばしば見過ごされているが、多読用の優秀な教材には、学生たちの母語から第二言語へと翻訳された読み物がある。この良い例として、英語を第二言語として学んでいるフランス語を話す学習者のために、*The Little Prince* として英語に翻訳された *Le Petit Prince* がある。翻訳物の利用には、幾つかの利点がある。学生たちは、その物語を理解するのに必要な背景や文化などの知識を持っていることである。例えば、日本語を学んでいる英語話者である同僚が、日本語に翻訳されたハーレクイン・ロマンスや、Robert Parker の推理小説を読んでいると言っている。なぜなら、それらの本はその同僚にとって、比較的容易に理解できるからである。翻訳物のもう1つの利点は、そのオリジナルを読んだことがある学習者なら、本の登場人物、話の筋書き、多くの語彙などについてよく知っていることである。

結　論

　リーディングのレベルが初級から中級の学生の教材として最適なのは LLL である。なぜなら、LLL は面白くて魅力的で、上達を促すように作られているからである。言語学習者用に文学から改作されたものに不平を言う原典主義者たちは、おそらく不平など言うべきではないのである。もし、教師が教えている言語に LLL がなければ、児童向けの本や雑誌が無難な代用物となるだろう。教師はまた、クラスメートに読ませるための学生自身による教材を手助けして書かせることもできる。

　中級の学生たちは LLL に加えて、新聞、雑誌、注意深く選択された人気のある簡単な読み物、若者向けの読み物、コミック、そして第一言語からの翻訳物などを読むことができる。

　多読用教材の種類やそれがどこにあるかを知っていることが、図書計画をさらに容易にする。これは多読プログラムを実現するための次のステップであり、次章の主題である。

Further reading

　第二言語学習者を対象にした、英語で書かれた人気のある易しい読み物の出版目録がいくつか出版されている。最もよく知られているものの 1 つに Dorothy Brown の *A World of Books: An Annotated Reading List for ESL/EFL Students* (1988) がある。これは約 120 冊の読みごたえのある本を紹介したものである。この中にある本のすべてが教室外でのリーディングに適しているわけではないが、約 40 冊が特に短くて易しいと書かれている。役に立つ本や著者のリストには、ほかに Beatrice Mikulecky の *A Short Course in Teaching Reading Skills* (1990) がある。この 70 冊の本のリストは、中の下と中の上レベルの学生向けに分けられている。もっと年少の学習者用には、Dorothy Brown の *Books for a Small Planet* (1994) がある。

　さらに広い範囲から適した本を探したいと考えている第二言語としての英語教師のために、International Reading Association (国際読書協会) が *Teens' Favorite Books: Young Adults' Choices 1987-1992* と *More Teens' Favorite Books: Young Adults' Choices 1993-1995* を刊行している。どちらも、10 代の若者自身により選ばれた 100 冊以上の本を紹介している。そして、冒険、家庭生活、ファンタジーや超自然もの、歴史、ミステリーや犯罪、自然、ロマンス、SF やスポーツなどの主題別に分類されている。後者には、リーディングを促進するための方法について役立つ論文が含まれている。これらの出版物の元のリストは、最初 *Journal of Reading* (現在は *Journal of Adolescent and Adult Literacy* と改名された) に載った。10 代の若者によって選ばれ、11 月号に掲載される年間のベストリストに加えて、このジャーナルには毎月書評が掲載される。

　4 歳から 13 歳までの児童向けの英語の良書は、同様に International Reading Association (国際読書協会) の *Kids' Favorite Books: Children's Choices 1989-1991* と、1975 年以来発行されている *The Reading Teacher* というジャーナルに紹介されている。年に 1 度の Children's Choice リストは年齢別 (初級、5-8 歳、8-10 歳、10-13 歳) に分けられていて、10 月

号に載る。また、毎月の書評は"Books Too Good to Miss"というコーナーに載る。International Reading Association (国際読書協会) は、P. O. Box 8139, Newark, DE 19714-8139, USA で連絡を取ることができる。

第10章

多読用ライブラリー

[教師]はまず魅力のある本を確実に入手できるようにし、次に持ちまえの技をあらん限り駆使して、生徒が「本のとりこになる」ようにしむけなければならない。

— Christine Nuttall (1996, p. 127)

■**本章の目的**
- 多読教材のライブラリーを創設する際の一連の提案と選択項目を提供すること。

　第二言語のリーディングを指導する多読以外のいろいろなアプローチでは、通常、授業の基礎となる教科書の選定が含まれているが、多読プログラムで必要なものは、適切なリーディング用教材を集めたライブラリーだけである。そのようなライブラリーの立ち上げは骨の折れる仕事である。主として次のような作業がある。

- プログラムの規模の決定
- 予算案の作成
- 学生のリーディングのレベルを知ること
- 学生の興味の発見
- リーディング教材の購入
- 教材のカタログの作成と整理
- 教材の保管場所の決定
- 貸し出し方法の確立
- 教材の展示

最初の授業が始まるまでに十分な準備が必要なので、多読プログラムの計画を練るのは、プログラムが始まるずっと以前になされるべきであることははっきりしている。ライブラリーを普通、1、2か月で立ち上げるのは無理なことで、6か月かそれ以上はかかる。これから関連の仕事を順番に検討していく。

プログラムの規模の決定

　何事につけ初めての試みについて言われることであるが、小規模な多読プログラムからスタートすることが賢明である。当初の規模は、学生数が教師の目の届く範囲であるか、最初に必要とされる蔵書の費用を賄えるだけの資金があるか、教材の準備にどれほどの時間が割けるかによって決まってくる。新しいプログラムが立ち上がり、1年間様子を見たうえで初めて、これまで以上に生徒を増やすことを念頭に入れて、プログラムの規模を大きくすることができる。それまでに、教師か学校当局は関連項目の正確な把握を終え、それを踏まえて計画を立てることができる。

予算案の作成

　学校の図書館と職員室は多読にふさわしい教材（書物、新聞、雑誌）をすでに多少とも備えており、そうした教材を学生が利用できるようにすることは可能である。しかしながら、学校の図書館が、多読プログラムをうまくスタートさせるのに必要な種類と枠組みの中に入るリーディング用教材をかなりの分量揃えていることはまずありえない。したがって予算を確保することが基本である。プログラムを始めるのにどのくらいの書物と他のリーディング用教材が必要か。その必要を満たすのにどれほどの資金が得られるか。

　プログラムが実施される初年度には、後の年度以上に多くの資金が必要である。というのは最初の年度に購入されるおおかたの書物は、その後再利用されるからである。初年度以降は、小額の資金が、本の紛失や損傷、不人気や時代に合わない本の取り替え、新刊書の購入、新聞や雑誌の継続

購読のために毎年必要とされる。プログラムの規模を大きくするとなると、もちろん当初予算の上積みが必要となる。

　かりに学校の予算が十分でないとすれば、学生と父母、あるいはそのいずれかの援助で基金集めの催しなど、学校制度の枠外でお金を集める方法がある。Colin Davis は「発展途上国の PTA でも、そのような計画を支援することによって、自分たちの子供の教育がよくなると確信するなら、資金を集めるいろいろな方法を持っている。」(1995, p. 334) と経験を踏まえて述べている。

　もう一つの可能性は、図書費として学生に1、2冊の本の費用を寄付してもらうことである。ささやかなお小遣い程度の出費の見返りとして、学生はすべての蔵書を読むことができる。年度末にクラスは、ライブラリーにその本を寄贈するように求める。グループや個人から本が寄贈されたときにはいつでも、本の内側に寄贈者の名前が明記される。

　本にかかる費用は、予算を作成する際の基本的な項目として知っておく必要がある。輸入本は割高で、国内で出版されるものの方が安いかもしれない。しかしながら、全体数を減らすことになっても、最も多読に向いた本は常に購入しておかなければならない。

　ライブラリーを始めるにあたって、最小限準備する本の冊数は、生徒1人につき多読に適切なレベルの本1冊と、余分に10冊の本である。しかしながら、あれこれ選べるようにするとなると、1クラスで各学生が2、3、ないしは4冊の違った本が持てることが理想である。本の冊数を今いる学生の倍で始めるのが実際的である。スタート時が肝心で、ライブラリーは年月の経過とともに着実に充実していく。

学生のリーディングのレベルを知ること

　どのような学生の集団でも、第二言語を同じ時間学習しても、言語能力やよどみなく読む力のレベルの差ははっきり出てくる。多読プログラムでは、すべての学生の能力に対応することはさほど難しいことではない。なぜなら、レベルの差異に応じたリーディング用教材が発注できるし、ぜひともそうすべきである。

学生が上級学習者でない限り、最も初歩的な言語学習者の読み物に始まり、あらゆる言語レベルの教材を確保することが望ましい。しかし、大部分の本は授業で学生が取り組んでいる言語レベルより少し低いものにすべきで、そうすれば学生は教師や辞書の助けを借りずに読むことができる。

　経験豊かな教師は、すでに学生が読みこなせる言語能力を直観的に把握している。そうでない教師は、授業で学生が使う教科書を吟味することによって、既習の語彙や文構造についてかなり正確に把握できる。

　出版社は通常、LLL に、ある特定のレベルの学習者──例えば初心者向き、中級学習者向きというようにグレードをつけており、これは学生のレベルにほぼ近い本を探しあてる助けになっている。教師はその場合、学生にリーディング用教材のサンプル（いろいろな本から1ページずつコピーした教材）を与え、学生にそのページの知らない単語に印を付けさせる。この結果から、どの本がどの学生にどの程度適切かを正確に見極めることが可能である。もし数人の学生が同じページを読み、知らない単語がゼロか、1つないし2つだけ印を付けた場合、その教材はほぼ多読にふさわしいレベルである。知らない単語が次々と出てくる本を読むことは、いたずらに挫折感を与えるだけであり、やる気をなくさせ、よどみないリーディングを育てるのにあまり役立たない。

学生の興味の発見

　教師は時として、学生が自ら読もうとするものよりも、古典文学とか文学的価値のある本を読ませたがる。そのような教育目標を退けないことには、第二言語の多読の試みは最良の環境にあるとは言えない。多読の目的は、結局のところ、学生にできるだけ多くの本を、たえず、しかも喜んで読ませることである。この目的を実現する1番簡単な方法は、若者の間で人気のある文化を理解し、彼らの言葉でアピールしていくことである。学生がリーディングを学ぶ際には、できる限り読みたいという気持ちにさせなければならない。「もし教師が学習者の自然に感じている興味からかけ離れすぎると、多読が意味のない作業になってしまう危険がある」（1992, p. 54）と John Klapper は警告している。

多くの教師は、学生がどのような読みものを面白いと思い、またそう思わないかを知るために、かなり上手に学生の好みに波長を合わせている。自信のない教師は、母語で学生が何を読んでいるかを、それとなく観察したり、尋ねてみることである。教師はまた、休み時間に学生同士の会話で話題に上っていることや、行動に注意を払うことである。
　もし直観、観察、何げない質問で十分学生の興味を把握できなかったとすれば、正攻法で迫ることもできる。教師はアンケート調査票を作成し、多読プログラムに参加している学生か、あるいは類似の学生集団に回答してもらえばよい。

興味に関するアンケート

　質問票は学生の第一言語か第二言語のどちらでもよい。質問は学生が第二言語で読みたがっているものについてはもちろんのこと、彼らの母語での読書について、趣味やクラブ活動や余暇活動にも及ぶべきである。学生は実際楽しんでいる読み物について答えず、自分たちが読むべきだと考えているもの（あるいは教師の期待に沿っていると彼らが考えているもの）について報告しようとするものである。設問のしかたをこのように工夫することによって、学生が建前にこだわるのを避けることができる。日本における成人学生のあるグループでは、読みたいものを尋ねる質問では、異口同音に「ノンフィクション」と答える。しかしながら、自国語で読んだものを尋ねられると、漫画とか一般的な小説と答える。このことは、恐らく第二言語のリーディング学習の金科玉条の格言とされてきた'no reading pain, no reading gain'（苦労をしてリーディング学習をしなければ、リーディングはマスターできない）が身に染みているのである。学生はリーディングを学ぶ場合、有益なのは簡単で楽しいものであるということに気がつかなければならない。
　アンケート調査にはおおまかに２つのタイプがある。順位質問票では、いくつかの選択肢を提示し、学生の好みを番号で表示することを求める。例えば、

1．私が見たい映画は
    a. ＿＿ SF
    b. ＿＿ 恋愛もの
    c. ＿＿ スポーツ
    d. ＿＿ 児童向き
    e. ＿＿ 動物もの

学生は好きな映画を表示する選択肢の横に「１」を書き、以下すべての項目に順位をつける。あるいは、簡単に興味のある項目にチェックを入れる。ただ計算するだけでいいので、順位質問票の分析は容易である。データは具体的かつ数量的なので、傾向やパターンは簡単に把握できる。しかしながら、このタイプの質問票が不都合なのは、教師は包括的な質問を作成するためには、学生の好みについて予備知識を持っていなければならない点である。順位質問票は、質問票に含まれている情報の相対的な順位を明らかにするだけのことである。この欠点を克服する１つの方法は、質問票の作成に学生自身を参加させることである。

自由回答の質問票には、学生は好きな項目を列挙するように指示される。例えば、

1. どのような映画が好きですか。
2. 暇なとき何をしたいですか。
3. ランチを食べながら友達とどんなことを話していますか。
4. （自国語で）どのような種類の本を読んでいますか。

重要な回答選択肢が抜けている危険性はないので、この種の質問票を準備することは簡単である。しかしながら、回答はまちまちなので、カテゴリー化して、一定の解釈を与えることは難しい。したがって、奨められる方策は２つのタイプの質問票を、両方の質問を含む単一の文書にまとめることである。

しかしながら人気のあるリーディングの教材は、取り上げられているテーマだけが人気を支えているわけではなく、多くの本はそのストーリー

が人を魅惑し、面白くてやめられないというだけで人気がある。この本のAppendixにあるように、英語LLL目録は、教師が、個々の学生の特定の興味にかかわりなく、学生が楽しんで読めそうな本を選ぶ際の参考となる。また地元の出版社の販売担当者は、教えているタイプの学生に人気のある本を推薦してくれるかもしれない。

リーディング教材の購入

どのようなトピックと種類の本が学生の関心を引くかが決まれば、次のステップは教材の選択と購入である。教科書の場合は、多数の同じ本（クラス分）が注文される。一方多読の場合、学生にできるだけ多くの選択肢を与えるため、できる限りさまざまなタイトルの本が必要となる。したがって、当初は、本や雑誌は各1冊だけ購入するのがよい。

かりに教材を、多読プログラムを設けている国の外から入手する予定であれば、教材が海外から到着するのに6か月もかかるので、余裕をみて計画しておく必要がある。

教材のカタログの作成と整理

教材が到着すると直ちに、書籍などの教材は、原簿に記帳しなければならない。こうしておくと、紛失や損傷がないかコレクションを定期的にチェックすることができる。

次に、そのコレクションを言語レベルによって整理する仕事がある。新聞や雑誌はそういう形で整理される必要はないが、学生がどの本が言語的にみて自分たちに向いているか知る方法があることは極めて重要なことである。教師はライブラリーにある書籍をレベル別に分類するために、膨大な読書作業をこなさなければならないこともある。さらに、教師は1冊の本からどこか1ページをコピーして学生に知らない単語をチェックするように求め、難易度レベルを決める助けとすることもできる。母語話者用の一般書の場合、「易しい」、「平均的」、「難しい」という分かりやすい識別マークで分類する。

LLLを利用することができるなら、出版業者は、書籍をレベル別に整理

するという大変な仕事を肩代わりしてくれている。書籍は難易度別にすでに分類されているからである。問題は、個々の出版業者が独自の方法でレベルを決めていることである。もしかりにさまざまな出版業者の本を利用するとなると、レベルについて独自の基本分類方法、例えば、入門レベル、初級レベル、中級前半レベル、中級後半レベル、上級レベルというふうなものを作る必要がある。ある一流のシリーズ本のレベル分類方法を採用し、他のシリーズの本がどのレベルにあてはまるか見つけるという手もある。

　ライブラリーでは、レベルを表示するのに、番号又は色を決め、各本のカバーにレベル表示のステッカーを張りつけるようにする。本はこれらのレベルによって分け、棚に並べる。

　Appendix の中に、イギリスで出版された LLL のために、エディンバラ大学多読プロジェクト（the Edinburgh Project on Extensive Reading）が開発した基本レベル分類方法が提示されている。この方法では母語話者用の本は最上位にあてはまり、「簡単」な本はレベルB、「平均」的な本はレベルA、そして「難しい」本はレベルXである。

教材の保管場所の決定

　リーディング用の教材はどこに保管されるべきか。どのように監督されるべきか。書籍の保全と利用はここでは対立する関係にある。読みの教材は高価なものであり、紛失したり盗まれたりした教材を買い替えるのに貴重な資金が浪費されるべきでない。他方、教材の利用が過度に制限されると、学生が興味を持つ読書材料（多読プログラムの重要なポイント）を探し、選択することを難しくする。

　多読プログラムの主な目的は、読むことが奨励される環境を生み出すことである。同時に実際的である必要もある。新聞や雑誌は、学生が集まりくつろいでいるラウンジ辺りに置けるか。書籍は開架式にするか、それとも教師が不在のときは、書籍には鍵がかけられるべきか。（例えば図書カードかノートで）学生に自主的に貸し出しを問題なく行わせることができるか。それとも職員か生徒の監督で運営される必要があるか。プログラム開始時に、こうした問題にできるだけ適切に対処しておくか、（ことによる

と費用のかかる）試行錯誤を経たのちに答えを見いださなければならない。

　1つの基本的な問題は、書架をどこに設置するかである。学校内では3つの選択肢があり、おのおの利点、欠点がある。それは、学校図書館、クラス文庫、移動ミニ文庫システムである。

学校図書館

　学校図書館は、言うまでもなく教材の大半を保管できる場所である。1つ主要な利点をあげれば、保全と貸し出しが図書館の責任になっている点である。多読用のコレクションは、図書館の蔵書全体に適用されているのと同じ規約や規定を採用しているので、計画や編成は分かりやすいものになる。もし学校に図書館があるなら、その協力を求めることを考えてもよい。すでに多忙な教師が引き受ける余分な仕事には厳しい限界があり、そして、信じていただきたいのは、図書館の運営は余分な仕事をいっぱい抱え込むことになるということである。しかしながら、学校の図書館というのは、図書館側が、独立した部門に多読教材の書架を並べることに同意した場合にのみ、選択肢の1つになる。もしその教材が主題によって図書館中に分散したとすれば、学生は二度とその教材には出会えないことになる。

　学校図書館を利用する際の1つの問題は、学生は、リーディングの授業の間はことさらだが、教師の期待ほど図書館に行かないということである。もう1つの不利な点は、学生が個人的に図書館を利用する傾向があることである。このため、学生達がお互いに本を薦めあうことが難しくなり、そして、直接の推薦による興奮と刺激が失われる。また、教師が、個々の学生が本をあれこれ拾い読みし、そして読みたい本を選ぶという重要な作業を観察することが困難になる。本が学校図書館のなかに消えてしまったとき、リーディングのプログラムの重要な諸側面も同様に消えてしまうのである。

クラス文庫

　幾つかの効果を発揮している多読プログラムでは、教材を教室に置いている。特にクラス文庫は、リーディングの授業が始まったとき、学生がすぐに教材を手にすることができる。継続的黙読授業の間、本を借りたり返

したりするのは自由である。クラス文庫では、学生同士で互いに、ある本に対する感想やこれを読んだ方がいいよといった意見を交換しやすく、教師が学生の本の選択に伴う問題に注意を向けやすくする。

クラス文庫の本は鍵をかけられて安全に保管されるか、図書コーナーの展示場所に置かれている。雑誌、新聞、あるいは軽い読み物の魅力のあるスクラップブックが利用できるならば、学生は授業の前にでも後ででもそれらを手に取ったり、拾い読みしたりできる。

移動ミニクラス文庫

同じ本の利用が1クラスに限られていないなら、移動ミニクラス文庫を考慮すべきである。これは、箱かカートに教材を入れて部屋から部屋へ簡単に運ぶ方法である。特定のクラスで必要のない場合は、楽しい読み物がいっぱい詰まった「動くご馳走」のような教材入りの移動ミニクラス文庫は、本の保全をどう図るかにもよるが、例えば、学習の便宜上、ラウンジや教師の部屋に置くことができる。

これら3つの選択肢（学校図書館、クラス文庫、移動ミニクラス文庫）は、学校を基盤にしたプログラムである。もっと独立した形で活動する教師は、恐らく違った形で本を扱うだろう。

教師の個人蔵書

非常勤で教えている教師が、いろいろな学校で、1クラスか数クラスで多読の実践を計画することも考えられる。教師は本を購入し、クラスに携えて行き机の上に本を広げて見せる。東京で英語を教えている Roberta Welch は自分の経験を話している。

> 私は職業を持っている成人の小規模なクラスのため、ライブラリーを始めることにしました……。男性社員クラスと女性の公務員のクラスで始めました。学生の関心を考慮しながら、「LLL 目録」から、最も高く推奨されている本を幾冊か購入しました……。本は小さく軽いものでしたので、いろいろなクラスに持ち歩くのに負担は感じませんでした……。今までに35冊の本を持ち、主婦のクラスや小規模の大学のクラスを含めて、数クラスで回覧しています。本当に「本の虫」になった学生もいましたし、中

には自分で本を買い、その本をクラスメートに貸そうとした者もいます。
(October 1986, 私信)

Welch のコメントは、偶然にも、ライブラリーないし多読プログラムを立ち上げる際には小規模でスタートするという原則の1つの例証となっている。

貸し出し方法の確立

　本が学校図書館に置かれていない場合、教師は1冊の本の貸し出し期間、1人の学生が一度に持ち出せる冊数、返却の遅れや本の紛失に対する罰則について簡単な規則を作る必要がある。教材を管理するのに、学生の助力を得て成功しているプロジェクトもある。例えば、1人の学生あるいは学生の1グループがある一定期間、司書として任命される。担当教師の援助と事前の訓練で、その学生は教材がちゃんと貸し出され、期日通りに返却されているかを確かめる責任がある。学生のモニター係は、この仕事をとても上手にこなすことができる。「クラスのリーディング・ライブラリーをどのように立ち上げるか」という題名の論文の中で、Sheila Cliffe は「本の返却を求める教師の願いを無視する学生も仲間の圧力には反応する傾向がある」(1990, p. 29) と述べている。同じように、Christine Nuttall は教師に次のような助言を与えている。すなわち、「学生はしばしば、行方不明の本を誰が借りたか知っており、そして教師のあなたより、やすやすとその本を取り戻すことができる」(1996, p. 139)。

　本を貸し出す標準的な方法は、本の裏表紙の内部にポケットを貼りつけることである。そのポケットの中に図書カードが収められ、その上に本の題名が書かれる。そのカードには、学生が名前、学籍番号、本の借り出し日を書き込む余白がある。本が貸し出されると、カードは抜き取られ索引箱の中で保管される。図書カードと貼りつけポケットは購入するか、使用済の封筒と買い置きのカードから作ってもよい。別の方法として、ノートを準備させ、各学生が2ないし3の余白ページを使い、借りた本のタイトル、借りた日付と返却日を書き入れるようにしてもよい。

　もし新聞や雑誌が一晩あるいはもっと長く借りられる場合、最も簡単な

方法はノート1冊での貸し出し方法である。学生はノートの1行に自分の名前、記事の名前、借りた日付を書く。返却した時はそのコラムをチェックするか自分の名前を消す。

教材の展示

小売業で顧客を引き寄せるコツは、品物を魅力的に陳列することである。果物や野菜がすぐ目に留まるように陳列されている光景を思い浮かべていただきたい。品物を入れた箱が棚に置いてあるよりずっとアピールするだろう。ライブラリーの場合も何ら変わりはなく、学生は上手に展示され、手にとりやすい教材に引き付けられる。

本は前カバーが隠れないように展示するのがよい。このことは、本が薄くて本の背に表題さえ印刷されていないような LLL では特に重要である。Christine Nuttall はその著書 *Teaching Reading Skills in a Foreign Language* (1996) の8章で — 大体、金づちと釘と木材を用いて — 本を展示する方法をいくつか提示している。しかしながら、魅力的な展示をするためとはいえ、そこまでする必要はない。頑丈なダンボールか、適当な大きさのプラスチックの箱の中に、本の前カバーが見えるように並べる。本は、その場合レコード店のレコードに目を通すように、パタパタと倒しながら目を通すことができる。

規模の大きなライブラリーでは、本をレベル別に書架に分類するだけではなく、本をカテゴリー別で分けるのも一方法であろう。フィクションとノンフィクションに分けるのも一つの選択である。特別な部門を設けて、ポピュラーな本を置くのもよくある展示法である。

結　論

よいライブラリーは一夜にして作られるものではないが、とりあえずスタートを切らなければならない。要約すれば、次の通りである。

- 小規模でスタートすること。
- 早めに準備をすること。

- 資金は最初の年に多く必要。いったん購入した本は再利用できる。
- あらゆる難易度の教材を購入すること。基本的には学生の言語レベルより少し低めのもの。
- ライブラリーができるだけ変化に富むように、各本は複数冊ではなく1冊購入すること。
- 教師が学生の好む本が分からないときは、学生に聞くこと。
- 読書を奨める環境作りに、新聞、雑誌、書籍は、紛失や盗難を防ぎつつ、できるだけ利用しやくすべきである。
- 言語レベルによって、すべての本に印をつけること。
- 書籍を学校の図書館(手間は少なくてすむが、利用しにくい)に置くか、クラス・ライブラリー(手間はかかるが、利用しやすい)に置くかを決めること。
- 教材をできるだけ魅力的に展示すること。

図書館というものは利用されて初めて活気付く可能性のある環境である。リーディングの教材、リーディング一般をどのように学生に紹介していくかが次章の主題である。

Further reading

Colin Davis は 1995 年の論文、"Extensive Reading: An Expensive Extravagance?" において、最も不利な条件下でも、どのように多読のライブラリーが設立されるかについて説明している。(彼は自分自身の質問に、はっきりと「いいえ！」(ぜいたくではない)と答えている。)「カメルーンでは、1つの本入りの籠を一年間ずっと使用しなければならない。そして、籠はクラスからクラスへと回される。家で個人的に本を読む機会はない。」(p. 332)

Roger Cunningham は "The Zanzibar English Reading Programme" という彼の論文の中で、他の制約とその取り組み方について詳しく述べている。

大部分の教室は、光と空気を取り入れるために半壁で作られている、そ

して扉も窓もない。こういう開放性は、書架や展示用の棚を阻んでおり、本を永続的に置くことを難しくしている。本を入れておく安全な戸棚もない、したがって「ライブラリー・コーナー」が設置できないのである。CL(クラス・ライブラリー)の箱は、倉庫か教師の部屋か事務所から、授業のたびに教室へ運び本をテーブルの上に並べなければならない。

(1991, p. 672)

Christine Nuttall の本、*Teaching Reading Skills in a Foreign Language* (1982) 第1版の12章、"An Extensive Reading Programme" (pp. 167-191) は、ライブラリーの立ち上げに伴う細かい点について力説している。この章は1996年版〔現在は8章、pp. 127-148〕で、ほとんど変更されていないので、最初は落胆するかもしれないが、その実際的な提言の数々がいかに時の試練に耐えてきたかを示している。Nuttall の信奉者はまた、134頁に出てくる図書館の中の蛙についての逸話がそっくりそのままであるのを知って安堵感を味わうだろう。

第11章

オリエンテーション

大切なことは多読の真価を学生に納得させることだ。
— Beatrice Dupuy, Lucy Tse, and Tom Cook (1996, p. 10)

■**本章の目的**
- 多読アプローチに対する、学生へのオリエンテーションの重要性を強調すること。
- 多読プログラムに向けての、オリエンテーションに対する幾つかの提言をすること。

「新聞の拾い読みをしたり、サッカーやファッションの雑誌をぱらぱらとめくったり、ミステリー小説を読む。それは単なる暇つぶしにすぎないのではないか。そんなことが学業とどんな関係があるのだろう。私は勉強がしたい！」

多読の中で行う作業の意味を説明しなければ、まじめな学生はこのように反応するかもしれない。彼らがこれまでに受けてきた第二言語教育、とくにリーディングをどのように教えられてきたかを考えてみるといい。授業や宿題の課題に関して何らかの変更を行う場合に、学生はどのように反応するだろうか。新しい授業の進め方は学生に説明する必要があり、多読も例外ではない。

多読プログラムを理解することは、学生にとって容易ではないだろう。理由はさまざまで、読むということに対する母語文化由来の考え方と関連するものや、それまでの第二言語リーディング学習経験とつながりがあるものなどがある。

読むことへの基本的な抵抗感を始めとして、リーディングに対する文化由来の考え方と、多読との食い違いは深刻なものがある。Catherine Wallace は次のような指摘をした。「ただ自分の楽しみのために黙読をする、という文化的背景を持たないグループも多い」(1992, p. 20)。一例を挙げれば、「集団のなかで、識字能力を持つものが限られているような社会の出身者の中には、識字技能の重要性を軽視し、多読をほとんどやろうとしない者がいる」(Grabe, 1991, p. 389)。さらに、文字になったものこそ「真実」を表すものだとする文化的背景を持つ学生にとって、教師や教科書と同等の権威を読む者に認める、この方法論は受け入れ難いものかもしれない。自分でリーディングの教材を選択し、読む目的を決めることに違和感を覚えるのだろう。また、読むのを途中で止めるという選択肢も含めて、その教材を自分の好きなようにしてよい、ということにも抵抗を感じるかもしれない。

　識字能力といえば多読能力のことをさす社会の出身者であっても、その認識を外国語を読むときに適用することは出来ないようだ。Mary Lee Field は 1985 年の報告の中で次のように述べている。中国人の英語教師が中国語を読むときには「英語を母語とする者が英語を読むときと同様の読書法とスキルを使う」(p. 175)。ところが、その第一言語の読み方を、英語を読む場合にも応用できるかという Field の質問に対して「そのようなことは不可能で、思いもよらない」と答えた (p. 175)。外国語を読むことは母語を読むのと同様に、単に「読むこと」であって、風変りな特別の営みや学問の修業ではないことを、そのような人たちに理解させるために、多読こそ役立つであろう。

　中には、それまでの第二言語リーディング学習経験のために、多読に対して否定的な考えを持つ学生もいる。翻訳または読む技術を教えられてきた学生は、テクストの1語1語をすべて完全に理解するために、いくらでも時間をかける習慣がついているであろう。さらに、リーディングを教える伝統的な教育法では、努力と猛勉強が進歩と成果に直接結びつくものだといわれているので、正規の学業として比較的平易な教材を大量に読むことは、受け入れられないのかもしれない。「あくせくと辞書を引くこともなく読むのは真剣味に欠け、時間の浪費に見えるようだ」

(Bamford, 1984, p. 223)。とりわけ大学入学準備のための語学コースに在籍する者は、貴重な時間の浪費のように思われることには反発する。大量の平易な読み物を読むことと、大学での学業のための語学力を習得することとの間に関連性が見出せないのだ。最後にもう一つ挙げるなら、教師と学生の伝統的な役割に慣れてきた者は、教師が指導者としてあまり教えることもなく、何をいつどこで読むのかといったようなさまざまな決定を、学生自身がしなければならないプログラムに困惑し、不安なのかもしれない。

以上に述べたさまざまな理由から、多読の目標と方法を説明するための、行き届いた注意深いオリエンテーションをプログラムの最初に行うことが必要になる。Beatrice Dupuy、Lucy Tse、Tom Cook はこれを「多読の土台を築く」と表現した (1996, p. 10)。オリエンテーションは、学生が多読の目標と理念を完全に自分のものにするまで、授業の期間を通して、いろいろなやり方で、適切な間隔をあけて、継続的に何回も行う必要があることを経験が示している。とくに、多様な学生が混在するクラスでは、多読の手順を理解するのがより困難な者がいるかもしれないので、プログラムが最大の効果を上げるためにも、教師は個別に特別の指導をしなければならない。

オリエンテーションは、これから何をやるのか、なぜそれをするのかを知らせるもので、内容にはプログラムの到達目標と手順、その基礎となっている理念、教材の紹介とその入手方法などが含まれる。オリエンテーションの内容についてさらに詳しく見ていこう。

プログラムの目標

多読プログラムの目標は、他のリーディング教育アプローチの目標とは異なるものが多いので、学生にそのあらましを知らせておくことが望ましい。多読プログラムの主要な目標の一つは、視覚語彙を豊かにすることによって、よどみなく読めるようにすることである。学生がどのようなリーディング能力（実用的あるいは学究的）を身につけたいと望んでいるかにかかわらず、ネイティブスピーカーと同様に読めるようになるためには、豊富な視覚語彙を持つことが不可欠である。それは、あらゆるリーディン

グの土台となるものであるが、その獲得は無意識的な過程でもあり、抽象的で学生に説明しにくいかもしれない。そこでより具体的で的確な言葉を使って、多読プログラムは以下のような練習をするのだと説明する。

- 翻訳をしないでテクストから直接意味を読み取る
- 目的により読み方は異なるので、現在何を目的として読んでいるのかを知る
- 「意味を追求する」、言い換えれば現在読んでいるものの全体的な意味内容に注意を集中させ、未知の語や概念が出てきても脇道にそれない
- 未知の語や難しい概念は、推定するかまたは無視する
- 目的に合った適切な速さで読む
- 完全に理解できなくても、妥当なところで満足する

以上の全てについて練習すれば、第二言語で読む能力が身につき、自信が持てるようになることを学生に説明する。場合によっては、このプログラムの到達目標は第二言語がよどみなく読め、読むのが楽しくなることだ、という説明だけで十分かもしれない。

プログラムの進め方

多読プログラムが他の第二言語リーディングのアプローチと異なる、もう一つの主要な点を、学生によく理解させなければならない。それは、平易な教材を大量に読むということだ。この根底にあるのは、「練習をしたことが上達する」という原理、すなわち「読むという作業によって読めるようになる」という原理である。第二言語の教材を理解するために、頭の中で母語に翻訳しながら苦労して読むのは、本当に読んでいるとはいえないことを学生に話してやる。

リーディングの練習をするためには、第一言語の読み物と同じ読み方で第二言語の教材を読まなければならない。第二言語に対する学生の言語能力は第一言語に対する言語能力よりは劣るので、これは平易な読み物でなければ不可能である。以上のことを説明し、この時点で、第二言語リー

第 11 章　オリエンテーション

ディング学習に対する金科玉条の格言とされてきた 'no reading pain, no reading gain' を取り上げて、その誤りを指摘し、多読のモットーである 'reading gain without reading pain' に置き換えるといいだろう。

読み物を自分で決める

　読むための教材を学生が自分で選択するのだという、もう一つの手順についてもここで説明する。このことは必然的に責任を伴うので、それまで教師から何をいつどこでどのように読むかを、常に指示されてきた学生は動揺するだろう。また、中には第二言語の書物についての基本的な知識を欠いている者がいるかもしれない。そのような学生には、本の内容を要約したカバー裏面の宣伝文句、本のおおよその内容を表すために各章の表題を列記した目次、ときには巻末の註解といったような、書物の体裁を紹介する必要がある。

　容易に読めて、しかも楽しめる読み物を選択すべきだということを、学生は知っていなければならない。能力に合った教材を選択するために、最初は教師が手助けをするが、最終的に決定するのは学生自身である。

　この自己選択に関する最初のオリエンテーションの中で、語彙について述べる。母語で読むときには、知らない単語はほとんど出てこない。第二言語で読むときにも、自然に読むためには、未知の単語があまり多く出てきてはいけない。ある読み物が多読の目的のために、楽しく容易に読める程度かどうかを、素早く自分で決定する方法が必要である。一つの方法として、書物を無作為に開き、未知の単語の数を数えながら 1 ページ読んでみる。一定数以上の未知の語がなければ、その本は楽に読める。初心者には 1 ページに 1 語もあれば多すぎるくらいだ。初心者以外では、1 ページに出てくる未知の語は 5 語以内という片手の法則が適用できる。(指 1 本に 1 語)

辞書に頼らない

　未知の単語については、いつでも辞書が手近にあることが問題である。学生は不思議に思うかもしれないが、読みながら始終辞書を引くのは不自然だということを知るべきである。

しかし学生は辞書を言語の命綱だと考え、辞書を使わなければどうして生き残れようか、などと心配する。辞書に頼らずに読んでみようという気にさせるにはどうすればよいか。それには読みながら始終辞書を引くのは楽しいことではないうえ、集中が途切れてしまうことを学生に気付かせる。さらに、始終辞書を引いていると読む量は減少する。辞書を使用するグループを、辞書を使用しないグループと比較すると、短編の物語を読むのに2倍の時間がかかった、という研究結果（Luppescu & Day, 1993）を学生に紹介してやるのもよいだろう。

　中断せずに読む方法を習得する必要を、学生が理解するのも同様に重要である。その方法の一つは、第二言語で読むときに必然的に遭遇する未知の語は、意味を推測するか、あるいはその語を無視することである。学生がよどみなく読めるようになろうとするのであれば、あいまいさを抵抗なく受け入れるように自己訓練をしなければならない。母語で読んでいるときに、未知の語に出会ったらどうするかを学生に思い起こさせてみる。大抵の場合、その意味を推定するかまたは無視し、まれに最後の頼りとして辞書を引く。第二言語の語彙を豊かにすることは重要ではあるが、リーディングを習得するための妨げになってはならない。自分がリーディングの練習をしているのであって、語彙の学習をしているのではないことを学生は認識しなければならない。リーディングの授業でこの二つが両立しない場合には、リーディングを優先する。

　多読と他のアプローチとの違いを簡潔に図式的に説明する方法として、図1のような表を板書する（Roberta Welch, 1997による）。表は目標言語で書いても学生の母語で書いてもよい。リーディング指導法としての精読の評価を下げることなく、多読の到達目標と特徴が紹介され、学生がよく知っている指導法と比較できる。

　最後に精読の縦列を消して、これから勉強するのは多読であることを解説する。Welch は次のように述べている。

　　この簡潔な説明により、学生はこの授業が他のリーディングの授業とは異なる形式で行われることを理解し、多読は自分たちが慣れているやり方とは違っているが、最終的には第二言語がよどみなく読めるようになるために役立つことを、はっきりと理解するはずである (1997, p. 53)。

第11章 オリエンテーション

リーディングのタイプ	多　読	精　読
授業の目標	中断しないで読む	厳密に読む
読む目的	情報を読み取る 楽しむ	翻訳する 設問に答える
焦点	意味、内容	単語と発音
読む教材	平易 学生が選ぶ	難解なものが多い 教師が選択する
読む量	多い	多くない
読む速さ	速い	遅い
読み方	好きになれなければ途中でやめる 辞書を使用しない	最後まで読み終える 辞書を使用する

図1　精読と多読の比較

リーディングの課題

　課題を出す場合には、その内容を学生に明確に告げる。何冊、あるいは何ページ読み、どのようなレポートを書かなければならないのか、そして課題をやり遂げることが成績評価にどのように反映されるか、などである。それまでに第二言語では経験したことがないほどの量のリーディングを、学生に要求していることを忘れてはならない。目標言語を読んだ経験としては、翻訳をするか、あるいは短文を読んだ後、理解度を試す設問に答え、演習問題を解くという程度でしかない学生にとって、1週間に1冊は不可能に思えるかもしれない。

　納得できない学生には、教師が設定した課題は必ず達成可能なものであることを確信させてやる。それを明確にするためには、1日あるいは1週間に、課題のために費やすべき時間を明確に伝え、読むことと書くことに、それ以上の時間をかける必要がないことを付け加える。それは言うまでもなく、学生が常日ごろやっていた宿題と同程度である。

　これから授業中に行うことになる作業についても説明し、やり慣れない

作業も、すべてこのプログラムの目標と関係があることを確実に理解させる。一例をあげれば、教室で行う持続的黙読は、読むという作業によって読めるようになるという、専門家に広く受け入れられた考えに基づいている。それゆえ教室で個々に黙読をするのは、リーディングの授業で行う最も適切な作業の一つなのである。

リーディング用教材

リーディング用の教材として入手できる新聞、雑誌、書物を紹介し、難易度による分類体系と、それぞれのレベルを見分ける方法を説明する。保管場所と貸し出し時刻、貸し出し期間、返却が遅れた場合の罰則を明確にする。

オリエンテーションは以下の有益なヒントを与えて終了する。

- 易しい教材を読む方が、難しい教材よりよい
- 読む量は多い方が、少ないよりよい
- 楽しく読める教材の方が、読まなければならないと思う教材よりよい
- 好きでない本は、途中で読むのをやめる方が、いやいやながら読み続けるよりよい

結 論

学生に対する多読プログラムのオリエンテーションは以下の項目について行うことが適切である。

- 原理と理論
  - 読むという作業によって読むことは習得される
  - 研究成果
- 目標
  - 視覚語彙を豊かにする
  - 一般語彙知識を増す
  - 読むことが楽しくなる
- 手順

―自分で選択した平易な教材を大量に読む
　　―辞書を使用せずに、中断しないで読む
　　―授業中の作業（例：持続的黙読、口頭発表によるブックレポート）
- 課題
　　―決められた量のリーディング
　　―読書記録とレポートを書くこと
- 教材
　　―難易度を決めるシステム
　　―利用できるもの、貸し出しの手続き

　第二言語のリーディングに対する過去の経験から、学生の多くは多読に楽しさや気楽さや成果を期待しないだろう。要求されている課題は可能であるばかりか、確実でしかも楽しめるものでさえあるという教師の言葉を、学生は、初めのうちはそのままうのみにして信じるほかはない。しかし、適切な最初のオリエンテーションと、引き続き行う指導により経験を通して納得するはずである（なるべく早い時期であることが望まれる）。Rebecca Constantino の学生が語ったのと同様な言葉を教師が耳にするとき、学生が理解したことを実感できるだろう。「先生のおっしゃる通りでした。どのように読むのかが分かりました。いつも読んでいるのと同じように英語を読まなければいけないのですね。わたしは大丈夫、出来ると思います」（1995, p. 69）。

第12章

読者のコミュニティを構築する

教師は毎回の授業の中で前向きな雰囲気を作り出さなくてはならない。それは生き方の問題であり、前向きな気持ちはリーディングの向上の助けとなる。

— Edward Dwyer and Evelyn Dwyer (1994, p. 72)

■本章の目的
- 多読のための教室内活動に関する提案をすること。
- リーディング・クラスをリーディング・コミュニティへと変えるために、さしあたり教師にできることは何かを説明すること。

　この章では多読の授業がリーディング・コミュニティに発展していく過程に焦点を当てる。リーディング・コミュニティとは、リーディングを重要だと考え、リーディングに真剣に取り組んでいる人々の集まりである。この章ではまず、継続して指導を行い、カウンセリングすることがいかに必要なことかについて述べる。次にリーディングを支援する環境作りに役立つ教室内活動を幾つか紹介する。そして最後に手本としての教師の重要性について述べてこの章を終えることとする。

クラスでの継続した指導

　一見リラックスした雰囲気の多読プログラムだが、学習者にただ単に好き勝手にさせておくのではない。学生は第二言語で読み進めるための何らかの励ましを必要としており、それなくしては徐々に興味をなくしてしまうだろう。教師の側は学生が何をどれぐらい読んでいるか絶えず注意を払

第 12 章 読者のコミュニティを構築する

う。教師が見るからに注意を払わなくなればプログラムは間違いなく終わりに向かい、良書は図書館の本棚で読まれずに埋もれてしまうことになる。

それゆえ、指導は学生が多読を始める際の最初のオリエンテーションの時だけで終わるべきではない。古い癖は直しがたく、古い偏見は破りがたい。次に述べる Pieter Nelson の経験は多読クラスを指導しているときのものではないが、第二言語でリーディングを指導する教師が直面する困難を暗示するものである。できる限り手を尽くしたにもかかわらず、Nelson は負けを認めざるをえなかった。

> 私はテキストにもっと気軽に接するように学生を励ましてきた。しかし、たいした成果を上げることはできなかった。というのは、学生がテキストの一字一句すべてを理解する前に次に進むようなことがあれば、学生は非常に不満に思うからだ。教師がするべき仕事を怠ったせいで、自分たちがだまされたように感じるのだ。もし授業中にテキストが網羅的に分析されなければ、特に熱心な学生はテキストを自宅に持ち帰り、従来の辞書訳読アプローチでテキストに取り組むことになる。これまでの学校生活でしっかりと定着してしまったこのような学生の習慣を打ち破るには 1 学期は短かすぎるのである。(1984, p. 195)

多読の形式はこうした学生の習慣を行動の面から崩す助けとなりえる。なぜなら多読は全体の意味をとらえることを目標として、易しいテキストを数多く読むが、その量の多さゆえに学生は翻訳をしていられないからである。しかし先ほど引用した例が示すように、熱心な学生に対して、多読こそが、すらすらと読めて、有能な読者になるための着実な方法であることを再度確認することが必要であろう。教師は特にプログラムの初期において、学生のリーディングの習慣や態度の変化に注意を払い、必要に応じて指導を行わなければならない。Wayne Otto は以下のように述べている。「重要なことは教師が明確に、体系立てて、かつ根気強く、注意を払う必要があること（主として十分な時間を割き、学生に合った読み物を選ぶために指導を行うこと）である。そうすることで、初心者の読者がすらすら読めて、自発性が得られるように教師は支援することができる。」(1991, p. 97)

平たく言えば、多読プログラムに関して教師が学生にどれだけ詳細に説

明したとしても、後から強調したり説明をつけ加えたりすることが必要になってくる。教師は学生が読んでいるようすを観察したり、学生のレポートを見たり聞いたりしたことを基に、数週間たった後、何度かにわたって指導を行う必要がある。そういった指導を時にはクラス全体に対して行ってもよい。教師は何を述べたかを記録し、次の年度の学生のために必要に応じて最初のオリエンテーションを修正していくべきである。

個別カウンセリング

学生が多読に対してどのような反応を示すかは個人差が大きいため、学生一人一人に目を配ることが重要である。カウンセリングの方法としては、面談の形式にこだわらず、もし学生にブックレポートか読書指導日記を課してあれば、教師がそれにメモや口頭でコメントを返すという方法もある。面談形式をとるなら、教師が短時間でも学生一人一人に順番に会う時間を設けるのもよい。

教師にとってカウンセリングは、学生がどのような読書経験を持っているかを尋ね、学生が抱えていると思われる問題に対処するよい機会である。また学生にある特定の本を推薦する場になるかもしれない。Tricia Hedgeはカウンセラーとしての教師の役割について、「助言、援助、矯正を行い、学生の興味を広げること、そして学生が今までに読んできた本について話すことで、自らの読書経験を分析するように促すことである」と述べている (1985, p. 95)。

定期的に面談をして、カウンセリングを行うと決めたのであれば、質問形式のリストが役に立つであろう。教師が学生に聞く質問には以下のようなものがある。

- 読むことは楽しいですか。
- どんな本が好きですか。
- 最近読んだ本で面白かったものは何ですか。
- 読むとき、困ったことや心配事はありませんか。
- 図書館にあるような本を読み終えるのにおよそどのぐらいかかりますか。

第 12 章 読者のコミュニティを構築する

もし回答が書き留めてあれば、多読プログラムの最初、途中、そして最後で学生がどう答えているか比べてみるのも興味深いことであろう。そうした記録は多読プログラムを評価するときにも役に立つ。

教室内活動

さまざまな教室内活動は多読をさらに進め、読むことは価値があり、刺激的で、楽しく、やりがいのある活動であると学生に気づかせる助けとなる。以下の活動はすべて、どのような言語レベルや読解能力であっても用いることができる。

持続的黙読　(Sustained silent reading (SSR))

学生と教師は自分たちが選んだ本、またはほかの形の読み物を黙読する。教室にいる全員がそれぞれ別のものを読む。貴重な授業時間を学生に与えて何かを読ませることは、教師が学生に読むことの価値を示し、リーディング・コミュニティを築く 1 つの方法である。Patricia Cunningham と James Cunningham によると：

> 持続的黙読は優れた考えである。それは本当の意味の読む作業を教室内で実際に行うことを可能にしたからである。持続的黙読の根底には、次のような考え方がある。何を読むかは読者が決める、読む時間、レポート等の「外的な」動機づけを行わない、そして大人が立ち会い、その大人自身も本を読むことによって読む大切さを示すことが必要である、という考え方である。(1991, p. 46)

Richard Robinson と Joycelin Hulett は持続的黙読を「優れた動機づけとなる、なぜなら学科としてのリーディングではなく、個人にとって意味があるリーディングを推奨しているからである」と述べている (1991, p. 106)。

持続的黙読をするための時間は、DEAR (Drop Everything And Read) または USSR (Uninterrupted Sustained Silent Reading) とも呼ばれることがある。その時間は授業の 15-20 分間から授業時間すべてとさまざまである。

学生が黙読している間、教師はいろいろなことをして時間を過ごすことができる。もし教師が黙読の時間の半分ないしは全部を学生と同じ

ように読むことに費やすことができれば、得るものは大きい。Beatrice Dupuy、Tom Cook、Lucy Tse が 1995 年の TESOL ワークショップで行った "Turning ESL Students into Fluent Readers" の発表の中で「楽しむために読むことに慣れていない学生にとって、ほかの人、特に教師のような権威のある人が読書を楽しんでいるのを見ることは大切である」と述べている (1995, p. 3)。非母語話者の教師は学生が読んでいるものと同様の本を読むことができる。また母語話者の教師の場合は、同様にするのもよいし、自分がすでに知っている外国語、または現在習っている外国語で書かれた本を読むのもよい。

またクラスで黙読することで、教師は個々の学生が読んでいるようすを観察することができる。誰が集中しているのか、誰が眠そうか、誰が落ち着きがなくて何度も本を交換しているのか、読むのが速いのは誰か、遅いのは誰か。時間をかけて集めたこうした情報は、カウンセリングや指導には不可欠である。教師はこれらの情報を基に、学生が抱えている問題を乗り越えられるように指導し、読むことから最大限のものを得られるように導くのである。

学生が黙読している間、各学生の質問に答えられるようにしておきたいという教師もいるであろう。学生に単語の意味を聞かれたら、教師は答えることもできるし、学生に単語の意味を類推させたり、気にせずに読むように言うこともできる。教師は学生の質問からその学生がどのように読むのか、学生と読み物がどれぐらい合っているのかを知ることができる。

教師によっては黙読の時間を個人的なカウンセリングに当てている場合もある。黙読の時間が比較的長く、教師と学生が静かに会話ができ、本を読んでいるほかの学生の妨げにならなければ、それも可能であろう。

黙読している間、教師が絶対にすべきでないことは事務仕事である。ただし、学生のブックレポートや読書ノートを添削することは例外的に認められるかもしれない。

Dupuy、Cook、Tse によれば：

> 教師は自分がこの時間を真剣にとらえているということを学生に知らしめるべきである。もし私たち教師がその時間をレポートの採点や、授業の準備に使えば、学生は感覚的に持続的黙読は煩雑な作業だと思い、おそら

くそれに価値を見いださないであろう。(1995, p. 3)
逆に、学生がしてはならないことは、黙読の時間に、ほかの教科の宿題を兼ねて第二言語で読むことである。教師はその旨をはっきりと告げ、同時に学生が読みたいと思うもっとふさわしい第二言語の読み物をクラスに持ってくるように促してもよい。

拾い読みと本選び

もし教室内に本棚があれば、教師は時間を設けて、学生に拾い読みさせて、借りる本を選ばせることもできる。またこれは教師にとって、学生の中に入って行き、学生一人一人のやり方を観察するよい機会である。学生は何を基準に本を選んでいるのか。お互いに本を推薦したり、本を選ぶ手助けをしたりする健全な協力体制があるか。誰が困っているのか。学生の中にはどのように本を選べばよいのか分からず、教師やほかの学生の協力を必要としている者もいるかもしれない。

教師による読み聞かせ

Nancy Lee と Judith Neal は、「教師が毎日読み聞かせを行っても、生徒の興味が尽きてしまうことはない」と主張する (1992-1993, p. 281)。Lee と Neal が言及しているのはミドルスクール（中等学校）の生徒であるが、大人を含め、どの年齢の学習者にとっても、物語を聞くことは楽しいものである。初心者、特に異なる文字を持つ言語を学んでいる者にとっては、テクストを読んでもらって、同時にそのテクストを目で追うことを定期的に行うことで、音と記号の関係を築き、見慣れない印刷物に囲まれた中で不安を感じることがなくなる。

ほかにも幅広い効果がある。Tiey Huay Yong と Saraswarthy Idamban が 1997 年に行った報告によると、シンガポールの小学生に読み聞かせを行ったところ、聴解力を含む言語全般にわたり上達が見られたという。Catherine Pegolo はフランス語を学んでいるアメリカの大学生に読み聞かせを行い、読み聞かせが目標言語のリズムの「感覚」をつかむ助けとなっていることを示唆する証拠を見つけている (1985, p. 323)。Pegolo によると、

学生は読み聞かせにより文の区切りごと、あるいは意味の区切りごとに読む方法を身に付けられるという。この方法は一語一語読む典型的な読み方とは対照的である。

　Robin Smith はブルネイの中等学校に関する優れた論文 (1997) の中で、読み聞かせは多読を進める端緒となるストラテジーであると報告している。読み聞かせが読むことを教える方法として用いられたのは、ブルネイの学生が読むことをしない文化から来ているからでもある。さらには、読み聞かせは学生たちの文化である口承の伝統にもよく合っている。

　どのようなリーディング・プログラムにおいても、学生は読み聞かせをとおしてさまざまなジャンルや著者と出会い、価値ある本に触れることができる。それらの本に初めは関心を持っていなくても、聞いているうちに興味を引かれることもあるだろう。さらに、もっと難しい散文や詩を鑑賞する機会も得られる。

　読み聞かせの手順は単純明解である。教師は声に出して読み、学生はOHPや手元のテクストのコピーを静かに目で追う。コピーの場合はクラスの人数分が必要になるが、少なくとも2人に対して1部はほしい。読み聞かせの時間は学生の年齢、言語レベル、読み物への興味などに左右される。教師は学生がどの程度集中していられるのか、すぐに敏感に察するようになる。うまくいかない場合は読み聞かせをやめる勇気が必要である。

　読み聞かせを行うときに大切なことは、読み聞かせに用いる読み物と学生の多くがふだん読んでいる文章の言語レベルをそろえることである。また、学生がその読み物に興味を持てるのか、さらには教師自身が興味を持てるのかという点も大切である。読み物に関しては短いものでは1編の詩、長いものでは短編小説や本から抜粋した短い1章ぐらいのものでもよい。もし教師がコピーして配り、クラスで読んだものが1冊の本の一部分にすぎなくても、学生は刺激を受け、後に先を争ってその本を借りに来るであろう。

　もし1冊の本を連載の形で読むのであれば、どきどきはらはらする事件が次々に起こるフィクション（例えばスリラーや恋愛小説）が適した教

材になる。これらの本は大抵章ごとに山場があり、学生は次のクラスで続きを読むのを楽しみにする。(学生の興味を持続させるために、読んだ後に、本をすべて回収すること！)

　物語の続きを新たに読み聞かせる前に、3、4行のごく短い「いままでのお話」の要約を用意しておくのも1つの案である。そうすることで物語を理解するうえで重要な語彙を復習する。その語彙を黒板に書き出してもいいだろう。要約することで、前の授業を欠席した学生も授業に後れないで済む。最後に、教師が要約することによって、学生が物語の要約を書いたり、口頭で説明したりしなければならない場合の手本を示すことができる。物語の一部分を読んだ後で、1つ2つ質問に答えさせ、学生が内容を理解しているか確かめてもよい。

　教えている第二言語を母語としない教師は、学生に読み聞かせることに消極的かもしれない。そうした場合、教師は市販されている録音テープ等を使うこともできる。もしくはその言語を母語とする同僚に適当な読み物を録音するよう頼み、録音されたものをクラスで聞かせることもできる。母語話者であっても時にはカセットに録音された専門家の朗読を使いたい場合もあるだろう。テープを聞くときも学生はいつもと同様、目で追いながら読んでいく。

　外国語が完璧には操れなくても、素晴らしい読み聞かせができなくても、教師はおじけづいてはいけない。クラスで読み聞かせることに慣れた教師は、読むことが好きだという気持ちを学生と共有することで、学生の手本となっている。非母語話者の教師の場合はなおさらかもしれない。読み物が本であれ、記事であれ、詩や1段落であれ、読んでいるときに焦点となるのは読み物自体と教師がいかにその読み物を楽しく味わっているかであって、読み手のあら探しではない。本を読むこと、そしてそれを分かち合うことが大切であるということが学生に伝わればいいのである。

繰り返し行う時間内リーディング

　この練習は視覚語彙を伸ばすことを目標としているため、学生は各自が読んでいる本を用いる。もし学生が本を読み終えたところであれば、レベルに合ったどのような本や読み物でも用いることができる。

学生は自分が読み始めようと思う箇所に鉛筆で軽く印をつける。教師の合図で、学生は無理のないペースで黙読を始め、2、3分後に教師の合図でやめる。今度は読み終えたところに印をつける。次に最初につけた印に戻り、教師の開始の合図で、同じ箇所を再び読み始め、同じ時間、教師の合図があるまで読む。学生は大抵最初に読み終えた箇所よりも、先まで読み進めることができる。その場合、読み終えた箇所に印をつける。3度目も同じ手順に従う。3度目の時間の終わりには学生はさらに先まで読めていることだろう。

　効果的に自発性と自信をつけるためには、この練習は定期的に行われるべきである。学生に言っておくべきことは、スキミングをせずに、3度とも意味を理解しながら読むということである。視覚語彙を伸ばすことを目標とするほとんどの活動とは対照的に、この練習は競争でなく個人の力を伸ばすものである。学生は自分のペースで読み、ほかのクラスメートと競争するのではなく、よりすらすらと読めるようになるために自分自身に挑戦するのである。

　時間内リーディングを繰り返し行うことは持続的黙読を始める理想的な方法といえるだろう。3度目の合図の後も学生がただ読み続ければ持続的黙読となる。

同じ教材の再読

　時間内リーディングを繰り返す活動とよく似たものに時間を計らないで繰り返し読む活動がある。もっと日常的な言葉で言い換えれば、本やほかの読み物を何度も読むことである。もちろん、すべての本が2度、3度と読み返す価値があるわけではないが、もしその価値があるならば、繰り返し読むことは、学生にとって非常に重要である。再読は学生の視覚語彙を伸ばし、結果的にすらすらと読めるようになるからである (Samuels, 1979)。だからこそ、教師は繰り返し読むことを推奨すべきで、もし何かを読む宿題を課したときは、そのことを評価の対象とすべきである。

　2度目、3度目ともなると、もっと容易に読めるようになる。子供は同じ本を繰り返し読みたがるものである。それは児童文学がその簡潔さ、機智、美しさゆえにそうさせるからともいえるが、大人も本を繰り返し読む。

そうした現象は *The Little Prince* (『星の王子様』) や *The Prophet* (『預言者』) などが永遠の人気を誇っていることからも説明されよう。

　何度も読むことは学生のためになり、満足感も得られるため、教師は常に注意して読み返しに適した本を探す必要がある。外国語学習者のための文献一覧には読み返しを促す本を紹介する特別な欄を設けるべきである。

クラス用リーダー

　クラス用リーダーとはクラスの全員が同時に読む本のことである。クラス用リーダーは第二言語教育においてはさまざまな目的で使われているようだが、学生が図書館の本を読むのを支援するために用いることもできる。しかしクラス用リーダーを使う際、いろいろな問題が生じてくる。学生につき同じ本が1冊必要となるが、多読目的では同じ本を必要以上に長く用いるべきではない。新しい本が何冊も頻繁に（おそらく毎月）必要になるため、クラス用リーダーをそろえるには経済的にコストがかかり、多くのプログラムや学校では負担しきれない場合もある。また、クラス用リーダーが適しているのは学生の言語能力と読解力のレベルがほぼ同じクラスに限られている。

　もし学校がクラス用リーダーをセットでそろえるか、同じ数のいろいろな種類の本を購入するか、この2つの選択を迫られた場合、迷う必要はない。図書館にいろいろな種類の本をそろえているほうがはるかに情報源として用途が広く、価値がある。クラス用リーダーは役に立つが付加的なもので、それを持たないからといって多読プログラムに不備があると感じる必要はない。

　学生が図書館の本を読むのを支援するとき、授業時間中はクラス用リーダーを用いて、読みと関連した活動を行い、実際に読む作業は宿題として行う。クラス用リーダーを用いて授業を行うことで、教師は学生に刺激を与えて読む気にさせ、文化を教え、話すことや書くことなどのほかのスキルと読むことを組み合わせることができる。したがって、読むことに慣れていない学生を対象としたプログラムや、読むことが教科のほかの技能と統合されるのが望ましい場合、クラス用リーダーはより重大な役割を担うことになる。

クラス用リーダーは、学生が図書館で借りて各自で読む本とレベルや内容が似かよったものにすべきである。クラス用リーダーに適した本もあればそうでない本もある。クラス用リーダーは学生がディスカッションをしたり、レポートを書いたりできるように、内容があり、問題を提起するような本であるべきである。

　David Hill は *The EPER Guide to Organising Programmes of Extensive Reading* で、どのようにクラス用リーダーの教案を作成するか概要を述べている (1992, pp. 144-150)。100ページ以内の *LLL* の本のタイトルに関して、彼は1冊の本を3部分に分け、4回の授業にわたって用いるよう助言している。最初の授業では、教師はその本の背景について簡単に紹介し、そこから短い1節を学生に読んで聞かせる。次に学生は本の最初の3分の1を読み始め、残りは宿題で読み終える。2回目と3回目の授業では教師は学生が読んだ箇所を理解しているか確認し、必要であれば幾つかの点を解説する。次に教師は学生に次の箇所を読む準備をさせ、学生はその箇所をクラスで読み始める。最後の授業では、本全体についてディスカッションを行い、教師は学生が本に関するレポートが書けるようにする。

　クラス用リーダーを用いた授業で行う典型的な活動としては、次に何が起こるか学生に予測させる、物語の文化的背景や登場人物の動機についてディスカッションを行う、などが考えられる。教師は、章のタイトルから内容を推測する、不必要な詳細は無視する、話の主旨をとらえる、といった読むために役立つ技術を紹介することもできる。また、場の雰囲気を出している導入部分の描写や2人の登場人物の対照的な行動など、作品のさまざまな手法についてディスカッションを行い、学生がより深く作品を味わえるようにするのもよい。Hill の言葉を借りれば、「クラス用リーダーを読むたびに、学生はもっと図書館の本を読もうという気になり、当然ながら読む技術も高まる」(1992, p. 145)。

　エディンバラ大学多読プロジェクトは英語教師のために、*LLL* から難易度別に適当な本を何冊か選び、教案を作成している。(EPER への連絡方法に関する情報は巻末参照。)

第 12 章 読者のコミュニティを構築する

リーディング・ラボラトリー

幾つかの言語では、第一言語で読むことを学んでいる学生のために、リーディング・ラボラトリーと呼ばれる箱に入った読み物カードがある。英語版でおそらく最も知られているのは Science Research Associates (SRA) のリーディング・ラボ (Reading Labs) であろう。リーディング・ラボラトリーやこれに似た読み物は第二言語教育でも出回っており、使用されている。第二言語の多読クラスにこうした読み物を加えても役に立つであろう。

リーディング・ラボラトリーは通常、カードに書かれた短い文章と内容を理解しているか確かめる質問から成っている。カードは易しいものから順にグループにまとめられている。学生は難易度の同じグループのカードから興味のあるものだけを自由に選び、読むことができる。内容理解の質問は自分で答え合わせができ、1つのレベルである程度の理解力が示されれば、次のレベルに進んでもよい。通常 1 枚のカードには単語の力をつけるための練習や読む技術のための練習が幾つか含まれている。教師は役に立ちそうな練習だけをするように助言することもできるし、また何もさせないことも可能である。

もし授業時間中に、学生がそれぞれリーディング・ラボのカードを使って自習する時間を設けていれば、教師は学生が読んでいるのを観察し、頑張る（つまずきがちな）学生に手を貸すこともできる。ラボ・カードは第一言語の読者のために書かれているため、易しい文章でも第二言語の読者にとっては難しいと感じる単語がふんだんに使われている。多くの場合、それらの単語は読み飛ばすことができる。また文脈から類推できるものもある。知らない単語が多すぎて、学生が不安になるときは意味をとらえる技術の指導が必要である。そうすることで、学生はすらすらと読めるようになるのである。大切なのは読む速度を保つことで、学生が一語一語解読していく読み方に戻って、その習慣に陥ることのないよう練習を積まなければならない。

フリータイム

これはその名前からも分かるように、学生と教師がしたいことを自由に

することができる時間である。もちろん、多読に関係した活動でなければならない。こうした定まった形式のないタイプの活動は学習者の自律性を育成する強力な手段である。学生は読むことを学んでいくうえで必要なことは何かを自分自身で考え、行動する権限と責任を与えられるからである。

多読クラスとリーディング・コミュニティは最終的にフリータイムへと行き着く。どこまで自由なフリータイムにするか（そもそもフリータイムを持つことが可能であるか）は、多読の目指すものとそこに至る過程を学生がどれだけ取り入れて、自分のものにしたかによる。いやいや授業に出ている学生にはフリータイムは向かないだろう。ある程度の指導が必要な学生には教師が活動を絞って、黙読をする、拾い読みと本を選ぶ作業をする、記録をつける、レポートを書く、といったことをさせてもいいだろう。

学生にとってフリータイムとは、リーディング・コミュニティの中でほかの人たちと同じように、読書をしたり、読書と関連した活動をしたりする機会である。学生のレベルに差があるクラスでは、できる学生が自分たちよりも能力の低い学生の手伝いをして教師の代わりをすることもあるだろう。教師にとってフリータイムとは、学生の読む力を伸ばすために、何をしてもいいという自由を与えてくれる。例えば、学生の手本になる、学生の手助けをする、観察する、カウンセリングをする、宿題をチェックする、読書指導日記を読む、など自由にすることができる。教師が学生を信頼して、自由を与え、彼ら自身が必要に感じることをさせているように、学生も教師を信頼して、教師が何をしていてもそれは学生にとって最善のことをしているのだと思う。

フリータイムは定義上、定まった形式はないが、次に述べる Carlos Yorio がアメリカの大学で行った集中英語プログラムのクラスのようすから、フリータイムが作り出せる雰囲気を味わうことができるだろう。

　　学生はとても楽しんでいるようであった。授業をしているようには見えなかった。実際ドアには「資料室・活動ルーム」と書いてあった。2、3人の学生は今日の新聞を読んでいたし、*Sports Illustrated*、*Vogue*、*Newsweek*、*People* などの雑誌を読んでいる者もいた。教師も新聞を読んでいて、手紙を書いたり、スクラブル（単語づくり）ゲーム (Scrabble) をしている学生もいる。20分くらいすると、教師は歩いて、学生に「何を読んで

いますか」と尋ねる。トピックについて感想を述べたり、時には学生の知らない単語について質問に答えたりもする。(1985, p. 153)

手本としての教師

学生の手本としてリーディングの教師が重要であることは疑う余地がない。Barbara Taylor はリーディングの教師は「楽しむために、学ぶために、私生活でも本を読む人」でなくてはならないと言っている (1991, p. 123)。J. A. Bright と G. P. McGregor は *Teaching English as a Second Language* の中で、「教師自身が本を楽しむこと、それを学生と分かち合うことを楽しみ、日々関心を持っていることが極めて重要である。日ごろ本を読まない教師がほかの人を読む気にさせることなどできないだろう」と述べている (1970, p. 69)。

手本になるということは教師が学生とともに多読プログラムに参加するということでもある。Bright と McGregor ははっきりとこう書いている。

> 多読プログラムを進めていくうえで基本的な原則は、自分自身がするつもりがないことをほかの人に奨めるべきではないということである。もし学生に図書館の本を読むことを期待するのであれば、私たち自身もそうする責務がある。(p. 70)

教師は、母語話者であろうとなかろうと、クラス文庫の本を読むことができる。もちろん面白そうな本を読めばいいのであって、学生以上に負担に感じるようではいけない。教師は一番いいと思った本を学生に紹介し、心から推薦することができる。学生と楽しみを共有することで、また学生の質問(「熊は死んでしまったんですか?」「イギリスでは若い女の子が1人で旅行することはよくあることなのですか?」)にできる限り答えることで、教師は強い影響力を持つ手本となる。

読むことがどんなに重要で、有益で、また楽しいものかを学生に説いているにもかかわらず、読書をしているところを見せない教師は評判を落とすことになりかねない。

Christine Nuttall はそのことに関してこう述べている。

> 学生は尊敬する人の行いを手本にする。特に教師がすることを見習おう

とする。もし教師が集中して読み、読書を楽しみ、本や新聞等を活用するのを学生が目にしていれば、教師が同じことをするように言ったとき、学生はおそらく教師の言う言葉に耳を傾けるだろう。(1996, p. 229)

　教師が手本であるということを認識することで、教師の授業に対する見方や教師としての役割が変わる場合もある。読者としての教師を自然な形で学生に見せる機会はないだろうか。もしなければ、どうしたらそういう機会を作ることができるだろうか。
　もちろんそれは単純なことではないだろう。熱心な読書家で、自分の役割を意識したある教師は、教室に早く来て、学生が教室に入ってくる前や最中に新聞を読んだ。続けて時には声に出して読んだり、学生とニュースの項目について話し合ったりした。そしてある日、職員室の机で小説を読みながら昼食を取っているときに、学生が偶然やってきて、「先生が本を読んでいるところを見たことがなかった」「びっくりした」と感想を述べたと言う。

教師による本の紹介
　教師はクラスで１分間のブックレポートを行うことができる。話すときは実際に本を手に持ち、学生に表紙が見えるようにするといいだろう。学生の興味をそそるために、本のカバーについている宣伝文句を読んだり、その本の１段落か２段落を読んでもいい。
　教師が本について話す場合、少なくとも４つのことを行っている。教師が繰り返し話すことで学生にどのように口頭でのブックレポートを行ったらいいか手本を示すことができる。第２に、図書館にある、毎回別の（おそらく新しい）本を学生に紹介することができる。さらに教師は、読者としての自分を学生に見せることができる。読むことがどれだけ楽しいかを学生に示すには、特定の本を読んで、何が面白かったかを伝えるのが一番である。最後に、もし教師が本を手にしながら話せば、大まかに内容をつかむためにどのように拾い読みするのか学生に示すことができる。

第12章 読者のコミュニティを構築する

頑張る（つまずきがちな）読み手への支援

　クラスの中には第二言語ですらすら読める学生もいるし、ほかの学生に後れをとっている者もいるだろう。それにはいろいろな理由が考えられる。第一言語でも読むことができない、第二言語の能力が低い、学生の第一言語では読む習慣がない、第一言語と第二言語で文字が異なる（学生の国籍等が異なるクラスで）。後れている学生も多読クラスでは、ほかのクラスメートが読んでいるものより易しいもの、より自分に合ったものを読むことができる。それは多読が学生一人一人の個性を大切にしているからである。

　しかしこれらの学生はより多くの助けを必要とするだろう。つまずきがちな学生と、すらすら読める学生をペアにすることもできる。よくできる学生が音読する時間を設け、つまずきがちな学生は同じ本を目で追いながら読む。また LLL のテープを聞きながら黙読すると、学生はもっとすらすら読めるようになり、さらに読みたいと思うようになる。先に述べたペアの代わりにテープを用いた方法を行うこともできるし、両方してもよい。音声テープは大抵、出版社から販売されている。

　つまずきがちな学生に対して、教師が同様の支援をすることもできる。授業外で、または授業中のフリータイムの時間に、教師は学生が読んでいる本の段落の幾つかを読む。次に、学生が教師の読みに加わり、慣れてきたところで、教師と一緒に声に出して読む。学生がその読み物の感じをつかんできたと教師が判断したとき、学生は教師が声に出して読み始めた箇所に戻り、そこから文章を黙読し直し、さらに続けて読んでいく。

結　論

　多読クラスの効果が上がり成功するのは偶然によるものではない。指導やカウンセリングを行い、できる限り学生を読む気にさせる活動を考えだすには入念な計画と準備が必要である。多読クラスはそのプログラムの中心となる技能、すなわち読むことを支援し、高める機会であり、また読者

のコミュニティを構築する機会である。

　以上により、リーディング・コミュニティの実際の活動を検証する準備が整った。それが次章のテーマである。

Further reading

　多読のみを論じた書物は数少ないが、その中でも George Jacobs、Colin Davis、Willy Renandya 編による *Successful Strategies for Extensive Reading* (1997) はさまざまな多読プログラムの実用的な活動例の宝庫であり、その説明も素晴らしい。これは第二言語でリーディングを教える教師なら必ず備えておきたい1冊である。そのほかには、Tricia Hedge の *Using Readers in Language Teaching* (1985) も多読プログラムを運営していくうえで必要なアイデアが満載されている。

　持続的黙読は第一言語のリーディング指導においては少なくとも Lyman Hunt までさかのぼることができる。これに関する彼の先駆的な論文、"The Effect of Self-selection, Interest, and Motivation upon Independent, Instructional, and Frustration Levels" (1970) は基本的な授業運営の手引きとして示唆に富んでいる。これは *The Reading Teacher* (1996-1997) に再録されている。

　New Ways in Teaching Reading (Richard Day ed., 1993) には多読クラスのための13の活動が紹介され、そこには口頭や作文によるブックレポートのためのアイデアも含まれている。また Marc Helgesen はその本のある節で斬新な7つのアイデアを提示し、どうすれば学生にとって面白く、かつ役に立つように音読することができるか紹介している。

　中級後半から上級の英語学習者に教えている人には Mary Ellen Barrett と Maryanne Kearny Datesman の *Reading on Your Own: An Extensive Reading Course* (1992) が参考になるだろう。これは本文と練習を備えた教科書だが、学生を多読へと導くことをねらいとしている。本質的には易しく書き直されていない読み物に取り組む準備をするためのクラス用リーダーである。

　Christine Nuttall は *Teaching Reading Skills in a Foreign Language* (1996)

第 12 章 読者のコミュニティを構築する

の第 14 章 "The Teacher as Reader" (pp. 229-231) の中で、教師が学生の手本となって読むことが重要だと強調している。さらには教師自身がよりよい読者になるにはどうすればよいか優れた提案も行っている。例えば、ある節には「もしあなたが目標言語であまり読まない場合」という見出しがついている。

1991 年に出版された *Teaching Literature* で、Ronald Carter と Michael Long は授業で朗読したいと思っているが、なかなか踏み切れないでいる教師に対して、簡潔だが、貴重なヒントを与えている (pp. 81-83)。

クラス用リーダーに関する情報は Jean Greenwood の 1988 年版教師用ハンドブック *Class Readers* に収録されている。ほとんどの活動は Alan Maley が序章に書いているように、「学習者を多種多様な言語学習活動へと飛び立たせる踏み台」(p. 3) としての活動である。より読者中心なのが、Hedge の *Using Readers in Language Teaching* の中の 1 章 (pp. 109-119) で、参考になる章である。その章には、英語教師のために Carol Christian の *Johnny Ring* を用いた指導案も書かれている。*Johnny Ring* は中級前半レベルの LLL として素晴らしい本である。

第 13 章

リーディング・コミュニティの実際

　我々が心掛けるべきことは、学習者が本を読んで得たものを、彼らの知識や経験と関連づけてとらえるように促すことである。
— Henry Widdowson (1979, p. 180)

■本章の目的
- リーディング後の活動にはどのようなものがあるかを示すこと。
- 多読授業がリーディング・コミュニティとしてどのように機能するか論じること。

　この章では、読者のコミュニティという考えに矛盾しないような方法で、多読クラスを構成するために、教師はどのようにすればいいのかを考える。特に焦点を当てるのが、読んだ後何をするかである。ポスト・リーディングの活動は数もその種類も豊富なため、教師はその中から選んで学生に課することができる。

　ポスト・リーディングの活動を行う際、基本となるのは、なぜ学生がそれを読んだのか考えることである。例えば、情報を得るための読みの目的、楽しみを得るための読みの目的は何か。それは読んだものに書かれていた情報から得られる洞察であり、読むこと自体の娯楽性であり、読んだものに触発される思考である。その場合、内容を理解しているかどうかを問う練習や、語彙の練習、読む技術のための練習を強要されたなら、学生は混乱し、読む目的を見失ってしまうだろう。さらに、読んだことを覚えなくてはならず、それがテストに出されるのだと学生が感じるようなことがあれば、すらすらと読むためのプロセスを根底から覆すことになりかねない。

　したがって、読む行為そのものに価値があるのだから、理想をいうなら、

第 13 章 リーディング・コミュニティの実際

学生にポスト・リーディングの活動を一切強要すべきではない。学生が本を読む、それだけでいい。もしくは、「どう思いましたか」、「ほかの人にもこの本を薦めますか」といった簡単な質問に学生はただ答えればよい。「読んだ後に何をすればいいのか」という質問に対する最も正しい答えは「さらに読む」ことである。

しかしながら、ポスト・リーディングの活動をさせてみる幾つかの理由がある。まず、学生が読んでいることを教師がモニターし、評価することが必要だからである。教師は学生が本当に読んだのかを判断しなければならない場合もあるだろう。また学生がそこから何を学び取ったのかを知りたいと思うかもしれない。ポスト・リーディングの活動をさせてみるもう1つの理由として、適切な活動を選べば、各自が独りで行う読みの作業をコミュニティのイベントに変えることができる点である。ポスト・リーディングの活動は、他者の個人的世界につながることで、学生がお互いに助け合い、動機づけしていくことを可能にする。また、教師も学生を指導し、カウンセリングを行うことができるようになる。

読むことは通常読み手に何らかの反応を引き起こすことを目指しているので、リーディング後に行う活動として最も自然なのは、学習者が読み物に対して持つ個人的反応を引き出すことである。Henry Widdowson は、教師は「学習者が本を読んで得たものを、彼らの知識や経験と結びつけてとらえるように促すべきで、……そうすることにより、学生は長年読書をしてきた我々が享受しているのと同様の解釈の自由を得ることができる」と述べている (1979, pp. 180-181)。要するに、学生に自分の意見や気持ち、また読みから得たものは何かを表現する機会を与えるのが最良のリーディング後の活動である。

読んだ反応を学生が表現する形式には次の4つが考えられる：

- 質問に答える
- 要約を書く
- リアクション・レポートを書く
- 口頭レポートを行う

これらすべてが、一律に自然で、一律にコミュニティ感覚を深められるわ

177

けではない。またこれらはお互い相入れないものではなく、多読プログラムでは組み合わせて用いることも多い。それぞれの形式を順に見ていこう。

質問に答える

本の内容に関して質問に答えるというのはリーディング後の活動の中でも標準的なもので、LLL のほとんどの本が巻末に内容理解の質問やその他の質問のページを設けている。内容理解の質問に正しく答えられるかどうかで、教師も学生もテキストの要点を理解しているかを確認することができる。また、そうした質問に答えることはテストを受けるための技術であり、学生は練習すべきであろう。

最も悪い内容理解の質問は、話の本題とは関係のないささいなことがらを探すために本をチェックしなくてはならないものである。(例えば、「フォレストはジェニーのグループでハーモニカを吹き始めたが、そのグループの名前は何か？」 Penguin Readers の Forrest Gump [Escott, 1996, p. 43] の巻末にある設問である。) しかし、内容理解の質問は、たとえ物語の重要なポイントに焦点を当てていても、学生が自立して、自分で動機づけが行える読者になる妨げとなりかねない。Henry Widdowson の言葉を借りれば:

> 内容理解の質問のために……学習者は大抵テキストをひっくり返し、手当たり次第に情報を探さなくてはいけない。何のためにそうしているのかということに関して何の考慮もなされていない。……したがって読むことそれ自体が目的となる。すなわち実際の知識や経験と関連がなく、それゆえ真の意味を持たない活動となってしまうのである。(1979, p. 180)

もし質問の形式を取るのであれば、内容を理解しているか確認する質問と、学生が物語にどう反応したか探る質問とを組み合わせるのが望ましい(例えば、「物語のどの部分が悲しいと思いましたか。なぜそう思ったか100語で説明しなさい。」これも Penguin の Forrest Gump より [p. 44])。

学生が自分たちで質問を考えてそれに答えたり、クラスメートに答えてもらったりするやり方もある。これは、お決まりの質問に変化を与え、より自分が出せ、そして学生のやる気を引き出すことのできる方法である。このような質問は学生がその本から何を読み取ったかを教えてもくれるだろう。

要約を書く

　最も一般的なリーディング後の活動の形式は、読んだ本について、または読んだ箇所について、第一言語か目標言語で学生に要約を書かせることである。しかし大切なのは、学生が本を読んだかどうか確認するために要約が必要なのではないという点である。そして要約には重大な欠点がある。内容理解の質問に答えることと同様に、要約を書くことは読んだ反応として決して自然な形ではない。Beatrice Dupuy、Lucy Tse、Tom Cook はその点について、「現実世界では、友だちに本を薦めることはあっても、本の要約をすることはまずない」(1996, p. 14) と述べ、注意を喚起している。そして、内容理解の質問と同様、要約することは、Widdowson の言う「(読むことは) 実際の知識や経験と関連がなく、それゆえ真の意味を持たない」(1979, p. 180) というメッセージを知らず知らずのうちに学生に送りかねない。

　要約を書くことは学生にとって取りたてて面白いことでもなく、教師にとってそれを読むことはなおさら面白いことではない。要約はリーディング・コミュニティを築くために何の貢献もしない。もし学生が要約以外何も書かないとしたら、教師と学生がコミュニケーションを持つ貴重な機会を失うことになるだろう。さらに、人数の多いプログラムでは、学生が自分で要約を書かずに、不正に回覧されているものを写すという問題がある。彼らを責めるのは自由だが、私たちに彼らを責めることができるだろうか。つまるところ、Dupuy、Tse と Cook が指摘するように、「現実世界で楽しみのために読む人は、ワークシートをしたり、読んだものの要約を書いたりしないのだということを学生は知っているのだ」(1996, p. 14)。

リアクション・レポートを書く

　あなたがある映画を見た、もしくはある本を読んだとしよう。そして後で、それについて仲間と話したと想像してほしい。もしそのうちの1人でもその本を読み終えていなかったり、映画の途中で眠ってしまったりし

ていたら、おそらく会話にならないだろう。同じ理由から、学生がリアクション・レポートを書いている本を読んだかどうかは、特に教師がその本を読んでいれば、ほぼ例外なく分かる。また、学生がどれだけ注意深く本を読んだかということも明らかである。したがって、学生が実際に本を読んだかどうか確かめるという基本的な目的のためにリアクション・レポートを用いることができる。しかし、リアクション・レポートを書かせることが役に立つ理由はそれだけではない。

　リアクション・レポートは学生にとって、読んだものについて熟考する機会であり、教師と真の意味でのコミュニケーションを図る機会である。教師にとっては、読んだ内容に学生がどのように反応するのかが分かり、興味深い。リアクション・レポートを通じて、教師は学生が読むのをただ傍観するのではなく、学生の読書経験に積極的に参加できるようになる。学生を1人の読み手ととらえて、関係を築く中で、教師はさまざまな考えについてディスカッションをしたり、質問に答えたり、学生が楽しみそうな本を推薦したりするだろう。

　初めてリアクション・レポートを書くように言われたとき、学生はどこから始めていいのか分からないかもしれない。教師はまず、短いレポートを書くときの基本を教えるべきである。（英語では、段落ごとに書くこと、レポートを序論、本論、結論に分けることがある。）さらに、何について書けばいいのかを示した長めのリスト（学生の母語がいいだろう）を提示するのも役に立つだろう。その際、1つのレポートにつき1つか2つの項目を選んで書くことを学生に説明しておく必要がある。学生がフィクションを読んだ場合には、例えば次のようなリストが考えられる。

- 共感する登場人物
- ストーリーや行動において興味を持った箇所
- ストーリーや行動において、よく分からない箇所
- 本に関連した自分の体験や考え
- 好きな箇所
- 好きではない箇所
- ストーリーを変えられるとしたら、どう変えるか

- 登場人物だったとしたら、どう行動するか
- ストーリーで扱われている、または提起されている、より大きい問題（例えば戦争、性差別について）
- 読んでいるときの経験（知っている言葉に出会ったこと、眠くなったこと、等）

学生が自分の体験や考えについて述べるときは常に、本のどこを読んで着想を得たのか具体的な箇所に言及させることが必要である。

　宿題として学生にリアクション・レポートを書かせてもよい。レポートは用紙の片面1枚に書くが、初級学習者の場合は1段落でもよい。1冊を読み終えるのに1週間以上かかる場合は、読んだページまでの感想を聞くこともできるし、本を読み終えるまで待つこともできる。教師は学生のレポートを読むとき、書式の間違い（段落の最初にインデントがない等）や、言葉の間違い（文法、単語）を訂正してもいいし、またはただ単にレポートの内容に返答してもよい。

　時として、教師がリアクション・レポートを読んでも、学生が実際に本を読んだのかはっきりしないことがあるだろう。その場合、学生があいまいな態度に見えたり、本に関係ないことを書いたりしていても、学生と個人的に話をすれば問題の原因はすぐに明らかになる。

　リーディング後の活動で学生に何を書かせたとしても、学生が本を読むのにかかった時間（"reading time"を省略してRTとしてもいい）と、書くのにかかった時間(同様にWTと省略する)の両方をぜひ明記させてほしい。教師は学生が読む宿題・書く宿題に時間をかけすぎていないことを知っておく必要がある。

　学生にレポートを返す前に、教師はコメントを書き入れることもできる。教師のコメントは「本を楽しめてよかったですね」という簡単なものから、その本に対して教師がどう感じたか述べるものまで、さまざまである。

　どの言語でレポートを書くべきなのか。Keith MorrowとMarita Schockerは以下のように主張している。

　　外国語で書かれたテクストを読んだときに起こる個人的な反応は……おそらく母語で「感じて」いる。その反応を外国語で表現しようと試みても、

結局はフラストレーション（反応を表現するのに十分な外国語の知識がないことに気づくため）を感じたり、平凡化（もし反応が表現可能なレベルまで落とされた場合）に陥るばかりである。(1987, p. 255)

これは、教師が学生の第一言語が分かり、その言語で反応を共有できるかどうかによるところが大きい。もう1つの要因となるのが第二言語プログラム全体から見てどう判断するかである。多読は学生が話したり書いたりする中身を提供できるが、第二言語で話したり書いたりできるように練習することも学生にとって望ましいとも考えられる。

図1は英語を外国語として学ぶ初級レベルの学生のリアクション・レポートの実例である。最初の例は Louis Alexander の *Foul Play* で Maisie という女性が近所に住む Angus の飼うおんどり Henry のせいで眠れない夜が続くという少し不気味でユーモアのある話である。もう一つは Caroline Laidlaw のスリラー *Countdown to Midnight*、Elizabeth Laird の *The House on the Hill*、Mike Esplen の *Marco*、Betsy Pennink のノンフィクション *This Is Washington* について書かれたものである。

これらのレポートは短いが、まず第1に学生が本を読んだこと、第2に理解して、その世界に浸って読んだことを示している。反応が人それぞれに異なっていることに注目してもらいたい。学生は読むことによって触発された考えや疑問、またその本から何を得たか書き留めている。

最後に、絵のことを忘れてはいけない。若い読者や芸術が好きな人にとっては、本から好きなイラストを写したり、物語に合わせて自分でイラストを描いたりすることを楽しむよい機会である。リアクション・レポートを書く代わりに絵を描いてもいいし、リアクション・レポートと絵の両方を提出してもよいことを学生にはっきり伝えてもよい。絵の何枚かを教室や図書館に張り出したり、時には（コピー機で縮小して、色を付け直してもらい）製版して本にしたりすることもできる。

ブックレポートはノートに書かせることもできるし（学生が次のレポートを書くのに間に合うように教師が読んで返却できる場合）、別の紙や、185ページの図2にあるようなブックレポート用の特別なプリントを用いてもよい。

FOUL ~~FEEL~~ PLAY
                              L.G. Alexander / LONGMAN

   I think Mrs. Maisie is good woman, but she can't bare Henry's crow, she could not help killing Henry. It's terrible. Mr. Angus didn't know Maisie's pain until she told ~~the~~ him. He should have been careful about Mrs. Maisie, if she was trouble with Henry's crow or not.
   I think it's good They patch up a quarrel. they must thank Henry very much.
   A.   It's strange story.

COUNTDOWN TO MIDNIGHT
                        HEINEMANN NEW WAVE READERS

   This is very ~~interted~~ interesting story. But I have two things I don't understand. At first why professor Cotter ~~fought~~ wrote down the computer codes. Yet he did so. It was no guarantee that his family were safe.

   If I were him. I would written down the wrong codes. Second, ~~cotter~~ despite they ~~to~~ broke the satellite dish, con and con's man didn't take vengeance on them. Joe's family were safe everyone, his mother said such as, "What an amazing story!"... It isn't said such a thing usually.

   But this story is easy to read, and I am interested in this book.
   Ⓖ This is exiting story!

図1　リアクション・レポートの例

「THE HOUSE ON THE HILL」　　　ELIZABETH LAIRD / HEINEMANN

　　This story feels me sad. This is love story. But sad. In a sense, Paul find the fact that he loved Maria's beauty but not Maria, herself, at last, that is valuable for him and his heart's growth. I think, however, it's too sad story.

　　What's a money? It's important, maybe. But More Important Things there are in the world. Well, ofcourse, I don't know very rich people thinking. Anyway, at last Paul find that, I felt relieved to read that.

———— It's a terrible love story. ⟨G⟩ ————

「Marco」　　　MIKE ESPLEN / HEINEMANN

　　This story is flat one. Marco's Adventure end up in failure, only a day. He's a country boy. Nothing are around him. He is too pure to live in City. I was born in Tokyo and have lived in, so I don't know Marco's feeling that he want to go to a Big City so much, maybe. But, probably I think he find a country fit himself at last. Good.

　　By the way, I'm interested in the after that. His father is angry or…? Marco goes to city again? Maybe I think his father is not angry and he workes in a farm, it's always the same. I hope so.

———— Marco is too pure ⟨A⟩ ————

THIS IS WASHINGTON　Betsy Pennink H.E.B.

　　I knew many things after I have finished reading this book. It was not until I finished reading it that I knew Lincoln had been killed. I was surprised at this incident.

　　I am interested in the Smithsonian Institution. I want to go to these museums because there are various kinds of things. For example, there is a piece of rock from the moon. If I can touch it, I'll think how fantastic.

　　I found Washington is a good place for tourist because there are wonderful buildings and monuments, and most of them are open to the public. That's why I want to take a trip to Washington some day. Ⓖ It is useful

図1　リアクション・レポートの例（つづき）

第 13 章　リーディング・コミュニティの実際

Book Report:　Fill this out even if you only read one page of the book.

Your name: _____　Class: _____

Title of book: _____

Author: _____

Publisher: _____

I read all/_____ pages of the book. (Circle "all" or indicate the number of pages read)

How did you like the book? (circle one)

  (a)　Great! (I loved it)

  (b)　Good (I liked it)

  (c)　OK (I didn't mind reading it)

  (d)　Boring/Stupid (I wish I hadn't read it)

Write your feelings about the book below:

(continue on the back)

図 2　ブックレポート用紙
(based on Bamford, 1984, p. 220. Copyright © Cambridge University Press)

要約とリアクションを組み合わせたレポート

要約とリアクション・レポートを組み合わせて、要約を書いた後に個人的にどう思ったか学生に書かせるやり方もよく行われている。

書　評

書く形式のレポートとして、楽しくできて動機づけにつながるものに書評がある。書評は、その書式が単なる要約やリアクション・レポートとは少し異なるが、特別な宿題として、または学校新聞のために書くことができる。教師は学校や地域、出版社に働きかけて毎年書評コンテストを行ってもよい。一例として、英語の LLL を出版しているオックスフォード大学出版局が日本で年に1度行っているものがある。オックスフォード大学出版局は教師に呼びかけ、学生の書評を提出してもらっている。入賞者には本が贈られる。また、入賞した書評は教師のニューズレターに掲載されるため、入賞者は満足感も得ることができる。

書評はみんなに読んでもらう目的で書かれるため、教師と学生の間だけでやりとりされていたレポートを、リーディング・コミュニティ全体で共有されるものに変える。最後の重要なリーディング後の活動である学生間の口頭レポートについても同じことが言える。

口頭レポート

質問に答えたり、レポートを書いたりする活動と異なり、口頭レポートのためには授業時間を割く必要がある。授業の前に学生は各自、最近読んだ本に関する2分間の口頭レポートを準備する。授業中、学生は3、4人のグループを作り、1人ずつ順番にレポートの発表を行う。グループの1人が時間を計り、2分たったところで合図する。すべてのグループが同時に行い、教師はその間グループを巡り発表を聞いてもよい。ほかの学生が発表を聞いているか確認するために、発表を聞き終わった後、必ず1人1つ発表者に質問させるという方法もある。

グループの人数が3人か4人かによって（クラスのグループすべてが

同じ人数である必要はない)、口頭レポートにかかる時間は変わってくるが、発表後の質問を含むすべての行程を終えるのに必要な時間は10分から15分くらいだろう。口頭のレポートは、書く宿題(例えば、質問、要約、リアクション・レポート等)とともに行うのが望ましい。

　リアクション・レポートの場合、それを読む教師はおそらくその本を読んでいると思われる。一方、口頭レポートの場合、それを聞くクラスメートは同じ本を読んでいないであろう。したがって口頭レポートには、1、2行のストーリーの要約が欠かせない。しかし、要約でストーリーの結末を言うべきではない。本の裏表紙にある宣伝文句は興味をそそるようにストーリーを要約している場合があり、そのような宣伝文句があれば、それを使ってもよい。学生が自分の発表によってクラスメートの関心を引き、その本を読みたいと思わせることができれば上出来である。「本を売りこむこと」が口頭レポートの真の目的であるべきで、学生にもそういう意識で準備をさせるべきである。

　初級の学生にはレポートのひな型が必要なこともあるだろう。以下はBamford (1984, p. 222) のものを参考にした。学生は読んだ本の情報を当てはめればよい。

- (Introduction) "Last week I read (title). It is a (type of book), and I (enjoyed / didn't enjoy) it."
- (Body) (Brief summary of the book or one of its short stories, preferably told with a cliff-hanging ending.) "If you want to find out what happens, you'll have to read the book!"
- (Conclusion) "I (recommend / don't recommend) this book."

　学生の中には口頭レポートの完全な原稿を作って、それを読み上げることから始める者もいるだろう。しばらくして学生が自信をつけてくれば、聞いている人の目を見て話したり、聞いている人とのやりとりに気を配るよう指導してもよい。もちろん上級レベルでは、学生は本を読んで感じたことをその場で自由に話すだろう。

　可能であれば、学生は口頭発表を終えるまで図書館に本を返さないほうがいい。そうすれば、実際にその本を片手にレポート発表をすることがで

きる。知らない本に関するブックレポートを聞くのはあまり面白いものではない。しかし、実物の本を見ることができれば、発表は生き生きとしてもっと面白くなる。発表しているとき、表紙やイラストを使って、聴衆の注意を引くこともできる。クラスメートがその本を借りたいと思った場合、どんな外見の本かも分かるだろう。

　読んだ本についてクラスメートがどのような意見を持っているかを知るにはいろいろな方法があるが、書評と口頭レポートは最初の一歩である。ほかにも多くの効果的な活動や特色あるプログラムがあり、それらがねらいとしているのは学生相互のやりとりである。したがって、そうした活動の中に実際のリーディング・コミュニティの縮図を見ることができる。以下、そのうちの幾つかについて検討する。それらは人気本コーナー、添付コメント用紙、イチオシ書評、読書祭、壁展示である。

人気本コーナー

　リーディング後の活動として学生に何かを書かせる場合、学生に読んだ本を文字か数字で評価させることができる。例えば、1や2は悪い本、3はまあまあの本、4はいい本、5は素晴らしい本という具合である。数字の代わりに文字を使ってもいい。Pはpoor、Aはaverage、Gはgood、Oはoutstandingである。文字や数字の平均値から、どの本が図書館で最も人気があるかが分かる。

　教師や学生の図書館係が特別なコーナーを作って、言語の難易度ごとに高得点の本を展示する。本の表紙を見せて展示できる場合、学生がその中の1冊を借りている間は、その本の表紙のコピーを本があった場所に展示しておいてもいい。そうすれば、教師は人気のある本の中でどの本がよく借りられているかも一目で分かり、同じ本をもっと注文しようと思うだろう。

　人気本コーナーは、クラス全体の意見を目に見える形で具体的に示すため、クラスを活気づける。ここにある本は楽しめる本だということを保証しており、あまり熱心でない読者を読む気にさせる。さらに人気本コーナーは学生に自分の読書の好みを教えてくれる。自分が好きな本とクラス全体

が好きな本を比べることで、学生は自分がどの程度ほかの人と同じ考えを共有しているのかが分かるからである。同じ本でも人によって異なる解釈や反応があることに注目するのは常に興味深いことである。

添付コメント用紙

次に行う提案はすべての図書館に役に立つものだが、1つの中央図書館に集中して本が所蔵されている場合は特に役立つ。中央図書館に本がある場合、その本の数は膨大で、おそらく同じ本を複数のクラスで使っている。そのような場合、ほかの学生がある本についてどう思ったかを知るのは難しいかもしれない。この問題を解決する方法として、（学校図書館が許可を出せば）それぞれの本の表紙か裏表紙の内側にあらかじめ印刷された用紙を張りつけるやり方がある。図3(a)と図3(b)はその用紙がどのようなものか示している。学生が本を読んだ後、文字や数字で評価し、その用紙に短いコメントを書く。学生は各自で図書館の本を拾い読みして、常にコメントを調べて、本を借りる際の参考にする。プログラムによっては、用紙の「氏名」欄を削除して、匿名にしたり、「イニシャル」を使ってもいいだろう。

意見の用紙は、図書館の本が読者コミュニティの財産であることを間接的に記す役割を担っている。1冊の本を手にした学生は、ほかの人がその本にどう反応したかという記録も手にしていることになる。先に読んだ人の意見を読むことは同時に、学生がその本を選ぶか否かにかかわらず、コミュニティの一員であることを認識し、ほかのメンバーと交流していることになるのである。

イチオシ書評

ある本を読んで面白いと思った学生は、その本に関する推薦文を書くことを頼まれても、まず嫌だとは言わない。「イチオシ」推薦文は10語から30語の短い文章で、どうして自分だけでなく、ほかの人にとってもその本が面白いと思うのかその理由を説明する。一律の大きさ（普通のペーパーバックのページのサイズより一回り小さいもの）で色のついた紙をイ

Rating	Your Comment and Your Name

図 3 (a)　添付コメント用紙

(Copyright © Cambridge University Press)

第13章 リーディング・コミュニティの実際

Rating	Your Comment and Your Name
5	I'm afraid earthquake happens to us. 　　　　　　　　　Shoko
5	Great! Gabriel is nice. He is cool. 　　　　　　　　　TOMOKO
4	"Who is really taking care of me," I think after reading this book. 　　　　　　　　　YOKO
4	I had a chance to think what's the most important thing by reading this book. 　　　　　　　　　Hisako

図3 (b)　添付コメント用紙（記入済み）
Elizabeth Laird の *The Earthquake* に関して

チオシ書評に用いて、その本に張りつけることができる。先のコメント用紙以上に、こうして意見を生き生きと、ストレートに表現することで、本は読者コミュニティの縮図となる。

読書祭

学生が読者として互いに協力し合う活動の1つに読書祭がある。これは基本的にはポスターセッションで、学生は、個人またはペアになって特に面白いと思った本についてポスターを作成する。ポスターに何を書くかは、本の引用、イラスト、表紙や裏表紙のコピーなど学生の想像力次第だが、学生の個人的な感想は必ずポスターに書き入れることにする。自分たちが作成したポスターを、口頭レポートと同様に、クラスメートが自分たちの好きな本を読むように説得する広告ととらえてもよい。

ポスターを準備するのに必要な作業のことを考えると、読書祭は1学期に1度開催することになるだろう。ポスターを図書館等の人目につく公共の場に掲示すれば、クラス外の学生の注目を集めることができる。もし学校に文化祭などの行事があれば、それと併せて開催できるだろう。また図書館の資金調達のための行事の一環としても行えよう。

ほかの優れたリーディング後の活動と同様、ポスターは読むことと人生のほかの側面とを結びつける。人気本コーナーと同じく、ポスターはメンバーの自己表現を通して、リーディング・コミュニティを視覚的に象徴するものである。

壁展示

年少の生徒は上達が目で見て分かると喜ぶものである。教室の壁に表を張り、表にはそれぞれの学生の名前と学生が読んだ本の題名を書き入れる空欄を設ける。もし蔵書が少なければ、表を碁盤状にして、本の名前と学生の名前を行と列の先頭に置いてもよい。学生が本を読み終えたら、行と列が交わる所に読み終えた日付を書き入れる。そこに学生の個人的な評価を書き入れてもよい。

第13章 リーディング・コミュニティの実際

　このような動機づけはクラスの進度にばらつきがなければ効果がある。しかし、若干名でもほかの学生よりも後れをとっている学生がいる場合は、これらの情報を公に張り出すのは屈辱でしかない。したがって、その代わりに、学生が読んだ本の数を合わせてクラス全体の合計を公に張り出すほうがよいだろう。例えば、巨大な温度計の絵を描いて合計を示すこともできる。クラスがもっと本を読めば温度が上昇する。実際、どの年齢のクラスでも自分たちが徐々に（温度計を使った場合は）沸点に近づいていくのを見るのは楽しいものである。

　これらの公に提示する方法はクラスのメンバーに自分たちの達成度を示してくれるが、別の目的にかなう利点もある。これに関してはColin Davis がうまく説明している。彼はシンガポールの中等学校で行った壁展示とクラス間競争の成功例を報告している。

> 　英語教師はさまざまな動機づけのストラテジーを用いて、できるだけ多くの本を読ませようとする。中でも最も成功したのが壁展示の競争である。各クラスが絵で表した累計を展示し、年度末にそれを評価する。こうした展示はどの本がクラスで読まれたかが創造的な方法で示されていて、本に関する情報も提供されている。限りない情熱と競争意識にかきたてられて、学生はしばしば芸術的センスにあふれる展示物を創作し、また並々ならぬクラスの協力が生まれた。それは学生の中で熱心な読者がほかの人もついてこれるように励ましたからである。展示された絵の典型的なものは読書水族館、読書墓地、読書電車、そして昔からよくある、花や蝶やほかの生き物がいる庭園の中に本の虫がいるというような構図であった。(1995, pp. 331-332)

　Davis の説明からは1冊の本が展示されるのに、クラス全員がその本を読まなくてはいけないのか明らかではない。もし図書館の本の数が少なければ、クラスで1冊の本を回し読みすることも不可能ではない。別の方法として、蔵書がもっと多い場合は、クラスの中の10人が同じ本を読めば、その本を展示の対象とすることもできるだろう。

　Kathleen Muzevich はアメリカの小学校で行った第一言語でのリーディング・プログラムについて説明している。その中でホームルーム間で2種類の賞品（象徴的なもの「旗」と実利的なもの「商品券」）をめぐって競争を行い、その結果1,000人の生徒が1年間で読んだ本の数は600冊

から 4,300 冊に増加した。その月に最も多く本を読んだクラスが旗を獲得し、1ヶ月間教室で飾ることができた。Muzevich は次の年、その雰囲気についてこう描写している。

> 時がたつにつれてホームルーム間の競争は激化した。毎月それぞれのホームルームの結果が食堂に張り出された。3ヶ月目の終わりともなると本の合計数は表からはみ出してしまい、表を伸ばさなくてはならなかった。幾つかのホームルームでは自分たちの記録をコンピュータで管理し、自分たちの進行状況を隣のホームルームのものとすぐに比較できるようにした。(1995-1996, p. 16)

その年、学生 1,000 人が 8,713 冊の本を読んだという。

しかし、クラス間の競争がこのように極端になると、増え続ける読んだ本の合計の影に読むことの楽しさが隠れてしまうことになる。したがって、これらの、こうした動機づけのストラテジーは注意して用いるべきである。控えめに用いて、それ自体が目的とならぬよう注意しなくてはいけない。

結　論

この章で説明した活動はごく一部で、創造力豊かな学生と教師はほかにもこのような活動を考え出しているだろう。リーディングの活動やリーディング後の活動の効果を考える際、3つの質問が役に立つだろう：

- この活動は読むことを学生の人生や経験に関連づけているか
- この活動は学生が自立した読者になる助けとなっているか
- この活動は読者がほかの読者を支え、支えられることを可能にするか

もし答えがイエスであれば、その活動は読者のコミュニティの中で読書経験が表現された結果であり、健全で自然な活動であることはほぼ間違いない。

これらの活動は魅力的であり、動機づけも行っているようだが、最後に一言言っておきたい。Richard Bamberger の言葉を借りれば、「コミュニケーションのことは忘れなさい。学生は読んだ本について長々と話さず、代わりにその時間をもっと読むことに費やすべきである。」(1991, p. 35) もっともである。教師が心に留めておかなくてはいけないことは、つまる

第 13 章 リーディング・コミュニティの実際

ところ実際のリーディング・コミュニティのメンバーにとって最も適した活動は読むことだということである。

第14章

プログラム評価

評価研究の目的は、プログラムの質、有効性あるいは一般的価値を査定することである。

— Donna Johnson (1992, p. 192)

評価は、プログラムがその目的をどれくらいうまく達成しているかを問うところである。

— David Hill (1992, p. 118)

■本章の目的
- 多読プログラムの評価ができる方法を提案すること。

仮に、教師として担当するクラスの一つに、多読方式を導入したとする。すると、教師は学生がそのプログラムに参加した様子を継続して観察しているので、目下起こっていることがよく分かるはずだ。学生のリアクション・レポートを読んだり、リーディングについて語り合ったりして、彼らがテキストとのかかわりを深めているのを感じ取ることができる。また教師は学生の読書ノートを見れば、どれくらいの量の本を読んでいるか、どの程度の速度で読んでいるか、そして読んでいる本に書かれている言語の水準はどの程度かなど、成果を知ることができる。最初は難しいと思ったテキストが、もう一度読み直してみると、今度は前よりもすらすらと読めるようになっていると気がつく学生がいるのを見いだすこともできる。

教師はまた第二言語リーディングが学生の生活にとってどれほど重要な部分になりつつあるかを判断できる。いわば、彼らがどのように一人前の読者に成長しているかということである。教師として、自身がリーディング・コミュニティの一員と感じているので、学生が協力し、相互に助け合い、

第 14 章 プログラム評価

クラスメートや教師の手本に触発されて、そのコミュニティがいかに力強く成長していくかについても見ることができる。さらに教師には、どのリーディング教材に人気があり、どの教材が成功して、どれが成功しなかったか、どのような教材が図書館に加えられるべきかが分かる。またプログラムにおける物理的諸問題、つまり、リーディング教材の入手、本の貸し出し手続き、貸し出し図書の保全などが、どの程度までうまく機能しているかについても知ることができる。

たいていの教師には、密接なかかわりを基にして多読プログラムを主観的、継続的に評価することだけで十分である。このような評価から生ずる直接的結果として、プログラムの修正は、大小を問わず絶えず起こってくる。

しかしながら、時にはもっと公式にプログラム評価を試みることも必要である。例えば、教師は、部分的にしか分かっていないプログラムについて、全体像を把握したいと思うかもしれない。また担当している多読クラスや、引き継ぐことになっているコースについて情報を得る必要があるかもしれない。あるいは、学校当局、理事会などに提出することができるようなプログラムの成果をまとめる必要もあるだろう。またもっと非公式な観察結果を単に確認したいと思うかもしれない。

公式な評価には、核となる重要な点が3つある。それは、「目的」「聴取者（audience）」「方法」である。「方法」は初めの2つの「目的」と「聴取者」次第で決まってくる。

目 的

多読プログラムの評価方式に共通する理由は次の3点である。

- プログラムがその目標を達成したかどうかを見ること。
- 意図した結果とは別に、プログラムが引き起こした結果について考えること。
- プログラムについて変更もしくは改良が必要な側面を確認すること。

これらはそれぞれが独立しているのではなく、多くの評価方式はこれら3

つの目的すべてを含む。

聴取者

　評価の聴取者は、教師、学生、学校当局、理事会関係ということになるかもしれない。評価はそれを聴取することになっている人に適切なものにするべきである。つまり、プログラムの弱点を見つけるためになされた評価の結果を学校当局に提出するのは逆効果となるかもしれない。プログラムの弱点と同時に、その成果を学校当局に知らせるほうが一層好ましい結果をもたらすであろう。

方　法

　評価の方法は、目的に応じて、普通はテストかアンケート、あるいはその両方を用いる。仮にリーディングの力が、どれほどついたかに関するプログラムの効果を知りたければ、評価の調査手段として、リーディングの力を判定すると言われるテスト（例えば、第8章、リーディングテストの節で紹介したような Beniko Mason and Tom Pendergast のクローズテスト）を用いることができる。このような調査テストは、予備テスト、事後テストとして実施が可能であるし、個々の生徒についてだけでなく、プログラム全体を考えてみるために全学生の成果の平均値も共に得ることができる。

　しかし、多読プログラムの到達目標の多くは、多読に対する態度と行動に関係している。したがってアンケートのほうが、この領域における学生の伸びを測るには適切な調査手段である。テストの場合のように、学生に対するアンケートは、プログラムの最初と最後に実施されるべきである。そうすれば、クラス単位やプログラム全体を単位として両調査を比較できる実施結果の平均値が得られる。プログラム後のアンケートには、プログラム自体への学生の反応を探るための項目を加えることもできる。

　次に、先に述べたプログラムを評価するための3つの目的と、そのおのおのに適しているアンケートの様式および項目を順次見ていこう。

プログラムが目標を達成したかどうかの確認

第5章で多読プログラムのための共通目標をいくつか列挙した。多読プログラムを終えた後、学生は、

1. 第二言語でのリーディングに対して積極的な態度を示す。
2. リーディングに自信を持つ。
3. 第二言語で読む動機づけが得られる。
4. 知らない単語や難しい単語を絶えず辞書で調べるための中断をせずに読む。
5. 語彙能力が増大している。
6. 読書するときに、自分が何のために読んでいるかが分かる。
7. 自分の目的に適したリーディング速度で読む。
8. 自分の興味、言語能力に合っている教材の選び方はどのようにすればよいかが分かる。

評価目的のために、これらの目標を学生の答えやすい文言（statements）に書き直すことができる。これらの目標を基にした文言のリストは、例えば次のようなものである。

1. 第二言語でのリーディングが好きである。
2. 第二言語が読めることは有益である。
3. 読書するとき、自分が読んでいるものの内容を通常理解できると思っている。
4. 第二言語で読みたいから読む。
5. 読書するとき、自分の知らない単語のすべて、あるいはほとんどを辞書で調べる。
6. 読書するとき、例えば、何かを知りたいためとか自分の楽しみのため、といった理由がいつもある。
7. 読書の目的に合わせて、時には速く、また時にはゆっくりと読む。
8. 自分に適したリーディング教材、読みたいリーディング教材の見つ

け方を知っている。

目標とその目標を表現している文言の間に必ずしも一対一の関係があるわけではない。例えば、文言5.の場合には、目標がプログラムの実際の目標とは反対の表現で平易に述べられている。したがって、生徒による否定的な応答は、目標の達成を指し示していることになる。例えば、目標5.（語彙能力が増大している）のような目標は、自分が読んでいるときには普通気づかない無意識的な過程に関係している。このような到達目標に向かう能力の進展は、リーディングテストでのより高い得点や、「以前よりずっと速く読むことができる」というような文言をアンケートに用いることによって間接的に立証されなければならない。

アンケートの質問項目を作成する3つの方法は次の通りである（図1参照）。

- 段階尺度 (scale)
- 多肢選択の答え (multiple-choice answers)
- 多肢選択の文言 (multiple-choice statements)

できれば、アンケートは学生の第一言語でなされるべきである。アンケートはリーディング力のテストではないので、理解しやすいものにするべきである。学生の第一言語を用いれば、正確で完全な情報が得られる可能性がより大きくなる。

アンケートの準備ができたら、質問は分かりやすいかどうか、有効な情報を与えているかどうかを調べるために、小人数の学生にパイロットテストを実施することは有効である。学生は、答えやすいと思った質問や、答えにくいと思った質問について、そしてなぜそう思うかについて意見を述べることができる。もしそのパイロットテストが実際的でないならば、次の年にその調査手段を再び用いるまでに、見直しをして、必要に応じて修正しておけばよい。

段階尺度 (scale)
あなたの気持ちを最もよく表わしている番号に○印をつけなさい。
（1 = 強い「いいえ」、5 = 強い「はい」）
第二言語でのリーディングは楽しい。
　　1　2　3　4　5

多肢選択の答え（Multiple-choice answers）
第二言語でのリーディングがどれくらい楽しいですか？
　　a. 全然楽しくない
　　b. それほど楽しくない
　　c. やや楽しい
　　d. かなり楽しい
　　e. 非常に楽しい

多肢選択の文言 (Multiple-choice statements)
あなたの気持ちを最もよく表わしているものを選びなさい。
　　a. 第二言語で読書するのは、全然楽しくない。
　　b. 第二言語で読書するのは、それほど楽しくない。
　　c. 第二言語で読書するのは、まあまあ楽しい。
　　d. 第二言語で読書するのは、楽しい。
　　e. 第二言語で読書するのは、非常に楽しい。

図1　アンケートの項目を作成する3方法

プログラムの予期しなかった結果についての調査

　プログラムの到達目標に盛り込まれた範囲を越えて起こりうる結果を見つけるには、自由回答のアンケートが有効である。このプログラムで一番良かった点は何か、一番悪かった点は何か、プログラムに参加して何を得たと思うかなどを記述するように、学生に求めるとよい。漠然として一般的な質問であればあるほどよい。例えば、このプログラムに参加して自分は変化したと思うか、そしてもし変化したとしたら、どのように変化したかを問う質問など。もし特定のトピックに興味があるなら、遠慮なくそれ

らのことを次のように単刀直入に尋ねてみるとよい。

- リーディングは、あなたの第二言語の総合的能力に役立ったと思いますか？
- リーディングは、あなたが第二言語の文化について一層理解を深めるのに役立ちましたか？

自由回答の質問には、複数の答えのどれかを選ぶ場合とは異なり、生徒が応答を記述するための空欄を設けておくこと。

プログラムの改良が必要な面の確認

この種の評価のための情報を集めるには、プログラムのさまざまな面について学生に意見を求めるのがよい。これは図2で提示したような、段階尺度を用いて実施することが可能である。この例で、最高値を示す答えは、プログラムの各側面によって違ってくることに注意しなければならない。教材、本の貸し出し手続き、クラス活動に対する（意見の）段階尺度などについての最高の答えは、5. であるが、家庭学習の課題やクラス活動に対する（時間の長さの）段階尺度の中では、3. が最高の満足度を示している。

アンケートは、記名（応答内容の確認や追跡調査を望むなら有効）、無記名のどちらでもよいが、批判をしてほしい場合には、無記名の方が有益な応答が得られる。

プログラムの弱点を確認する際には、より簡単で結果の予測ができない方法として、段階尺度よりも自由回答のアンケートを用いるほうが望ましい。そうすれば、生徒はプログラムの中で、もし変えることが可能なら何を変えたいか、そしてどのように変えたいか、について答えることができる。

もし、質問するべき特定の枠組みが提示されれば、それほどでたらめではなく、かなりよい回答が得られるであろう。例えば、教材、家庭学習、クラス活動（「持続的黙読」、「読み聞かせ」、「口頭レポート」、「リーディング・ラボ」のような小見出しを付けて）、リーディング後の活動（筆記レポート、

第 14 章 プログラム評価

教材と本の貸し出し手続き (Materials and checkout)	
（1 ＝劣悪である、3 ＝許容できる、5 ＝優れている）	
本の多様性	1 2 3 4 5
本の冊数	1 2 3 4 5
本の質	1 2 3 4 5
本の保存状態	1 2 3 4 5
貸し出し手続き制度	1 2 3 4 5
新聞の数	1 2 3 4 5
雑誌の数	1 2 3 4 5
雑誌の多様性	1 2 3 4 5
雑誌の保存状態	1 2 3 4 5

家庭学習の課題（1 ＝足りない、2 ＝適量、3 ＝多すぎる）	
リーディングの量	1 2 3 4 5
ライティングの量	1 2 3 4 5

クラス活動（意見）（1 ＝好まない、3 ＝好む、5 ＝大好きだ）	
持続的黙読 (Sustained silent reading SSR)	1 2 3 4 5
教師の読み聞かせ (Teacher read-alouds)	1 2 3 4 5
グループによる口頭レポート (Oral reports in groups)	1 2 3 4 5
リーディング・ラボ (Reading lab)	1 2 3 4 5
自由時間 (Free time)	1 2 3 4 5

クラス活動（長さ）（1 ＝短かすぎる、3 ＝ちょうどよい、5 ＝長すぎる）	
持続的黙読	1 2 3 4 5
教師の読み聞かせ	1 2 3 4 5
グループによる口頭レポート	1 2 3 4 5
リーディング・ラボ	1 2 3 4 5
自由時間	1 2 3 4 5

図2 改良を必要としているプログラムの各側面を確認するための
アンケート見本

口頭レポート)、など。

　プログラムに関して、幾つかの実践的な面は、教材の記録を取って点検することで適切に評価できる。つまり、学生は何回くらい本を遅れて返却しているか、何冊の本やほかの教材が紛失、破損しているか、本が使い古されたために取り替えを必要とするまでにはどれくらいの期間があるかなど。

結　果

　ひとたびアンケートを行なったならば、自由質問から得た答えを集めて整理し、まとめなければならない。記入された応答の数はたくさんあって無原則であろう。したがって、さまざまな型の応答を意味のあるものにするために、教師はいかに分類するべきかの判断を求められる。最終報告書では、どこへ提出するかによって、すべての答えを頭に入れた上で最も適切で有効であると思われる応答を選択して引用することになる。

　評価によって得た情報の中には、プログラムについて肯定的なものもあれば、否定的なものもあるだろう。否定的な情報はプログラムの変更が必要なことを指摘しているが、そのことは、必ずしもそのプログラムを大幅に修正するべきであるとか、中止するべきであるというわけではない。質問方式が間違っていたのかもしれないし、想定していたことを測れなかったのかもしれない。不適切な質問がなされたために、プログラムでは指導しなかった領域の情報を得たのかもしれない。

　その一方で、肯定的な調査結果さえも、プログラムを再検討するために用いることができる。肯定的な調査結果は、もっと優れた成果を達成するために利用できるであろう。プログラムについて非常に肯定的な反応があった面は、さらに発展させることができる。

結　論

　評価の方法、例えば、テスト、アンケート、そのほかの手段は、評価の目的と評価報告を提出する相手によって決まってくる。正式の評価は、多読プログラムの状態と、成し遂げられた成果の物的証拠を提供してくれる。

第 14 章 プログラム評価

しかしながら、もう一度ここで一言警告を発して締めくくりたい。数量化できるデータをむやみにありがたがり、数字と統計で何かを証明することに熱中しすぎないために、John McInness の言葉を心に留めておこう。彼は、第一言語のリーディングと同じように、第二言語のリーディングにもあてはまる問題点を次のように指摘した。

> 読んだものに対する子供の理解、リーディングに興味を示すときの熱意の度合い、現実や想像の世界を拡大する方法あるいは文学の愛好心を育てる方法としてリーディングを用いて経験した達成感などを、数量的に表わすのは不可能である。それゆえ、リーディングの向上についての微妙な測りにくい面に対してよりも、統計的に記述して簡単にまとめられたものの方に、これまでたびたび優位が与えられてきたのである。(1973, p. 103)

テストとアンケートは、学生を観察すること、学生と学習を共にすること、話し合うこと、学生に質問すること、学生の意見を聞くことなどに取って代わることはできない。鋭敏な教師が、ほかの方法では気づかれないままになっていること、すなわち、学生が一人前の読者に育ちつつあるということを知るようになるのは、このような相互作用を通してである。究極的には、多読プログラムは、このことが達成されるための学習環境がいかにうまく提供されているかという見地から評価されなければならない。

Further Reading

Charles Alderson は、プログラム評価についての優れた総括的検討を、Alan Beretta との共編著 *Evaluating Second Language Education*（1992）の中の、"Guidelines for the Evaluation of Language Education" で示している。

多読プログラムを評価するための簡潔で明確な指針は、David Hill が 1992 に出版した *The EPER Guide to Organising Programmes of Extensive Reading* の中の the program management section (pp. 118-120) の最終部に見いだすことができる。

第 15 章

採用されることの少なかったアプローチを試みる

あらゆるリーディング指導において第 1 に配慮すべき点は、学生に愉快で役に立つようなリーディングを経験させることである。それを前提として、学生はよどみない読者となるのに必要なリーディングに注意を向け始める。するとその時初めて、学生たちはさらに良い読者になるために必要な新しいスキルに取り組む意欲を持ち始める。

— Julian Bamford & Richard Day (1997, p. 7)

■ **本章の目的**
- 多読が盛んになるために必要な条件を再考すること。
- 本書の主要な論点を要約すること。

専門的なリーディングスキル、読解、翻訳、受験技能、さらに Mary Daane の表現を用いると、「語彙リスト、接頭辞、接尾辞、語根、明示的・含意的な主要アイデア、主・副支持文、つなぎの表現、推論的思考」(1996, p. 235) などの風景の中を、比較的人通りの少ない脇道が通っている。それが多読である。この脇道は、いつか人のよく通る道路となり、やがて正真正銘のスーパーハイウェーとなり、そこを通って学生たちが効果的、能率的かつ自主的な第二言語の読者となることができるであろうか。これを実現させるには、幾つかの条件が満たされなければならない。それらは次のようなものである。

- **第二言語リーディング指導の焦点を拡げる**
  これはリーディングコースの当面の目的（例えば、試験に合格すること、

翻訳、リーディングスキルを学ぶこと）に固定されがちなレンズの焦点を拡げて、学生を個人として迎え入れる必要性である。第二言語のリーディング指導の到達目標には、例えば学生にアカデミックなリーディングを効率よく実践するためのスキルを習得させたり、あるいはリーディング部門の試験に合格させることがあるかもしれない。しかし、学生の到達目標には同時に、よどみのない、自主的で自信に満ちた読者になることが含まれていなければならない。

効率性を求めるあまりに、リーディング指導が日常生活での読書の目的やコンテクストから、はるか遠くにそれてしまっていることは否めない。もちろん、試験には通らないといけないし、スキルも上達しなければならない。しかし、教師は、このことと真の読者となることの違いを十分承知しなければならない。また、教師は読者であることの価値を理解しなければならない。そうでないと、教師は「『リーディング』のテストをうまくこなす方法を教えなければならない、というプレッシャーに押しつぶされて、真のリーディングの指導どころでなくなってしまう」(Henry, 1995, pp. 138-139) のである。

読者となることで、学生はある種のコンテクストを身につけ、その過程でリーディングコースの特定の到達目標に向かって努力することの大切さを経験する。教師はこのことをよく肝に銘じるべきである。逆説的なのは、リーディング指導の内容を薄めたり、当面の到達目標から注意をそらしたりせずに、実際のリーディングに時間を割くことが、リーディング指導をさらに効率的で意味深いものとするのである。

というわけで、良い読者としての整然とした概念——例えばテクストの主要なアイデアを見つけられる者、あるいは代名詞の指示対象 (referent) を正しく指摘できる人——に学生をはめ込もうと努力するのと同じ程度に、いやそれ以上に、教師はあまり予測できない任務、つまり、第二言語のリーディングが学生それぞれの生活にいかに密着しているかについて、学生が自分で発見するように導くよう努力しなければならない。リーディング指導の全体的な到達目標をこのように拡げるのは、教師が、「目先の技術に熟達した」読者ではなく、熟達した「本当の意味の読者」を生み出す役割を担っているからにほかならない。

- **学習者のすべてのレベルにおける認知的思考の必要性の一層精密な理解**

　リーディングのプロセスについての認知的な見解によると、リーディングは大量の視覚語彙 (sight vocabulary) と背景知識に依存していること、さらに学生は大量に平易で興味深い読み物を読むことによってこれらの視覚語彙や背景知識を習得することが明らかである。教師がリーディングのプロセスを的確に理解していればいるほど、学生はより多く、より身を入れて読むようになることも明白である。このようなリーディングについての質と量の問題は、第二言語のリーディング指導における優先項目になるであろう。

- **読むことを決断する際に重要な役割を果たす「学習意欲」(affect) についての深い理解**

　読もうと決断する際に学習意欲が果たす重要な役割を、教師が十分理解して初めて、学生自身の文化や過去の経験に起因するリーディングに対する態度に教師が注意を払うようになる。リーディングの価値を理解しなかったり、リーディングに上達する気のない学生は、いやいや読書することを教師は実感する。それゆえ、学生の学習意欲は第二言語のリーディング指導の重要な検討課題の1つなのである。

- **第二言語のリーディング用として特別に書かれた教材の必要性の認識**

　教師が言語学習者用に書かれたり、改作されたりした教材を取り入れるためには、「本物」(authenticity) についての理解の幅を拡げる必要がある。教師はまた、学生がリーディングを学んで読者となる際に、個々の学生に易しくて、面白く、また自分に意味のある教材が果たす本質的な役割について十分理解しなければならない。

　教師が適切な教材を学生に提供するためには、*LLL* の分野が、それ自体1つのジャンルとして発展しなければならない。リーディング教材は、第二言語や第二言語文化に関する学生たちの知識が増えることと並行して、段階を経ながら進展しなければならない。*LLL* は内容理解や言語学習を適正にサポートするように工夫されなければならない。このように作られた

第 15 章 採用されることの少なかったアプローチを試みる

LLL は、あらゆる段階の第二言語教材を読者が入手することを可能にする。

- **教室内の活動やリーディング教材の効果に関する柔軟な考え**

教師は教室での作業やリーディング教材の効果について常に考えているわけだが、その際考慮に入れなければならないのは、学生の読む能力だけでなく、学生が自分について持つ読者としてのイメージやリーディングに対して持つ意欲である。最もよく考え抜かれ、最も能率的で、最も効果的なリーディング活動であっても、そこで学生自身が何をしているのか確信が持てず、あまり気乗りがしないようであれば、外から見えないが致命的な欠陥を含んでいる可能性がある。それゆえ、教師は教室で行う作業や教材を柔軟にとらえ、それらの可能性を最大限に活かしつつ、学生が積極的で熱心で自主的な読者になるように手助けしなければならない。

- **学生の役割や責任についての柔軟な見方**

読者であるためには自主性の要素が不可欠である。したがって、教師は一歩下がって、個々の学生たちに多くの権限と自主性を認めることが必要である。学生は教師を見るのと同程度に、自分を見つめることを学ぶ必要がある。第二言語のリーディングスキルを身につけることは、個人的なプロセスだからである。比喩的に言えば、学生は自身を徐々に満たされるのを待つスポンジや空の容器としてではなく、おそらくは、探検家あるいは情報探求者、娯楽追求者とみなさなければならない。そうすることによって、最終的に自分を読者として見ることが可能となるのである。

- **教師の役割や責任についての柔軟な見方**

教師は、学生が真の読者になるために、例えば「積極的な取り組みを伝授したり」、「時間を割いて読み書きを奨励したり、心から学生の上達度を称賛」する者でなくてはならない (Heathington, 1994, p. 207)。これには教師が自分自身を新しい目で見つめる必要がある。知識の泉であり、訓練する人であり、評価する人である以上に、教師は自分を案内人であり、擁護する者であり、工夫に富んだ者という観点からとらえねばならない。

さらに、教師は自分を常に目標言語の読者として見なければならない。

教師は、自分が読者として実行すること、自分の読者としての在り方が、リーディングについて語ったり教えたりしていることと同じくらい重要な意味を持つことを、十分理解しなければならない。読者であることがどのような意味を持つのか、人生において読書がどのような意味を持ちうるか、学生はこれらのことを知って初めて真の読者となる。このことを身をもって示すことができるのは、おそらく第二言語のリーディング教師をおいてほかにはない。

• 学校当局のリーディング指導についての柔軟なとらえ方

学校当局（年少の生徒たちの両親も同様であろう）は、学生が真の読者へと成長することを含む、第二言語のリーディング指導の考え方を共有する必要がある。理解すれば、できる限りの協力を惜しまず、必要な設備を整えるであろうし、教師と学生の役割や責任の違いについても、理解するであろう。彼らは、例えば、なにゆえ教師が学生たちと一緒に本を読むのが重要なことなのか、なにゆえ学生たちが軽くて易しい内容の教材を読み、ポストリーディング活動もほとんどなく、試験もないのか、その理由を認識する必要がある。

• さらに広範な調査項目

第二言語のリーディング指導が、リーディング熟達度 (reading proficiency)、語彙知識、言語熟達度 (language proficiency)、ライティング能力などの諸分野に及ぼす影響力についての調査が、継続的に実施されねばならない。加えて、リーディング指導が、自信や、リーディングに取り組む姿勢、読む意欲、そして教室外の第二言語の読書習慣に及ぼす影響にも、一層の注意が払われなければならない。

おそらく、中でも最も急を要するのは、第4章冒頭の Mei Fung Elsa Shek の報告のような、裏付けに乏しい証拠を強化するための長期にわたる研究である。リーディング・プログラムの修了者にどのような変化が生じ、なぜ生じているかを発見するための質的、量的な研究である。リーディング・プログラムが終了してから、3年、5年、10年を経過しても、学生たちは第二言語で読んでいるであろうか。リーディング・プログラムの

第15章 採用されることの少なかったアプローチを試みる

どの面が、読書の習慣や読書の価値観、あるいはこれらの欠如と関連しているのであろうか。

多読と教師

多読によって、効果的、能率的、自主的な第二言語の読者を育てる最も本質的な条件は、なんといっても、常に個性的で献身的な教師である。本書を書く過程において、著者たちは第二言語の多読プログラムの報告を読み、世界中の学校と通信を行なった。プログラムが持つすべての相違(設備、学生の年齢、文化的な背景、学習者の目的、プログラム構成)を超越して、1つどうしても見逃すことのできない類似点があった。大量の本が読まれている学校においては、必ず1人、あるいは、それ以上の教師の存在が、違いを生み出す背後にあった。それゆえに、多読に不可欠な条件がリーディングに対する教師の情熱と、その情熱によって学生に読むように激励することの重要性にあることは疑う余地がない。

本書を書いた私たちの意図は、教師たち、教師の卵たち、そして第二言語のリーディングに関係する人々に、多読に対する情熱の火を燃え上がらせることであった。私たちのさらなるねらいは、(第二言語としての英語を教えている人の場合であれば) Appendix における参考資料の紹介と併せて、理論と実際的な助言によって、その情熱にエールを送ることであった。

教師(たった1人の教師)が違いを生み出す。もしあなた自身が多読に対して情熱を持っているのであれば、ほかの人に頼ってはいけない。今こそ始める時である。

Appendix

英語 *LLL* 目録

私は 1632 年、ヨーク市の恵まれた家庭に生まれました。幼いころから船乗りになることが夢でした。
　　　— 1931 年の Michael West による Daniel Defoe の 1719 年の小説『ロビンソン・クルーソー』の翻案の最初の数行で、現在も改訂版が出版されている。 （West & Swan, 1976, p. 1）

■この Appendix の目的
- 今後の発展を促す方向で、*LLL* を検討すること。
- EPER (エディンバラ大学多読プロジェクト) がまとめた英語による質の高い *LLL* 目録を提示すること。
- 多読プログラムを計画準備している教師向けの情報源として、EPER を紹介すること。

　この Appendix の目的は 2 つで、実用的な情報源を提示することと、*LLL* を 1 つの分野として発展を促す方向で検討していくことである。英語による質の高い *LLL* 目録から構成されており、本は易しいものから、難しいものへと難易度別に整理されている。その理由は、レベル分けは *LLL* の最も重要な特色だからである。本は、その場合、タイトルと著者名でリストされる。出版された本をまとめたシリーズよりも、むしろこのほうが個々の作品に注意を向けやすくなるからである。
　第二言語のリーディングを扱った教師用の専門雑誌やジャーナルは、第一言語のそれとは違い、新しいタイトルの *LLL* について、定期的な書評を掲載してはいないが、この目録に最も優れた本のみを載せることで、われわれは、そのような書評が出ることを促したいのである。そのプロセス

Appendix 英語 *LLL* 目録

で、おおよその成功を収めている本について意見が出されることになる。

　本書が提示している研究は、David Hill とエディンバラ大学多読プロジェクト (EPER) の成果で、EPER とは、エディンバラ大学の応用言語学研究所内にある非営利的な組織である。その目的は、特に外国語あるいは第二言語としての英語教育に焦点をあてながら、外国語教育における主要な要素として多読を奨励することである。現在の目録のデータベースを維持するだけではなく、EPER は、多読に携わる教師をサポートする教材を開発、出版し、そして、言語学習者向けの小説を書く教師の訓練を行っている。EPER についての追加情報と詳しい問い合わせ先は、この Appendix の最後をご覧いただきたい。

　この目録では、ある本が現存の作品の改作である場合、オリジナル作品の著者名は、本のタイトルの後の括弧内に移されている。翻案者の名前が著者として扱われている。残念ながら、翻案者の名前が本に掲載されていないケースもある。

　第一言語の場合と比較して、*LLL* として、元からある作品を書き直したり語り直したり、あるいは翻案している著者は、取りたてて褒められることがない。

　本がより上級者向けに翻案されるにつれて、改作というよりは縮約版になることが多く、そのためオリジナルを書いた著者の作品が、翻案者の作品との関係で、重要性を帯びるのは間違いないだろう。こういうケースでは、オリジナルを書いた著者の名前が、*LLL* 目録の著者の欄により正当に位置づけられるべきだが、大事なことは、オリジナル作品の著者と翻案版の著者のそれぞれの貢献を、応分の功績をもって正当に認めるべきであるということに尽きる。

　本を翻案した著者の功績を認めることによって、プライドと責任が生まれる。プライドと責任が伴えば、名もない三文文士が、言語学習者に作品を提供しているのではなく、作家が物語──自作品か別の人の作品──を語っていることになる。この目録にリストされている著者は、EPER が平均以上と見なしている本を書いている人たちである。同じ著者の名前が繰り返し出てくる場合、ただ単に、脇目もふらずこつこつと書いてきた成果ではなく、並外れた業績を表している。このリストにある名前は、英語の

LLL の最も優れた作家たちである。

　この目録を見れば分かるように、英語の *LLL* は、イギリスの独壇場で、ほとんどのものが出版されている。その理由は、幾分歴史的なものである。インド向けの Michael West のオリジナルな補充用読み物は、Longmans やロンドンの Green and Company によって出版され始めた。そして、イギリスの出版業者は以来ずっとこの伝統を受け継いでいる。ほかにイギリスが独占している理由として、経済的なものがある。David Hill は、グレード別読本は、「大抵の外国人教師や学習者には歓迎され」ており、応用言語学者や母語話者の教師にとってはそれ程ではないと言っている (1997, p. 57)。イギリスの ELT(English Language Teaching) の出版業界のヨーロッパでの影響力に加え、元植民地が確実な市場となって、この分野を開花させてきた。

　LLL 目録が明らかにしているように、アフリカ市場向けに出版された、アフリカ人の著者による本は、他に頼ることなく開花してきた。こうした本は、「リアリズムとユーモアが混ざり合った優れたもので、多文化研究を行うため、アフリカ以外でも広く利用されてきた」(1997, p. 62) と Hill が示唆している。これらの本はまた、本自体に価値があるだけではなく、ヨーロッパの文化的支配を抑制し、健全な均衡を保つのに、ライブラリーの一角を占める価値がある。

　LLL 目録は（文化的背景を明らかにする）地域と分野のほかに、各本の主人公の性別を表示している。Hill (1997, pp. 61-62) は、男性の主人公が多いという点は変わりつつあると指摘しているが、主人公は圧倒的に男性である。それに対して、女性が主人公であるのは、10％である（その他の 10％は両性が平等に扱われているものか、動物などになっている）。しかしながら、1990 年以降に出版された本では、その割合は 55％対 22％である (Hill, 1997, p. 62)。この事実は、1 つの進歩を表しているが、しかし、選択に必要な情報を与え、そして不均衡の是正を促すために、主人公の性別の記述が依然として必要なことは言うまでもない。

　最後に、目録は優れた個人の本を認めている。第一言語における子供向きや青年向きの読み物ともう一度比較してみると、優れた *LLL* には何の褒賞もないことが分かる。そういう事情から、質の高い本のリスト——い

Appendix 英語 LLL 目録

わば、推薦図書——の中に、本のタイトルと著者の名前が太字で印刷され、最良の本として挙げている。本書に提示している優れた本は、「LLL の優秀作品への EPER の褒賞」(全く非公式かつ未承認ではあるが、事実上そうである) を受けたものと考える。

優れた作品を特別に選び出すことによって、LLL の優秀作品が認められ、さらに促進されることが望ましい。一定の年度に、特定の言語で出版されたフィクションかノンフィクションの優秀作品に褒賞が与えられるべきである。褒賞は、学術団体、教師の組織、専門的な機関紙、出版社団体がスポンサーとなって国際的ないしは地域的な広がりをもつことになろう。——実際のところ、個人でも、第二言語の教育水準を高めることに特別興味を持っている人ならだれでもいいのである。与えられた褒賞は、出版業者が本そのものに業績としてはっきり明示することになる。個々の書名や著者を認めることによって、他の作品の水準や可能性を高めることにもなるだろう。

著者を認め作品を褒めることによって、EPER のこのような研究発表が LLL の持続的な発展を刺激し、英語以外の言語の類似目録の一つのモデルになるであろう。

EPER の質の高い LLL 目録

目録掲載基準

英語のグレード別読本の EPER のデータベースには 3,500 の書名が登録されており、そのうち 1,650 が出版されている。本書の目録は、EPER がこれまで公表したなかでベストと考える約 600 の書名を掲載している (本書 220 頁から始まる)。すなわち、ある本の読み物としての良し悪しの決め手となる諸特徴を、グローバルに評価する 5 段階の良書査定基準によれば、4 ないしは 5 の成績に入るものである。これらの諸特徴には、プロットの明快さ、脇役としての挿絵、印刷の仕上がり、そして、最も重要な、物語あるいは本そのものの面白さが含まれる。

難易度レベル

　この書名リストは、8つの難易度レベルに分かれており、さまざまなシリーズ物や出版業者の本をどのレベルに置くかについて共通の尺度を提供し、そして学習者がレベルからレベルへと簡単に進めるように、EPER によって開発されたものである。EPER のレベル分けは、どちらかというと、テクストの言語学的特性の厳密な分析ではなく、教室での使用に向けたものである。実際、挿絵の数とか、本のサイズといったテクストとは関係のない要因が、しばしば、ある特定の本のレベルの設定に決定的な要因となる。もし学生が一部の本について、所与のレベルよりはるかに難しい、あるいはもっと易しいと判断した場合は、教師はレベルの変更に着手すべきである。

　次の表は、EPER のレベルと Cambridge 検定、TOEFL®、TOEIC® のレベルがどう対応しているかについて表している。またこの表は、小学校と中学校の生徒が、その年齢向けに書かれたレベル外の本へ移ることが可能な年齢とレベルを示している。

英語による *LLL* の EPER のレベル

EPER レベル	平均語彙	学生レベル	Cambridge	TOEFL®	TOEIC®	レベル1への移行
G	300	入門	—	—	—	
F	500	初心者	—	—	—	
E	800	初級	—	350	150	
D	1,200	中級前半	—	400	300	年齢 10-12
C	1,600	中級	—	450	450	
B	1,900	中級後半	FCE*	480	530	年齢 13-15
A	2,200	上級	CAE*	520	650	
X	3,000	Bridge	CPE*	550	730	

*　FCE = First Certificate in English　　CAE = Certificate in Advanced English
　　CPE = Certificate of Proficiency in English.

年　齢

　LLL 目録の各レベル内で、本は特定の年齢グループで分けられている。

すなわち、小学生、小学生と中学生、中学生、中学生と成人である。これらのレベル分けはヨーロッパの学習者にも直接適用されている。それ以外の文化圏の学習者のためには、修正が必要であるかもしれない。

ジャンル、地域設定、主人公
　ジャンル、地域設定、そして各書の主要人物の性別が通常示される。ジャンルが特定できないか、地域設定が広範囲にわたっていたり、架空のものであったり、あるいは主人公が、男性と女性の両方か、人間でないもののときは、ここでは、ダッシュ（―）で示される。

出版業者とシリーズ
　出版業者の名前とその本が載っているシリーズ用のコードは、各見出しの項目の後にくる。コード、シリーズ、出版業者のリストは、目録の後に示されている。（220頁から始まる）

質の高い英語 *LLL* 目録

A bibliography of high-quality language learner literature in English

（版権所有者エディンバラ大学応用言語学研究所（エディンバラ大学多読プロジェクト）
の許可により転載）
(Reproduced by permission of © IALS (EPER), University of Edinburgh.)

本目録の見方

1. EPER LEVEL H

    エディンバラ大学多読プロジェクトレベル H　（G より下のレベル）

2. EPER LEVEL G, F, E, D, C, B, A, X

    このレベル分けについては本文 216 頁のレベル表参照のこと。

3. Title

    タイトル：改作ものについては（　　　）内に原作の著者を示す。太字は特に
    　　　　　質の高い本を示す。

4. Author

    著　者：太字は特に質の高い本を示す。

5. Genre

    分　野：特に分類不可能なものは General で示す。

6. Region

    地域設定：特定不可能なものは Worldwide で示す。

7. Gender

    性　別：男女混合の場合は Both、動物は Animal、いずれにも該当しないもの
    　　　　は None で示す。

8. Publishers / Series

    出版社・シリーズ：本文 247 頁の「シリーズの説明」を参照のこと。

219

A BIBLIOGRAPHY OF HIGH-QUALITY LANGUAGE LEARNER LITERATURE IN ENGLISH

(Reproduced by permission of © IALS (EPER), University of Edinburgh.)

EPER LEVEL H

Books most suitable for primary-aged students (8-11 years old)

Title	Author	Genre	Region	Gender	Publisher/Series
Colors	Margaret Lo	General	Europe	None	PYR1(L)
Goldilocks and the Three Bears	Annie Hughes	Fable	Europe	Female	PYR1(L)
Poppet (Dick King-Smith)	**Marie Crook**	Animal	Europe	None	PYR2(L)
Puss-in-Boots	Marie Crook	Fable	Europe	Male	PYR2(L)
Seasons	Audrey McIlvain	Geography	Worldwide	None	PYR2(L)
Story Shop - The Present	John Escott, et al	General	UK	Both	PYR2(L)
Tom Thumb	Marie Crook	Fable	Europe	Male	PYR2(L)

EPER LEVEL G

Books most suitable for primary-aged students (8-11 years old)

Title	Author	Genre	Region	Gender	Publisher/Series
Jasper	CJ Moore	General	Europe	Male	MHCR1
A Present for Ann	CJ Moore	General	Europe	Both	MHCR1
Tim's Magic Paintbrush	Kate Melliss	Family	Europe	Both	MHCR1
Where's Rose?	Judy West	Family	Europe	Both	MHCR1
The Crazy Sandwich Bar	CJ Moore	General	Europe	Both	MHCR2
Jack and His Computer	**CJ Moore**	General	Europe	Male	MHCR2
Meet the Spookies	Amanda Cant	Humour	Europe	Both	MHCR2
Speedy the Flying Camel	FH Cornish	Fantasy	Europe	Both	MHCR2
The Enormous Turnip	**Sue Arengo**	Fable	Europe	Both	OCT1-1
Three Billy-Goats	**Sue Arengo**	Fable	Europe	Animal	OCT1-1
The Gingerbread Man	**Sue Arengo**	Fable	Europe	Male	OCT1-2

Appendix 英語 LLL 目錄

The Town Mouse and the Country Mouse	Sue Arengo	Fable	Europe	Animal	OCT1-2
Families	Georgina Cretigny	General	Mixed	Both	PYR1(M)
The Elves and the Shoemaker	Marie Crook	Fable	Europe	Male	PYR1(S)
The Ghost House	John Escott	Horror/ghost	UK	Both	PYR1(S)
The Best Christmas	Annie Hughes	Family	UK	Both	PYR2(M)
Little Red Riding Hood	Audrey McIlvain	Fable	Europe	Female	PYR2(M)
My Home	Margaret Lo	Culture	Worldwide	None	PYR2(M)
The Selfish Giant (Oscar Wilde)	Marie Crook	Fable	Europe	Both	PYR2(S)
101 Dalmatians (Dodie Smith)	Marie Crook	Animal	UK	Both	PYR3(L)
Jack and the Beanstalk	Coralyn Bradshaw	Fable	Europe	Male	PYR3(L)
Peter Pan (JM Barrie)	Marie Crook	Fable	UK	Both	PYR3(L)
The Princess and the Frog	Marie Crook	Fable	Europe	Female	PYR3(L)
Sinbad the Sailor	Cherry Gilchrist	Fable	Middle East	Male	PYR3(L)
The Ugly Duckling	Cameron Fox	Fable	Europe	Animal	PYR3(L)
The Toy Soldier	Georgina Swinburne	Fable	Europe	Male	PYR4(L)
Books most suitable for primary and secondary-aged students (8-16 years old)					
Billy and the Queen	Stephen Rabley	Adventure	UK	Male	PRE
Dino's Day in London	Stephen Rabley	Adventure	UK	Male	PRE
The Fireboy	Stephen Rabley	General	Middle East	Male	PRE
Flying Home	Stephen Rabley	Animal	N America	Animal	PRE
Maisie and the Dolphin	Stephen Rabley	Animal	N America	Female	PRE
Marcel and the Mona Lisa	Stephen Rabley	Thriller/crime	Europe	Male	PRE
Marcel and the White Star	Stephen Rabley	Thriller/crime	Europe	Male	PRE
Simon and the Spy	Elizabeth Laird	Adventure	UK	Male	PRE

Books most suitable for secondary-aged students (11-16 years old)					
Alissa	CJ Moore	General	Middle East	Female	MGR1
The Arcade	Stephen Colbourn	Horror/ghost	UK	Male	MGR1
Blue Fins	Sarah Axten	Animal	Pacific	Female	MGR1
The Briefcase	Stephen Colbourn	Humour	Europe	Male	MGR1
Sara Says No!	Norman Whitney	General	N America	Female	MGR1
Sugar and Candy	Elizabeth Laird	General	N America	Female	MGR1
The Umbrella	Clare Harris	Romance	UK	Female	MGR1
Bookshop Trick	John Escott	Thriller/crime	UK	Female	MHNW1
Brilliant!	Alan C McLean	Sport	UK	Male	MHNW1
Fire!	Karen E Spiller	General	Europe	Male	MHNW1
Star Picture	John Escott	General	UK	Female	MHNW1
Books most suitable for secondary-aged and adult students (11 and older)					
L.A. Detective	Philip Prowse	Thriller/crime	N America	Male	MGR1
The Lost Ship	Stephen Colbourn	Thriller/crime	Caribbean	Male	MGR1
Lucky Number	John Milne	General	S America	Male	MGR1
The Magic Barber	**John Milne**	Humour	N America	Both	MGR1
Paradise Island	Norman Whitney	General	Caribbean	Female	MGR1
Photo Finish	**Polly Sweetnam**	Thriller/crime	UK	Female	MGR1
Escape	Phillip Burrows & Mark Foster	Thriller/crime	Europe	Male	OBS1
King Arthur	Janet Hardy-Gould	Fable	UK	Male	OBS1
Taxi of Terror	**Phillip Burrows & Mark Foster**	Thriller/crime	Europe	Male	OBS1
Vampire Killer	Paul Shipton	Horror/ghost	UK	Both	OBS1
April in Moscow	Stephen Rabley	Romance	Europe	Female	PRE

Between Two Worlds	Stephen Rabley	General	Australasia	Female	PRE
The Big Bag Mistake	John Escott	Thriller/crime	UK	Both	PRE
Blue Moon Valley	Stephen Rabley	Romance	N America	Female	PRE
Dead Man's River	Elizabeth Laird	Adventure	N America	Male	PRE
Hannah and the Hurricane	John Escott	Adventure	Caribbean	Female	PRE
The Last Photo	Bernard Smith	Thriller/crime	UK	Both	PRE
The Leopard and the Lighthouse	Anne Collins	Animal	Africa	Animal	PRE
The Long Road	Rod Smith	Biography	N America	Male	PRE
Lucky Break	John Escott	General	N America	Male	PRE
Newspaper Chase	**John Escott**	Thriller/crime	UK	Both	PRE
Tinkers Farm	Stephen Rabley	History	N America	Male	PRE
Tinkers Island	Stephen Rabley	General	N America	Male	PRE
The Troy Stone	Stephen Rabley	Adventure	Europe	Male	PRE
EPER LEVEL F					
Books most suitable for primary-aged students (8-11 years old)					
Hatman's Holiday	CJ Moore	General	Europe	Male	MHCR3
The Magnificent Mango	Judy West	General	Indian Subcont	Both	MHCR3
Miss Electra's Friends	Caroline Hearns	General	Europe	Female	MHCR3
The Unhappy Ghost	**CJ Moore**	General	Europe	Female	MHCR3
The Fastest Trolley in the World	CJ Moore	General	UK	Male	MHCR4
First to Fly	Kieran McGovern	Biography	N America	Male	MHCR4
Salty to the Rescue	Caroline Laidlaw	Fantasy	N America	None	MHCR4
Goldilocks and the Three Bears	**Sue Arengo**	Fable	Europe	Female	OCT2-1
Little Red Riding Hood	**Sue Arengo**	Fable	Europe	Female	OCT2-1
Cinderella	**Sue Arengo**	Fable	Europe	Female	OCT2-2

Sleeping Beauty	Sue Arengo	Fable	Europe	Female	OCT2-2
Beauty and the Beast	Sue Arengo	Fable	Europe	Female	OCT2-3
Snow White and the Seven Dwarfs	Sue Arengo	Fable	Europe	Female	OCT2-3
The Elephant Rock		Animal	UK	Male	OSR10
The Girl from the Sea		Fable	Africa	None	OSR10
Save the Animals!		Animal	Africa	Animal	OSR10
Typhoon!		Adventure	China	Male	OSR10
The Fishing Hook		Fable	Japan	Male	OSR11
How Sam Grew		General	UK	Male	OSR11
The School Ghost		Horror/ghost	UK	Female	OSR11
The Younger Brother		Sport	UK	Male	OSR11
Happy and the Plums		Adventure	China	Male	OSR12
The Snow Queen		Fable	Europe	Female	OSR12
The Story of Tea		Fable	Indian Subcont	None	OSR12
Take it Away!		Animal	UK	Both	OSR12
Charlie and the Chocolate Factory (Roald Dahl)	Caroline Laidlaw	Fantasy	UK	Male	PYR3(M)
Hansel and Gretel	Cameron Fox	Fable	Europe	Both	PYR3(M)
Peter and the Wolf	Lynne D Herndon	Fable	Russia	Male	PYR3(M)
Shapes	Caroline Laidlaw	General	None	None	PYR3(M)
Sitting Ducks: Bill Hatches an Egg	Michael Bedard	Fantasy	UK	Male	PYR3(M)
Beauty and the Beast	Fiona Kalinowski	Fable	Europe	Female	PYR3(S)
Pinocchio	Nicole Taylor	Fable	Europe	Male	PYR3(S)
The Pied Piper of Hamelin	Nicole Taylor	Fable	Europe	Male	PYR4(M)
Rapunzel	Georgina Swinburne	Fable	Europe	Female	PYR4(M)
Books most suitable for primary and secondary-aged students (8-16 years old)					
Zargon Zoo	Paul Shipton	Humour	Space	Male	MHNW2

Appendix 英語 *LLL* 目録

Dancing Shoes	Colin Granger	General	UK	Female	MHNW3
One Pair of Eyes	Caroline Laidlaw	General	UK	Both	MHNW3
Around the World in Eighty Days (Jules Verne)	**Bill Bowler**	Adventure	Mixed	Male	ODS
Rip Van Winkle & The Legend of Sleepy Hollow (Washington Irving)	**Alan Hines**	Classic	N America	Male	ODS
William Tell and other stories	John Escott	General	Mixed	Both	ODS
Marcel Goes to Hollywood	**Stephen Rabley**	Thriller/crime	N America	Male	PR1
Teen Stories - Love on the Ice	Anne Collins, et al	Romance	UK	Both	PR1
Teen Stories - Smile, Please	Anne Collins, et al	Thriller/crime	Mixed	Male	PR1
Teen Stories - The Purse	Joanna Strange, et al	General	UK	Both	PR1
Story Shops - Winners and Losers	Coralyn Bradshaw, et al	Sport	UK	Both	PYR3(M)
Happy Granny and The Wood Circle	Antoinette Moses	General	UK	Both	PYR3(S)
Stories from the Odyssey	Fiona Beddall	Adventure	Greece	Male	PYR3(S)
The Waters of Life	Cherry Gilchrist	Fable	East Asia	Both	PYR3(S)
Woody Woodpecker: Beech Nuts	Coleen Degnan-Veness	Humour	N America	Male	PYR3(S)
The Amazing Universe	**Paul Shipton**	Geography	Space	None	PYR4(M)
Ancient Egypt	Coleen Degnan-Veness	History	Africa	None	PYR4(M)
Books most suitable for secondary-aged students (11-16 years old)					
Double Danger	Tony Hopwood	Thriller/crime	Japan	Female	MHNW2
Escape from Castle Czarka	Alan C McLean	Adventure	Europe	Both	MHNW2
The House on the Moors	Paul Shipton	Horror/ghost	UK	Both	MHNW2
Karateka	Sue Leather & Marje Brash	General	UK	Female	MHNW2
Kate's Revenge	Philip Prowse	General	N America	Female	MHNW2

225

Sheela and the Robbers	John Escott	General	UK	Female	MHNW3
The Smiling Buddha	Michael Palmer	Thriller/crime	SE Asia	Both	MHNW3
The Collector	**Peter Viney**	Sci-fi	UK	Male	OSL1
The Locked Room	**Peter Viney**	Thriller/crime	UK	Male	OSL1
A Song for Ben	Sandra Slater	Thriller/crime	N America	Female	OSL1
The Watchers	Jennifer Bassett	History	Europe	Both	OSL1
Ali and His Camera	**Raymond Pizante**	Adventure	Middle East	Male	PR1
Lisa in London	Paul Victor	Romance	UK	Female	PR1
Mike's Lucky Day	Leslie Dunkling	Romance	UK	Male	PR1
The Phone Rings	Andrew Matthews	Romance	Europe	Both	PR1
Books most suitable for secondary-aged and adult students (11 and older)					
Dangerous Journey	Alwyn Cox	Adventure	S America	Male	MGR2
Dear Jan - Love Ruth	Nick McIver	Romance	UK	Both	MGR2
Death of a Soldier	Philip Prowse	Thriller/crime	UK	Male	MGR2
The Garden	**Elizabeth Laird**	Romance	UK	Female	MGR2
The House on the Hill	Elizabeth Laird	Romance	UK	Male	MGR2
L.A. Raid	Philip Prowse	Thriller/crime	N America	Male	MGR2
The Long Tunnel	John Milne	Thriller/crime	UK	Male	MGR2
Marco	Mike Esplen	General	Europe	Male	MGR2
The Night Visitor	**Richard MacAndrew & Cathy Lawday**	Horror/ghost	UK	Both	MGR2
Picture Puzzle	John Escott	Thriller/crime	UK	male	MGR2
Rich Man, Poor Man	Tom Jupp	General	Middle East	Male	MGR2
The Sky's the Limit	Norman Whitney	General	UK	Male	MGR2
The Wall	Stephen Colbourn	Sci-fi	Imaginary	Male	MGR2

Winning and Losing	Tom Jupp	General	Middle East	Male	MGR2
Diana Princess of Wales	Tim Vicary	Biography	UK	Female	OBF1
Kings and Queens of Britain	Tim Vicary	Biography	UK	Both	OBF1
Scotland	Steve Flinders	Travel	UK	None	OBF1
Titanic	Tim Vicary	History	UK	None	OBF1
Drive into Danger	Rosemary Border	Thriller/crime	Europe	Both	OBS2
The Fifteenth Character	Rosemary Border	Thriller/crime	Europe	Male	OBS2
Girl on a Motorcycle	**John Escott**	Thriller/crime	N America	Both	OBS2
New York Café	**Michael Dean**	Thriller/crime	N America	Both	OBS2
Police TV	Tim Vicary	Thriller/crime	UK	Both	OBS2
Amazon Rally	Eduardo Amos & Elisabeth Prescher	Adventure	S America	Male	PR1
The Barcelona Game	**Stephen Rabley**	Adventure	Europe	Female	PR1
Brazil 500 Years - The Voyage to Terra Papagalis	Francisco Lima	History	S America	Male	PR1
The Crown (MR James)	Paul Shipton	Horror/ghost	UK	Male	PR1
Girl Meets Boy	**Derek Strange**	Romance	UK	Both	PR1
Island for Sale	Anne Collins	Humour	UK	Male	PR1
Karen and the Artist	**Elizabeth Laird**	Romance	Europe	Female	PR1
The Missing Coins	John Escott	Thriller/crime	UK	Both	PR1
The Streets of London	**Cherry Gilchrist**	Romance	UK	Female	PR1
Surfer!	**Paul Harvey**	Sport	UK	Male	PR1
EPER LEVEL E					
Books most suitable for primary-aged students (8-11 years old)					
Axle Tom	Caroline Laidlaw	General	Europe	Male	MHCR5
Button Soup	CJ Moore	General	Europe	Both	MHCR5

Summer in the City	Maureen Barnett	Family	UK	Both	MHCR5
A Little Princess (Frances Hodgson Burnett)	**Jennifer Bassett**	Children's Classic	UK	Female	OBL1
The Wizard of Oz (L Frank Baum)	Rosemary Border	Fantasy	N America	Female	OBL1
Books most suitable for primary and secondary-aged students (8-16 years old)					
Aladdin and the Enchanted Lamp	Judith Dean	Fable	Middle East	Male	OBL1
The Blue Diamond (Sir Arthur Conan Doyle)	**Bill Bowler**	Thriller/crime	UK	Male	OD1
The Curse of the Mummy	Joyce Hannam	Horror/ghost	Middle East	Male	OD1
The Wild West	John Escott	History	N America	Male	OD1
A Christmas Carol (Charles Dickens)	David A Hill	Ghost	UK	Male	PYR4(S)
The Crane's Gift	**Steve & Megumi Biddle**	Fable	Japan	Both	PYR4(S)
The Emperor and the Nightingale	Marie Crook	Fable	China	Male	PYR4(S)
The Snow Queen	Audrey McIlvain	Fable	Europe	Female	PYR4(S)
A Thief in the Village and Other Stories	**James Berry**	Short Stories	Caribbean	Both	PYR4(S)
Books most suitable for secondary-aged students (11-16 years old)					
Little Women (Louisa M Alcott)	Anne Collins	Family	N America	Female	MGR2(L)
Clara	**Elizabeth Laird**	General	UK	Female	MHNW4
Poor Little Rich Girl	Eleanor O'Reilly	Thriller/crime	Europe	Female	MHNW4
The Singer Not the Song	Liz Driscoll	Romance	UK	Female	MHNW4
Books most suitable for secondary-aged and adult students (11 and older)					
The Big Picture	**Sue Leather**	Thriller/crime	Japan	Both	CER1
Help!	Philip Prowse	Humour	UK	Male	CER1
Inspector Logan	**Richard MacAndrew**	Thriller/crime	UK	Female	CER1
John Doe	**Antoinette Moses**	Thriller/crime	UK	Female	CER1

Just Like a Movie	Sue Leather	Thriller/crime	N America	Both	CER1
The Adventures of Tom Sawyer (Mark Twain)	FH Cornish	Adventure	N America	Male	MGR2(L)
Billy Budd (Herman Melville)	Margaret Tarner	Adventure	Europe	Male	MGR2(L)
The Black Tulip (Alexandre Dumas)	Florence Bell	Adventure	Europe	Male	MGR2(L)
The House in the Picture & Abbot Thomas' Treasure (MR James)	FH Cornish	Horror/ghost	UK	Male	MGR2(L)
Jane Eyre (Charlotte Bronte)	Florence Bell	Romance	UK	Female	MGR2(L)
The Last of the Mohicans (James F Cooper)	John Escott	Adventure	N America	Male	MGR2(L)
The Man in the Iron Mask (Alexandre Dumas)	John Escott	History	Europe	Male	MGR2(L)
Northanger Abbey (Jane Austen)	Florence Bell	Romance	UK	Female	MGR2(L)
The Phantom of the Opera (Gaston Leroux)	Stephen Colbourn	Horror/ghost	Europe	Both	MGR2(L)
A Tale of Two Cities (Charles Dickens)	Stephen Colbourn	History	Europe	Male	MGR2(L)
Ireland	Tim Vicary	Travel	Europe	None	OBF2
Oxford	Andy Hopkins & Jocelyn Potter	Travel	UK	None	OBF2
Pollution	Rosemary Border	Environment	Worldwide	None	OBF2
Seasons and Celebrations	Jackie Maguire	Culture	Worldwide	None	OBF2
U.F.O.s	Helen Brooke	Science	Worldwide	None	OBF2
Christmas in Prague	Joyce Hannam	Adventure	Europe	Female	OBL1
The Coldest Place on Earth	Tim Vicary	History	Antarctic	Male	OBL1
The Elephant Man	Tim Vicary	General	UK	Male	OBL1
Goodbye Mr Hollywood	John Escott	Thriller/crime	N America	Male	OBL1
The Lottery Winner	Rosemary Border	General	UK	Male	OBL1
Love or Money?	Rowena Akinyemi	Thriller/crime	UK	Both	OBL1

Mary Queen of Scots	Tim Vicary	Biography	UK	Female	OBL1
The Monkey's Paw (WW Jacobs)	Diane Mowat	Horror/ghost	UK	Male	OBL1
The Omega Files	Jennifer Bassett	Thriller/crime	UK	Both	OBL1
One-Way Ticket	Jennifer Bassett	General	UK	Both	OBL1
Pocahontas	Tim Vicary	Biography	N America	Female	OBL1
The President's Murderer	Jennifer Bassett	Thriller/crime	Europe	Male	OBL1
Remember Miranda	Rowena Akinyemi	Thriller/crime	UK	Female	OBL1
The Witches of Pendle	Rowena Akinyemi	Horror/ghost	UK	Female	OBL1
Casualty!	Peter Viney	Thriller/crime	UK	Female	OSL2
The Gift of the Magi and Other Stories (O Henry)	Nancy Taylor	Short Stories	N America	Both	PR1(L)
EPER LEVEL D					
Books most suitable for primary and secondary-aged students (8-16 years old)					
Alice's Adventures in Wonderland (Lewis Carroll)	Jennifer Bassett	Fantasy	UK	Female	OBL2
The Children of the New Forest (Captain Marryat)	Rowena Akinyemi	Adventure	UK	Both	OBL2
A Stranger at Green Knowe (LM Boston)	Diane Mowat	Children's Classic	UK	Male	OBL2
Anne of Green Gables (LM Montgomery)	Anne Collins	Children's Classic	N America	Female	PR2
Babe - The Sheep Pig (Dick King-Smith)	Chris Grant-Bear	Animal	N America	Animal	PR2
Fly Away Home (Patricia Hermes)	Karen Holmes	Animal	N America	Female	PR2
Freckles (Andrew Matthews)	John Escott	Romance	UK	Female	PR2
Heidi (Johanna Spyri)	John Escott	Adventure	Europe	Female	PR2
Money to Burn	John Escott	Thriller/crime	UK	Female	PR2
Books most suitable for secondary-aged students (11-16 years old)					
Adventure in Rio	John Milne	Thriller/crime	S America	Male	MGR3

Appendix 英語 LLL 目録

The Boy who was Afraid (Armstrong Sperry)	Stephen Colbourn	General	Pacific	Male	MGR3
The Phantom Airman (Alan Frewin Jones)	Margaret Tarner	Horror/ghost	UK	Both	MGR3
The Runaways (Victor Canning)	F Peers	General	UK	Male	MGR3
Unquiet Graves (Alan Frewin Jones)	Margaret Tarner	Horror/ghost	UK	Both	MGR3
Away Match	Susan Axbey	Romance	Europe	Female	MHNW5
Lost in London	Colin Granger	General	UK	Female	MHNW5
Mystery on Mallorca	Alan C McLean	Thriller/crime	Europe	Female	MHNW5
Wish at Corroboree Rock	Stella Martin	General	Australasia	Male	MHNW5
The Jungle Book (Rudyard Kipling)	Ralph Mowat	Animal	Indian Subcont	Male	OBL2
Matty Doolin (Catherine Cookson)	Diane Mowat	General	UK	Male	OBL2
Robinson Crusoe (Daniel Defoe)	Diane Mowat	Adventure	Pacific	Male	OBL2
The Mysterious Island (Jules Verne)	Jane Rollason	Adventure	Europe	Male	PR2
The Prince and the Pauper (Mark Twain)	Jane Rollason	Adventure	UK	Male	PR2
Robin Hood	Liz Austin	Adventure	UK	Male	PR2
Round the World in Eighty Days (Jules Verne)	Michael Dean	Adventure	Europe	Male	PR2
The Secret Garden (Frances Hodgson Burnett)	Anne Collins	Children's Classic	UK	Female	PR2
Stealing the Hills	Josephine Feeney	Political	UK	Female	PR2
Tales from the Arabian Nights	Anne Collins	Fable	Middle East	Male	PR2
The Voyages of Sindbad the Sailor	Pauline Francis	Fable	Middle East	Male	PR2
Books most suitable for secondary-aged and adult students (11 and older)					
Apollo's Gold	Antoinette Moses	Thriller/crime	Europe	Female	CER2
Jojo's Story	**Antoinette Moses**	War	Africa	Male	CER2

231

Logan's Choice	Richard MacAndrew	Thriller/crime	UK	Female	CER2
The Man from Nowhere	Bernard Smith	Adventure	Middle East	Male	CER2
A Picture to Remember	Anne Scott-Malden	Thriller/crime	S America	Female	CER2
The Flower Seller	Richard Prescott	Thriller/crime	UK	Male	MGR3
The Gift from the Gods and Other Stories (Anne Ingram)	John Escott	Fables	SE Asia	Both	MGR3
The Goalkeeper's Revenge (Bill Naughton)	Peter Hodson	General	UK	Male	MGR3
The Hound of the Baskervilles (Sir Arthur Conan Doyle)	Stephen Colbourn	Thriller/crime	UK	Male	MGR3
Lady Portia's Revenge	David Evans	General	UK	Both	MGR3
The Land of Morning Calm and Other Stories (Anne Ingram)	Katherine Mattock	Fables	East Asia	Both	MGR3
The Legends of Sleepy Hollow & Rip Van Winkle (Washington Irving)	Anne Collins	Fantasy	N America	Male	MGR3
The Lord of Obama's Messenger and Other Stories (Marguerite Siek)	FH Cornish	Fables	East Asia	Both	MGR3
The Lost World (Sir Arthur Conan Doyle)	Anne Collins	Adventure	S America	Male	MGR3
Love Conquers Death and Other Stories (Catherine Khoo & Marguerite Siek)	FH Cornish	Fables	Indian Subcont	Both	MGR3
The Narrow Path (Francis Selormey)	John Milne	Biography	Africa	Male	MGR3
The Picture of Dorian Gray (Oscar Wilde)	FH Cornish	Classic	UK	Male	MGR3
The Promise	RL Scott-Buccleuch	General	S America	Male	MGR3
A River Ran Out of Eden (James Vance Marshall)	**Peter Hodson**	General	N America	Male	MGR3
Road to Nowhere	John Milne	General	Middle East	Male	MGR3

Appendix 英語 LLL 目録

Title	Author	Genre	Setting	Gender	Level
Room 13 and Other Ghost Stories (MR James)	Stephen Colbourn	Horror/ghost	UK	Male	MGR3
Silver Blaze and Other Stories (Sir Arthur Conan Doyle)	Anne Collins	Thriller/crime	UK	Male	MGR3
The Stone Lion and Other Stories (Claire Breckon)	Stephen Colbourn	Fables	SE Asia	Both	MGR3
The Stranger	Norman Whitney	Horror/ghost	UK	Female	MGR3
Tales of Horror (Bram Stoker)	John Davey	Horror/ghost	Europe	Male	MGR3
Tales of Ten Worlds (Arthur C Clarke)	Helen Reid Thomas	Sci-fi	Space	Male	MGR3
The Verger and Other Stories (W Somerset Maugham)	John Milne	Short Stories	UK	Male	MGR3
Why Ducks Sleep on One Leg and Other Stories (Anne Ingram)	John Escott	Fables	SE Asia	Both	MGR3
The Woman in Black (Susan Hill)	**Margaret Tarner**	Horror/ghost	UK	Male	MGR3
Z for Zachariah (Robert C O'Brien)	Peter Hodson	Sci-fi	N America	Female	MGR3
Australia and New Zealand	Christine Lindop	Travel	Australasia	None	OBF3
The USA	Alison Baxter	Travel	N America	None	OBF3
The Canterville Ghost (Oscar Wilde)	**John Escott**	Humour	UK	Male	OBL2
Death in the Freezer	Tim Vicary	Thriller/crime	UK	Female	OBL2
The Death of Karen Silkwood	Joyce Hannam	Political	N America	Female	OBL2
Ear-rings from Frankfurt	Reg Wright	Thriller/crime	Europe	Female	OBL2
Grace Darling	**Tim Vicary**	Adventure	UK	Female	OBL2
Henry VIII and his Six Wives	**Janet Hardy-Gould**	Biography	UK	Both	OBL2
The Murders in the Rue Morgue (Edgar Allan Poe)	**Jennifer Bassett**	Thriller/crime	Europe	Male	OBL2
New Yorkers (O Henry)	Diane Mowat	General	N America	Both	OBL2
The Piano	Rosemary Border	General	UK	Male	OBL2

233

Title	Author	Genre	Setting	Character	Level
Return to Earth (John Christopher)	Susan Binder	Sci-fi	N America	Both	OBL2
Stories from the Five Towns (Arnold Bennett)	**Nick Bullard**	Short Stories	UK	Both	OBL2
Voodoo Island	Michael Duckworth	Thriller/crime	Caribbean	Male	OBL2
William Shakespeare	**Jennifer Bassett**	Biography	UK	Male	OBL2
Romeo and Juliet (William Shakespeare)	Alistair McCallum	Romance	Europe	Both	OBP2
White Fang (Jack London)	John Escott	Adventure	N America	Animal	OD2
Life Lines	Peter Viney	General	UK	Female	OSL3
Milo	Jennifer Bassett	Sci-fi	UK	Male	OSL3
Sunnyvista City	**Peter Viney**	Sci-fi	Imaginary	Male	OSL3
City of Lights	Tim Vicary	Sci-fi	Space	Both	OSL4
The Hitch-Hiker	Tim Vicary	Horror/ghost	UK	Female	OSL4
Space Affair	**Peter Viney**	Sci-fi	Space	Both	OSL4
A Tidy Ghost	**Peter Viney**	Humour	UK	Both	OSL4
American Life	Vicky Shipton	Travel	N America	None	PR2
Another World	**Eleanor O'Reilly**	Sci-fi	Imaginary	Both	PR2
The Cay (Theodore Taylor)	Derek Strange	Adventure	Caribbean	Male	PR2
Dante's Peak (Dewey Gram)	Robin Waterfield	Adventure	N America	Male	PR2
The Earthquake	Elizabeth Laird	Romance	Europe	Male	PR2
First Wave: Subject 117 (Chris Brancato)	**Karen Holmes**	Sci-fi	N America	Male	PR2
The Fox (DH Lawrence)	Philip Prowse	Romance	UK	Both	PR2
Lost Love and other stories	Jan Carew	Short Stories	UK	Male	PR2
Mr Bean (Richard Curtis & Robin Driscoll)	**Joanna Strange**	Humour	Mixed	Male	PR2
Of Mice and Men (John Steinbeck)	**Kevin Hinkle**	Classic	N America	Male	PR2
Project Omega	Eleanor O'Reilly	Thriller/crime	N America	Female	PR2

Appendix 英語 LLL 目録

The Room in the Tower and Other Stories (Rudyard Kipling, et al)	Carolyn Jones & Derek Strange	Horror/ghost	UK	Both	PR2
Simply Suspense (Frank Stockton et al)	JYK Kerr	Horror/ghost	UK	Both	PR2
The Storm	**Elizabeth Laird**	Romance	Europe	Female	PR2
Stranger than Fiction (Phil Healey & Rick Glanville)	Patty Key & Stephen Kirby	Humour	UK	None	PR2
Wanted: Anna Marker	Kris Anderson	Thriller/crime	SE Asia	Female	PR2
The Wave (Morton Rhue)	Kieran McGovern	Political	N America	Female	PR2

EPER LEVEL C

Books most suitable for primary and secondary-aged students (8-16 years old)

The Railway Children (Edith Nesbit)	John Escott	Adventure	UK	Both	OBL3
Emil and the Detectives (Erich Kastner)	Rod Smith	Thriller/crime	Europe	Male	PR3
Matilda (Roald Dahl)	John Escott	Humour	UK	Female	PR3
The Swiss Family Robinson (Johann Wyss)	Madeleine du Vivier	Adventure	Pacific	Male	PR3

Books most suitable for secondary-aged students (11-16 years old)

The Girl Who Loved Tom Gordon (Stephen King)	John Escott	Adventure	N America	Female	MGR4
Into the Future	John Milne	Sci-fi	Europe	Both	MGR4
The Call of the Wild (Jack London)	Nick Bullard	Animal	N America	Animal	OBL3
The Crown of Violet (Geoffrey Trease)	John Escott	History	Europe	Both	OBL3
Kidnapped (Robert Lewis Stevenson)	Clare West	Adventure	UK	Male	OBL3
On the Edge (Gillian Cross)	Clare West	Thriller/crime	UK	Both	OBL3
Who, Sir? Me, Sir? (KM Peyton)	Diane Mowat	General	UK	Male	OBL3
The Wind in the Willows (Kenneth Grahame)	Jennifer Bassett	Animal	UK	Male	OBL3
Ghost in the Guitar	Paul Shipton	Horror/ghost	UK	Both	PR3

235

Goggle-Eyes (Anne Fine)	Michael Nation	Family	UK	Female	PR3
Madame Doubtfire (Anne Fine)	JYK Kerr	Humour	N America	Male	PR3
The White Mountains (John Christopher)	**AG Eyre**	Sci-fi	Europe	Male	PR3

Books most suitable for secondary-aged and adult students (11 and older)

The Beast	Carolyn Walker	Horror/ghost	UK	Both	CER3
The House by the Sea	Tricia Aspinall	Thriller/crime	UK	Male	CER3
How I Met Myself	David A Hill	Thriller/crime	Europe	Male	CER3
The Ironing Man	Colin Campbell	Humour	UK	Both	CER3
Just Good Friends	Penny Hancock	Romance	Europe	Both	CER3
The Lahti File	**Richard MacAndrew**	Thriller/crime	Europe	Male	CER3
A Puzzle for Logan	Richard MacAndrew	Thriller/crime	UK	Female	CER3
Two Lives	**Helen Naylor**	Romance	UK	Both	CER3
Banker (Dick Francis)	Stephen Colbourn	Thriller/crime	UK	Male	MGR4
The Bonetti Inheritance	**Richard Prescott**	Thriller/crime	Europe	Both	MGR4
Bristol Murder	Philip Prowse	Thriller/crime	UK	Male	MGR4
Dracula (Bram Stoker)	Margaret Tarner	Horror/ghost	Europe	Male	MGR4
The Franchise Affair (Josephine Tey)	Margaret Tarner	Thriller/crime	UK	Male	MGR4
The Good Earth (Pearl Buck)	**Stephen Colbourn**	General	China	Both	MGR4
The Hairless Mexican & The Traitor (W Somerset Maugham)	Philip King	Thriller/crime	Europe	Male	MGR4
A Kiss before Dying (Ira Levin)	**FH Cornish**	Thriller/crime	N America	Both	MGR4
A Marriage of Convenience and Other Stories (W Somerset Maugham)	David R Hill	General	Europe	Both	MGR4

Appendix 英語 LLL 目錄

Old Mali and the Boy (DR Sherman)	John Milne	General	Indian Subcont	Male	MGR4
Oliver Twist (Charles Dickens)	**Margaret Tarner**	Classic	UK	Male	MGR4
The Perfect Storm (Sebastian Junger)	Anne Collins	Adventure	N America	Male	MGR4
The Queen of Spades and Other Stories (Alexander Pushkin)	Stephen Colbourn	Classic	Europe	Both	MGR4
River God (Wilbur Smith)	Stephen Colbourn	History	Middle East	Both	MGR4
The Seventh Scroll (Wilbur Smith)	Stephen Colbourn	History	Middle East	Both	MGR4
Shane (Jack Schaefer)	**John Milne**	General	N America	Male	MGR4
The Sign of Four (Sir Arthur Conan Doyle)	Anne Collins	Thriller/crime	Europe	Male	MGR4
Silas Marner (George Eliot)	**Margaret Tarner**	Classic	UK	Male	MGR4
The Smuggler	Piers Plowright	Thriller/crime	Europe	Male	MGR4
The Speckled Band and Other Stories (Sir Arthur Conan Doyle)	Anne Collins	Thriller/crime	UK	Male	MGR4
Tales of Goha	Leslie Caplan	Humour	Middle East	Male	MGR4
Things Fall Apart (Chinua Achebe)	**John Davey**	General	Africa	Male	MGR4
The Three Strangers and Other Stories (Thomas Hardy)	Margaret Tarner	Horror/ghost	UK	Both	MGR4
A Town Like Alice (Nevil Shute)	David R Hill	Adventure	SE Asia	Female	MGR4
Used in Evidence (Frederick Forsyth)	**Stephen Colbourn**	Thriller/crime	Mixed	Male	MGR4
Walkabout (James Vance Marshall)	Jim Alderson	General	Australasia	Both	MGR4
When Rain Clouds Gather (Bessie Head)	Margaret Tarner	General	Africa	Both	MGR4
The Woman Who Disappeared	Philip Prowse	Thriller/crime	N America	Male	MGR4
As the Inspector Said.... (Cyril Hare, et al)	John Escott	Thriller/crime	UK	Both	OBL3

Title	Author	Genre	Region	Gender	Level
The Bronte Story	Tim Vicary	Biography	UK	Both	OBL3
The Card (Arnold Bennett)	Nick Bullard	Humour	UK	Male	OBL3
Chemical Secret	Tim Vicary	Thriller/crime	UK	Male	OBL3
A Christmas Carol (Charles Dickens)	Clare West	Classic	UK	Male	OBL3
Ethan Frome (Edith Wharton)	Susan Kinsley	Family	N America	Both	OBL3
Go, Lovely Rose (HE Bates)	Rosemary Border	General	UK	Both	OBL3
Justice	Tim Vicary	Thriller/crime	UK	Female	OBL3
Love Story (Erich Segal)	Rosemary Border	Romance	N America	Both	OBL3
A Pair of Ghostly Hands (MR James, et al)	Diane Mowat	Horror/ghost	UK	Both	OBL3
Skyjack!	Tim Vicary	Thriller/crime	UK	Both	OBL3
Tales of Mystery and Imagination (Edgar Allan Poe)	Margaret Naudi	Horror/ghost	N America	Both	OBL3
Through the Looking Glass (Lewis Carroll)	Jennifer Bassett	Fantasy	UK	Female	OBL3
Tooth and Claw (Saki)	Rosemary Border	Humour	UK	Both	OBL3
Wyatt's Hurricane (Desmond Bagley)	Jennifer Bassett	Adventure	N America	Male	OBL3
The Accidental Tourist (Anne Tyler)	Susan Maingay	Romance	N America	Both	PR3
Amistad (Joyce Annette Barnes)	D'Arcy & Evadne Adrian-Vallance	History	N America	Male	PR3
The Black Cat and Other Stories (Edgar Allan Poe)	David Wharry	Horror/ghost	N America	Male	PR3
British Life	Anne Collins	Culture	UK	None	PR3
Chance of a Lifetime	Margaret Iggulden & Julia Allen	Adventure	Europe	Female	PR3
The Chrysalids (John Wyndham)	Sue Harmes	Sci-fi	N America	Both	PR3
The Climb	John Escott	Adventure	Europe	Female	PR3
Forrest Gump (Winston Groom)	John Escott	General	N America	Male	PR3

Frankenstein (Mary Shelley)	Deborah Tempest	Horror/ghost	Europe	Male	PR3
The Great Discovery	Mandy Loader	Adventure	Middle East	Male	PR3
The Horse Whisperer (Nicholas Evans)	Andy Hopkins & Jocelyn Potter	Romance	N America	Female	PR3
Island of the Blue Dolphins (Scott O'Dell)	Roland John	Adventure	N America	Female	PR3
K's First Case	Louis Alexander	Thriller/crime	UK	Female	PR3
The Pearl (John Steinbeck)	Gregory McElwain	Classic	N America	Male	PR3
Photo of the Tall Man	Stephen Rabley	Thriller/crime	UK	Female	PR3
Psycho (Robert Bloch)	Chris Rice	Horror/ghost	N America	Female	PR3
The Ring	**Bernard Smith**	Thriller/crime	S America	Male	PR3
Ring of Bright Water (Gavin Maxwell)	JYK Kerr	Animal	UK	Animal	PR3
Rogue Trader (Nick Leeson)	**Susan Fearn**	Biography	Mixed	Male	PR3
A Scandal in Bohemia and Other Stories (Sir A Conan Doyle)	Ronald Holt	Thriller/crime	UK	Male	PR3
St Agnes' Stand (Thomas Eidson)	John Escott	Adventure	N America	Both	PR3
Titanic!	**Paul Shipton**	History	Atlantic	None	PR3
The Turn of the Screw (Henry James)	Cherry Gilchrist	Horror/ghost	UK	Female	PR3
Vanity Fair (William Makepeace Thackeray)	Pauline Francis	Classic	UK	Female	PR3
EPER LEVEL B					
Books most suitable for secondary-aged students (11-16 years old)					
Black Beauty (Anna Sewell)	John Escott	Animal	UK	Animal	OBL4
The Eagle of the Ninth (Rosemary Sutcliff)	**John Escott**	Adventure	UK	Male	OBL4
Gulliver's Travels (Jonathan Swift)	**Clare West**	Fantasy	Imaginary	Male	OBL4
Little Women (Louisa M Alcott)	**Ralph Mowat**	Family	N America	Female	OBL4

239

Lorna Doone (RD Blackmore)	David Penn	Classic	UK	Male	OBL4
The Silver Sword (Ian Serraillier)	**John Escott**	Adventure	Europe	Both	OBL4
Treasure Island (Robert Lewis Stevenson)	John Escott	Adventure	Caribbean	Male	OBL4
We Didn't Mean to Go to Sea (Arthur Ransome)	**Ralph Mowat**	Adventure	UK	Both	OBL4
The Whispering Knights (Penelope Lively)	Clare West	Horror/ghost	UK	Female	OBL4
The Diary of a Young Girl (Anne Frank)	**Cherry Gilchrist**	Biography	Europe	Female	PR4
Books most suitable for secondary-aged and adult students (11 and older)					
The Amsterdam Connection	Sue Leather	Thriller/crime	Europe	Female	CER4
High Life, Low Life	Alan Battersby	Thriller/crime	USA	Male	CER4
A Matter of Chance	David A Hill	Thriller/crime	Europe	Male	CER4
Staying Together	Judith Wilson	Romance	Mixed	Both	CER4
When Summer Comes	Helen Naylor	Romance	UK	Both	CER4
Jurassic Park (Michael Crichton)	FH Cornish	Sci-fi	Caribbean	Both	MGR4(L)
The Silent World of Nicholas Quinn (Colin Dexter)	Anne Collins	Thriller/crime	UK	Male	MGR4(L)
Wuthering Heights (Emily Bronte)	FH Cornish	Romance	UK	Both	MGR4(L)
The Great Ponds (Elechi Amadi)	John Davey	General	Africa	Male	MGR5
L.A. Movie	Philip Prowse	Thriller/crime	N America	Male	MGR5
The Man of Property (John Galsworthy)	**Margaret Tarner**	Classic	UK	Both	MGR5
Mine Boy (Peter Abrahams)	**Rod Nesbitt**	General	Africa	Male	MGR5
Officially Dead	**Richard Prescott**	Thriller/crime	UK	Both	MGR5
Weep Not, Child (James Ngugi)	Margaret Tarner	General	Africa	Male	MGR5

Appendix 英語 LLL 目録

Cranford (Elizabeth Gaskell)	Kate Mattock	Classic	UK	Female	OBL4
Desert Mountain Sea	Sue Leather	Non-fiction	Mixed	Female	OBL4
Dr Jekyll and Mr Hyde (Robert Lewis Stevenson)	**Rosemary Border**	Horror/ghost	UK	Male	OBL4
Lord Jim (Joseph Conrad)	Clare West	Classic	East Asia	Male	OBL4
A Morbid Taste for Bones (Ellis Peters)	John Escott	Thriller/crime	UK	Male	OBL4
Mr Midshipman Hornblower (CS Forester)	**Rosemary Border**	Adventure	Europe	Male	OBL4
Reflex (Dick Francis)	Rowena Akinyemi	Thriller/crime	UK	Male	OBL4
The Scarlet Letter (Nathaniel Hawthorne)	**John Escott**	Classic	N America	Both	OBL4
The Songs of Distant Earth (Arthur C Clarke)	**Jennifer Bassett**	Sci-fi	Space	Both	OBL4
The Thirty-Nine Steps (John Buchan)	**Nick Bullard**	Adventure	UK	Male	OBL4
The Unquiet Grave (MR James)	**Peter Hawkins**	Horror/ghost	UK	Male	OBL4
Washington Square (Henry James)	**Kieran McGovern**	Classic	N America	Female	OBL4
Crime Story Collection (Sara Paretsky, et al)	**John & Celia Turvey**	Thriller/crime	N America	Both	PR4
The Day of the Jackal (Frederick Forsyth)	**John Escott**	Thriller/crime	Europe	Male	PR4
The Full Monty (Wendy Holden)	**Anne Collins**	Film Tie-in	UK	Male	PR4
Gladiator (Dewey Gram)	**Annette Keen**	Adventure	Europe	Male	PR4
King Solomon's Mines (Sir H Rider Haggard)	David Maule	Adventure	Africa	Male	PR4
Management Gurus	**David Evans**	Biography	Mixed	Male	PR4
On the Beach (Nevil Shute)	GC Thornley	Sci-fi	Australasia	Both	PR4
The Red Pony (John Steinbeck)	**Nancy Taylor**	Classic	N America	Male	PR4
Shakespeare: His life and Plays	Will Fowler	Biography	UK	Male	PR4
The Street Lawyer (John Grisham)	Michael Dean	Thriller/crime	N America	Male	PR4

241

Three Adventures of Sherlock Holmes (Sir Arthur Conan Doyle)	David Maule	Thriller/crime	UK	Male	PR4
Women in Business	David Evans	Biography	Mixed	Female	PR4

EPER LEVEL A
Books most suitable for secondary-aged and adult students (11 and older)

All I Want	Margaret Johnson	Romance	UK	Female	CER5
Death in the Dojo	Sue Leather	Thriller/crime	East Asia	Female	CER5
Dolphin Music	Antoinette Moses	Thriller/crime	Europe	Both	CER5
East 43rd Street	Alan Battersby	Thriller/crime	N America	Male	CER5
In the Shadow of the Mountain	Helen Naylor	General	Europe	Female	CER5
Jungle Love	Margaret Johnson	Romance	S America	Female	CER5
Windows of the Mind	Frank Brennan	Short Stories	Mixed	Both	CER5
Rebecca (Daphne Du Maurier)	Margaret Tarner	General	UK	Female	MGR5(L)
Brat Farrar (Josephine Tey)	**Ralph Mowat**	Thriller/crime	UK	Male	OBL5
The Bride Price (Buchi Emecheta)	**Rosemary Border**	General	Africa	Female	OBL5
David Copperfield (Charles Dickens)	**Clare West**	Classic	UK	Male	OBL5
Far from the Madding Crowd (Thomas Hardy)	**Clare West**	Classic	UK	Both	OBL5
The Garden Party (Katherine Mansfield)	**Rosalie Kerr**	General	Europe	Both	OBL5
Great Expectations (Charles Dickens)	**Clare West**	Adventure	UK	Male	OBL5
Heat and Dust (Ruth P Jhabvala)	Clare West	General	Indian Subcont	Female	OBL5
I, Robot (A Asimov)	Rowena Akinyemi	Sci-fi	N America	Female	OBL5
Jeeves and Friends (PG Wodehouse)	**Clare West**	Humour	UK	Male	OBL5
King's Ransom (Ed McBain)	Rosalie Kerr	Thriller/crime	N America	Male	OBL5

Appendix 英語 LLL 目録

The Riddle of the Sands (Erskine Childers)	Peter Hawkins	Thriller/crime	Europe	Male	OBL5
Sense and Sensibility (Jane Austen)	Clare West	Romance	UK	Female	OBL5
Airport (Arthur Hailey)	Rosalie Kerr	Thriller/crime	N America	Male	PR5
British and American Short Stories (HE Bates, et al)	GC Thornley	Short Stories	Mixed	Male	PR5
The Great Gatsby (F Scott Fitzgerald)	Celia Turvey	Classic	N America	Male	PR5
Jamaica Inn (Daphne Du Maurier)	ASM Ronaldson	Romance	UK	Female	PR5
The Moneymaker (Janet Gleeson)	Eryl Griffiths	Biography	Europe	Male	PR5
The Partner (John Grisham)	Jacqueline Kehl	Thriller/crime	N America	Male	PR5
The Phantom of the Opera (Gaston Leroux)	Coleen Degnan-Veness	Thriller/crime	Europe	Both	PR5
The Prisoner of Zenda (Anthony Hope)	George F Wear	Adventure	Europe	Male	PR5
The Rainmaker (John Grisham)	Cindy Leaney	Thriller/crime	N America	Male	PR5
Sherlock Holmes Short Stories (Sir Arthur Conan Doyle)	Anthony Laude	Thriller/crime	UK	Male	PR5
Sons and Lovers (DH Lawrence)	JYK Kerr	Classic	UK	Both	PR5
Stories of Detection and Mystery (Agatha Christie, et al)	EJH Morris & DJ Mortimer	Thriller/crime	UK	Both	PR5
Story of the Internet	Stephen Bryant	Business	N America	Male	PR5
The Surgeon of Crowthorne (Simon Winchester)	Michael Dean	Biography	UK	Male	PR5
Taste and Other Tales (Roald Dahl)	Michael Caldon	Short Stories	N America	Both	PR5
2001: A Space Odyssey (Arthur C Clarke)	David Maule	Sci-fi	Space	Male	PR5
The Warden (Anthony Trollope)	JYK Kerr	Classic	UK	Male	PR5
Web (John Wyndham)	Andy Hopkins & Jocelyn Potter	Sci-fi	SE Asia	Male	PR5

243

EPER LEVEL X						
Books most suitable for secondary-aged and adult students (11 and older)						
Deadly Harvest	Carolyn Walker	Thriller/crime	UK	Female	CER6
Frozen Pizza and Other Slices of Life	Antionette Moses	Short Stories	UK	Both	CER6
He Knows Too Much	Alan Maley	General	Indian Subcont	Male	CER6
A Love for Life	**Penny Hancock**	Romance	UK	Female	CER6
Trumpet Voluntary	Jeremy Harmer	Thriller/crime	S America	Male	CER6
American Crime Stories (Lawrence Block, et al)	**John Escott**	Thriller/crime	N America	Both	OBL6
Cry Freedom (Paul Briley)	Rowena Akinyemi	Political	Africa	Male	OBL6
The Enemy (Desmond Bagley)	Ralph Mowat	Thriller/crime	UK	Male	OBL6
Jane Eyre (Charlotte Bronte)	**Clare West**	Romance	UK	Female	OBL6
The Joy Luck Club (Amy Tan)	Clare West	General	Mixed	Female	OBL6
Meteor (John Wyndham)	**Patrick Nobes**	Sci-fi	Space	Both	OBL6
Night Without End (Alistair Maclean)	**Margaret Naudi**	Adventure	Arctic	Male	OBL6
Oliver Twist (Charles Dickens)	Richard Rogers	Classic	UK	Male	OBL6
Pride and Prejudice (Jane Austen)	**Clare West**	Romance	UK	Both	OBL6
Tess of the D'Urbervilles (Thomas Hardy)	Clare West	Classic	UK	Female	OBL6
The Citadel (AJ Cronin)	Norman Wymer	General	UK	Male	PR5(L)
Brave New World (Aldous Huxley)	HA Cartledge	Sci-fi	Europe	Both	PR6
Captain Corelli's Mandolin (Louis De Bernieres)	**Mary Tomalin**	Romance	Europe	Both	PR6
The Chamber (John Grisham)	Sue Harmes	Thriller/crime	N America	Male	PR6
Cry, the Beloved Country (Alan Paton)	**GF Wear & RH Durham**	Political	Africa	Male	PR6

Appendix 英語 LLL 目録

Kolymsky Heights (Lionel Davidson)	Kieran McGovern	Thriller/crime	East Asia	Male	PR6
The Runaway Jury (John Grisham)	**Hilary Maxwell-Hyslop**	Thriller/crime	N America	Male	PR6
Saving Private Ryan (Max A Collins)	Jacqueline Kehl	War	Europe	Male	PR6
Sir Richard Branson, the Autobiography	**Karen Holmes**	Autobiography	UK	Male	PR6
Snow Falling on Cedars (David Guterson)	**Christopher Tribble**	Thriller/crime	N America	Male	PR6
The Testament (John Grisham)	**Karen Holmes**	Thriller/crime	N America	Male	PR6
The Thorn Birds (Colleen McCullough)	**Ann Ward**	Romance	Australasia	Both	PR6
Tom Jones (Henry Fielding)	Janet McAlpin	Adventure	UK	Male	PR6
The Woman in White (Wilkie Collins)	Anne Collins	Thriller/crime	UK	Female	PR6
Books most suitable for adult students (16 and older)					
Cold Comfort Farm (Stella Gibbons)	Clare West	Humour	UK	Female	OBL6
Deadheads	Reginald Hill	Thriller/crime	UK	Male	OBL6
Dublin People (Maeve Binchy)	Jennifer Bassett	General	Europe	Both	OBL6
Anna Karenina (Leo Tolstoy)	**Anne Collins**	Romance	Europe	Female	PR6
East of Eden (John Steinbeck)	**Mary Gladwin**	Classic	N America	Both	PR6
I Know Why the Caged Birds Sing (Maya Angelou)	Jacqueline Kehl	Autobiography	N America	Female	PR6
Les Miserables (Victor Hugo)	Chris Rice	Classic	Europe	Male	PR6
Madame Bovary (Gustav Flaubert)	**Christopher Tribble**	Classic	Europe	Female	PR6
Memoirs of a Geisha (Arthur Golden)	**Michael Dean**	General	East Asia	Female	PR6
Misery (Stephen King)	**Robin Waterfield**	Horror/ghost	N America	Both	PR6
Remains of the Day (Kazuo Ishiguro)	**Chris Rice**	General	UK	Male	PR6

245

| Scarlet and Black (Stendhal) | D Campbell-Smith | Classic | Europe | Male | PR6 |

シリーズの説明

　この *LLL* 目録にあるタイトル（書名）は、全13巻のシリーズ本からのもので、以下にその説明を行う。各項目の末尾の括弧内には、シリーズ所収の本の対象年齢、EPER 難易度によるシリーズのレベル分け、EPER のデータベース化されたシリーズのうち、出版されているタイトルの数やカセットテープの有無を記載している。出版社名も明記した。

CER 　*Cambridge English Readers* は、すべて簡潔なオリジナル作品で、例えば、このシリーズ用に書かれた新しい物語は、設定が現代であり、平易な現代スタイルで書かれている。この特長は、とりわけ会話に生きている。本の末尾には、問題は付いていない。本は読まれてこそ意味があり、テストの材料に転用されてはならないという編集者の強い信念の現れである。だが、ケンブリッジ大学出版部は、各本に無料のワークシートや解答集を提供している。ワークシートは、読者が負担に思うことなく自主的なリーディングを行うことを支援している。（中等学校生―成人対象、EPER のレベルは E–X、43タイトル、すべてカセット有）（Cambridge University Press）

MHCR 　*Macmillan Heinemann Children's Readers* は、幼い子供向けである。本の始めの部分は、吹き出しを用いており、ページ毎に挿絵のある長い文章に移行する。（初級学習者対象、EPER レベルは G–E、20タイトル）（Macmillan Publishers Ltd.）

MGR 　*Macmillan Guided Readers* は、最初、Heinemann で出版されたパイオニア的なシリーズである。Macmillan がそのシリーズを引き継いだ。同じテキストの体裁を維持しているが、3種類に分けられている。すなわち、オリジナル作品と、古典と現代の作品である。物語の背景やその中に出てくる専門用語を説明している注釈と語彙集が付いているのは、本シリーズの顕著な特徴である。段階3–5

の各タイトル用に、Macmillan は、末尾に読解力問題の解答、自習用のワークシート、そして解答集を提供している。また、6 人の著者に関する情報を含むデータシートを付けている。こうしたものは、申し込むかインターネットで、無料で入手できる。平均的なレベルのものよりは、ページ数の多いタイトルは、*LLL* 目録に（L）のしるしをつけている。（中等学校生―成人対象、EPER レベルは G‒A、180 タイトル、すべてカセット有）(Macmillan Publishers Ltd.)

MHMW　*Macmillan Heinemann New Wave Readers* は、十代を対象にしており、最初、Heinemann が出版したオリジナルの物語集である。この物語は、A4 のサイズで、本は最初から最後まで、フルカラーである。Macmillan は、各タイトルにワークシートを付けている。中等学校生―成人対象、EPER レベル G‒D、30 タイトル、すべてカセット有、各レベルに 1 本のカセット有。(Macmillan Publishers Ltd.)

OBL　*The Oxford Bookworms Library* は、Oxford University Press が出版した主要シリーズで、黒い表紙ですぐそれとわかる。表現と文体はつねに格調高く、挿絵はモノクロで描かれている。本シリーズは、成人を対象にしているが、大部分の本は、中等学校生にふさわしいものである。ずっと低いレベルには、オリジナルな物語が含まれ、そして、高いレベルでは、現代や古典の小説の改作があり、すべて細心の注意を払って書かれている。Bookworms の練習用のワークシートは、クラス用リーダーとして Bookworms を使用することを望んでいる教師にとってはすばらしい助けとなっている。(中等学校生―成人、EPER レベル E‒X、140 タイトル、レベル 1‒3 の本には大部分に、レベル 4‒6 では、一部にカセット有) (Oxford University Press)

OBF　*Oxford Bookworms Factfiles* は、ノンフィクションを提供している唯一のシリーズである。表紙は紺色で、ページのサイズは A4 の 2/3 である。挿絵はカラーで描かれている。Factfiles は、ノンフィクションについては一定の需要があるので、対応すべく努力しているが、ありふれた情報を越えるものはめったに提供できない。事実

を書いたものは、読むのに骨が折れるということもある。こうした理由で、このシリーズの本は他のものに比べて人気がない。(中等学校生―成人、EPER レベル F-D、40 タイトル、一部カセット有) (Oxford University Press)

OBS　*Oxford Bookworms Starters* は、初級学習者に近い読者に提供するため、最近導入されたものである。*Oxford Bookworms Library* と同じ黒い表紙であるが、挿絵はすべてカラーで描かれている。1 レベルのみで市販されたのであるが、実際は、二つの違ったスタイルがある。一つは、コマ割り漫画で、もう一つは、各ページに一つ挿絵が入っている伝統的なパターンのものである。EPER は、コマ割り漫画本をレベル G に、挿絵付きのテキストタイプのものはレベル F に分類している。(中等学校生―成人、EPER レベル G-F、20 タイトル、一部カセット有) (Oxford University Press)

OCT　*Oxford Classic Tales* は、おとぎ話を新しく書き直したものである。テキストは平易なものであるが、このシリーズの特徴は、細部まで丁寧にしかも魅力的に描かれた挿絵にある。どの本も、幼い子供たちがベッドに入るときに読むのに理想的なものである。A4 サイズで作成されており、テキストは注意深くレベル分けされ、広い版面にゆとりをもって印刷されている。(初級学習者、EPER レベル G-F、15 タイトル、一部カセット有)（Oxford University Press）

OD　*Oxford Dominoes* は、A5 サイズの新しく作成されたシリーズで、灰色の表紙で簡単に見分けがつく。言語のレベル分けは、*Oxford Bookworms Library* と同じである。多くの挿絵は、すべてカラーで描かれている。このシリーズは、言語の学習が、読書中に行われることをよりはっきりさせることを意図している。新出語彙は、出てきたそのページで解説される。このテキストは、いくつかのセクションに分けられ、そして、各セクションで出されている簡単な練習問題は、物語の主要ポイントと使用言語の特徴に注意を向けさせることになる。(初級学習者―成人、EPER レベル F-D、19 タイトル、大部分にカセット有)（Oxford University Press）

OSL　*Oxford Storylines* は、*Oxford Steamline* の付録として当初出版され

た本の再版である。オリジナルの物語は短いもので、フルカラーの挿絵が付き、活字も普通より大きなものが使われている。(中等学校生―成人、EPER レベル F–D、20 タイトル、大部分にカセット有)
(Oxford University Press)

OSR　*Oxford Storyline Readers* は、基本的には、小学校のリーディングの授業のためのものである。テキストは、3–4 ページ毎に、文法と語彙強化のための練習問題が挿入され、読みの流れが途切れることになる。(初級学習者、EPER レベル G–F、48 タイトル)
(Oxford University Press)

PR　*Penguin Readers* は、Longman が以前に出版したいくつかのシリーズから抜粋されたタイトルを多く含んでいる。このシリーズは、The Easystarts、Business World、Teen Fiction のようないくつかのセクションをもつ最大規模のものである。このシリーズは、長年にわたって、編集者が入れ替わり立ち替わりして作成されているので、均質性に欠けることはなはだしい。この点が顕著に現れているのは、映画の台本を下敷きにした抱き合わせものである。これらは、映画を見ないことには理解がむずかしいのである。また、*Oxford Bookworms Library* や *Macmillan Guided Readers* が厳しく避けている情報過多に注意が行き届いていないので、平易化が十分でないものがある。大部分はレベルの低いものに見られるが、他方、多くのタイトルはすばらしいものであり、次のリストの中に含まれている。Penguin は、教師用の手引きやファクツシートの形で、無料の教授資料を提供している。教師用の手引きは、クラスで個々に読みの教材を利用する際の助言や示唆を与えている。そして、各タイトルのファクツシートは、背景知識と、生徒がリーディングの前と最中、そして後で完成する多くの練習問題を追加している。(初級学習者―成人、EPER レベル F–X、370 タイトル、多くにカセット有)
(Pearson Education)

PYR　*Penguin Young Readers* は、3 つのサイズがあり、各 4 レベルになっている。各サイズは、様々な年齢の子供向けである。5–7 歳向けの大型版〔LLL 目録では(L)のしるしが付いている〕、7–9 歳

向けの中型版は（M）、9-11歳向けは、小型版（S）である。大型版の本は、*Oxford Classic Tales* に匹敵するものであり、おとぎ話の新しいバージョンを提供している。中型版の本は、大きな活字と魅力あるページで、幼い学習者層をねらっている。小型版は、容易に *Penguin Readers* への道につながる。無料の教授資料は、上級シリーズで提供されているものよりはるかに魅力的であるが、数は少ない。（初級―中等学校生、EPER レベル H-E、80 タイトル、すべてカセット有）（*Pearson Education*）

* * *

EPER　　EPER *Starter Cards* (EPER レベル G 以下、40 タイトル) と *Reading Cards* (EPER レベル G 以下、30 タイトル) は、この *LLL* 目録には含まれていないが、しかし、レベル G の本に能力的に達していない 12 歳以下のすべての年齢の学習者のための多読の入門書を提供している。両カードセットは、コピー可能な原版として販売されており、クラスでの利用に最適で、ペア学習には理想的である。*Starter Cards* は、絵辞書に類似している。EPER *Reading Cards* とレベル G のグレード別読本に含まれているすべての語彙は、10 の話題分野別に分類されている。*Reading Cards* は、4 ページの小冊子が作れるように折りたたまれた A3 サイズで作成されている。最初の 3 ページで物語を述べ、コマ割り漫画はレベル 1、挿絵付きのテキストはレベル 2 である。4 ページ目は、簡単な練習問題を提示している。物語は世界中から採られている。

Further information about EPER

EPER は、教師と司書が、自分たちの生徒にもっともふさわしい書物を選択することができるように、グレード別読本のデータベースを維持している。EPER は、また教師や司書が個々の学校や大学で多読のプログラムを立ち上げる手助けとして企画されている様々な補助資料を出版している。その中には、多読プログラムを組織するための参考資料一式や、プレースメント / プログレステスト、多読テスト、EPER のレベルと質の評

価を与えているグレード別読本のリスト、図書館での読み手のための読解力問題、クラスでの読み手用の授業の参考資料一式、自分が初級レベルのどのあたりにいるかよく分からない初級学習者のための *Starter Cards* や、*Reading Cards* である。

　過去10年以上、EPERは、多くの国において、リーディングプログラムを企画、実行、モニターし、評価するにあたって、専門的知識を積み上げてきた。そしてこの専門的知識は意見交換によって入手できる体制をとっている。

　多読に興味のある人なら誰でも、応用言語学研究所にあるEPERと連絡を取っていただきたい。下記はその連絡先である。

University of Edinburgh, 21 Hill Place, Edinburgh EH89DP,
United Kingdom
Website: WWW.ials.ed.ac.uk/eper.html
E-mail: Eper.Enquiries@ed.ac.uk

参考文献

[ ] 内の数字は本文中のページ数を示す。

Adams, M. J. (1990). *Beginning to read: Thinking and learning about print.* Cambridge, MA: MIT Press. [16-7]

Adams, M. J. (1994). Modeling the connections between word recognition and reading. In R. B. Ruddell, M. R. Ruddell, & H. Singer (Eds.), *Theoretical models and processes of reading* (4th ed.) (pp. 838-863). Newark, DE: International Reading Association. [16-7, 18, 19]

Aebersold, J. A., & Field, M. L. (1997). *From reader to reading teacher: Issues and strategies for second language classrooms.* New York: Cambridge University Press. [iii]

Ajzen, I. (1988). *Attitudes, personality, and behavior.* Milton Keyes: Open University Press. [29]

Alderson, J. C. (1992). Guidelines for the evaluation of language education. In J. C. Alderson & A. Beretta (Eds.), *Evaluating second language education* (pp. 274-304). Cambridge: Cambridge University Press. [205]

Alderson, J. C., & Urquhart, A. H. (Eds.). (1984). *Reading in a foreign language.* Harlow, Essex: Longman. [21, 73, 76, 83]

Alexander, L. G. (1983). *Foul play.* Harlow, Essex: Longman. [182-3]

Anderson, R. C., & Freebody, P. (1981). Vocabulary knowledge. In J. T. Guthrie (Ed.), *Comprehension and teaching: Research reviews* (pp. 77-117). Newark, DE: International Reading Association. [19]

Athey, I. (1985). Reading research in the affective domain. In H. Singer & R. B. Ruddell (Eds.), *Theoretical models and processes of reading* (3rd ed.) (pp. 527-557). Newark, DE: International Reading Association. [28]

Bamberger, R. (1991). Ten best ideas for reading teachers. In E. Fry (Ed.), *Ten best ideas for reading teachers* (pp. 35-36). Reading, MA: Addison-Wesley. [194]

Bamford, J. (1984). Extensive reading by means of graded readers. *Reading in a Foreign Language, 2* (2), 218-260. [150, 185, 187]

Bamford, J., & Day, R. R. (1997). Extensive reading: What is it? Why bother? *The Language Teacher, 21* (5), 6-8, 12. [206]

Barnett, M. A. (1989). *More than meets the eye. Foreign language reading: Theory and practice.* Englewood Cliffs, NJ: Prentice Hall Regents. [13]

Barrett, M. E., & Kearny Datesman, M. (1992). *Reading on your own: An extensive reading course.* Boston: Heinle & Heinle. [174]

Beck, I. L. (1981). Reading problems and instructional practices. In G. E. MacKinnon & T. G. Waller (Eds.), *Reading research: Advances in theory and practice* (Vol. 2, pp. 53-95). New York: Academic Press. [20]

Berman, R. A. (1984). Syntactic components of the foreign language reading process. In J. C. Alderson & A. H. Urquhart (Eds.), *Reading in a foreign language* (pp. 139-156). Harlow, Essex: Longman. [74]

Bierce, A. (1911). *The devil's dictionary.* New York: Dover. [68]

Bondy, E. (1990). Seeing it their way: What children's definitions of reading tell us about improving teacher education. *Journal of Teacher Education, 41* (5), 33-45. [8]

Breen, M. P. (1985). Authenticity in the language classroom. *Applied Linguistics, 6* (1), 60-70. (Original work published in 1982.) [77]

Bright, J. A., & McGregor, G. P. (1970). *Teaching English as a second lan-guage.* London: Longman. [107, 120, 171]

Brown, D. S. (1988). *A world of books: An annotated reading list for ESL / EFL students* (2nd ed.). Washington, DC: TESOL. [133]

Brown, D. S. (1994). *Books for a small planet: A multicultural-intercultural bibliography for young English language learners.* Alexandria, VA: TESOL. [133]

Brumfit, C. J. (1985). Graded material and the use of the lexicon. In C. J. Brumfit & R. A. Carter (Eds.), *Language and literature teaching* (pp. 96-99). Oxford: Pergamon. (Original work published in 1981.) [84, 85, 96]

Brumfit, C. (1993). Simplification in pedagogy. In M. L. Tickoo (Ed.), *Simplification: Theory and application* (pp. 1-6). Singapore: SEAMEO Regional Language Centre. [76]

Burnett, F. H. (1911). *The secret garden.* New York : HarperCollins. [40]

Carrell, P. L., Devine, J., & Eskey, D. E. (Eds.). (1988). *Interactive approaches to second language reading.* Cambridge: Cambridge University Press. [26]

Carter, R., & Long, M. N. (1991). *Teaching literature.* Harlow, Essex: Longman. [69-70, 94-5, 102, 175]

Chall, J. S. (1987). Two vocabularies for reading: Recognition and meaning. In M. G. McKeown & M. E. Curtis (Eds.), *The nature of vocabulary acquisition* (pp. 7-17). Hillsdale, NJ: Lawrence Erlbaum. [22]

Cho, K.-S., & Krashen, S. D. (1994). Acquisition of vocabulary from the Sweet Valley Kids series: Adult ESL acquisition. *Journal of Reading, 37*

(8), 662-667. [45, 46-7, 48]

Clarke, D. F. (1989). Communicative theory and its influence on materials production. *Language Teaching, 22* (2), 73-86. [68]

Cliffe, S. (1990). How to set up a class reading library. *The Language Teacher, 14* (12), 29-30. [145]

Christian, C. (1975). *Johnny Ring*. London: Macmillan. [175]

Coady, J. (1993). Research on ESL/EFL vocabulary acquisition: Putting it in context. In T. Huckin, M. Haynes, & J. Coady (Eds.), *Second language reading and vocabulary learning* (pp. 3-23), Norwood, NJ: Ablex. [23]

Comfort, A. (1972). *The joy of sex*. New York: Crown. [85]

Constantino, R. (1995). Learning to read in a second language doesn't have to hurt: The effect of pleasure reading. *Journal of Adolescent & Adult Literacy, 39* (1), 68-69. [157]

Cramer, E. H., & Castle, M. (Eds.). (1994). *Fostering the love of reading: The affective domain in reading education*. Newark, DE: International Reading Association. [40]

Csikszentmihalyi, M. (1990a). *Flow: The psychology of optimal experience*. New York: Harper & Row. [39]

Csikszentmihalyi, M. (1990b). Literacy and intrinsic motivation. *DAEDALUS, Journal of the American Academy of Arts and Sciences, 119* (2), 115-140. [28]

Cunningham, P., & Cunningham, J. (1991). Ten best ideas for elementary reading teachers. In E. Fry (Ed.), *Ten best ideas for reading teachers* (pp. 42-50). Reading, MA: Addison-Wesley. [161]

Cunningham, R. (1991). The Zanzibar reading programme. *Reading in a Foreign Language, 8* (1), 663-675. [147-8]

Daane, M. (1996). [Review of *If not now: Developmental readers in the college classroom*]. *Journal of Adolescent & Adult Literacy, 40* (3), 235-237. [206]

Davies, A. (1984). Simple, simplified and simplification: What is authentic? In J. C. Alderson & A. H. Urquhart (Eds.), *Reading in a foreign language* (pp. 181-195). Harlow, Essex: Longman. [65, 77]

Davies, A., & Widdowson, H. G. (1974). Reading and writing. In J. P. B. Allen & S. P. Corder (Eds.), *The Edinburgh course in applied linguistics*. Vol. 3, *Techniques in applied linguistics* (pp. 155-201). Oxford: Oxford University Press. [75, 101-2]

Davis, C. (1995). Extensive reading: An expensive extravagance? *ELT Journal. 49* (4), 329-336. [60-1, 120, 137, 147, 193]

Davis, J. N., Gorell, L. C., Kline, R. R., & Hsieh, G. (1992). Readers and second languages: A survey of undergraduate attitudes toward the study of literature. *The Modern Language Journal, 76* (3), 320-332. [60]

Day, R. R. (Ed.). (1993). *New ways in teaching reading.* Alexandria, VA: TESOL. [60, 174]

Day, R. R., & Swan, J. (1998). Incidental learning of foreign language spelling through targeted reading. *TESL Reporter, 31* (1), 1-9. [49]

Devine, J. (1984). ESL readers' internalized models of the reading process. In J. Handscombe, R. A. Orem, & B. P. Taylor (Eds.), *On TESOL '83. The question of control* (pp. 95-108). Washington, DC: TESOL. [8]

Dickinson, L. (1995). Autonomy and motivation: A literature review. *System, 23* (2), 165-174. [35]

Dupuy, B., Cook, T., & Tse, L. (1995). Turning ESL students into fluent readers: A workshop. Paper presented at the TESOL Conference, Long Beach, CA. [118, 162-3]

Dupuy, B., Tse, L., & Cook, T. (1996). Bringing books into the classroom: First steps in turning college-level ESL students into readers. *TESOL Journal, 5* (4), 10-15. [113, 149, 151, 179]

Dwyer, E. J., & Dwyer, E. E. (1994). How teacher attitudes influence reading achievement. In E. H. Cramer & M. Castle (Eds.), *Fostering the love of reading: The affective domain in reading education* (pp. 66-73). Newark, DE: International Reading Association. [158]

Eagly, A. H., & Chaiken, S. (1993). *The psychology of attitudes.* Fort Worth, TX: Harcourt Brace Jovanovich. [29-30]

Elley, W. B. (1991). Acquiring literacy in a second language: The effect of book-based programs. *Language Learning, 41* (3), 375-411. [45, 46, 50]

Elley, W. B. (1992). *How in the world do students read? IEA study of reading literacy.* New York: International Association for the Evaluation of Educational Achievement. [8]

Elley, W. B., & Mangubhai, F. (1981). *The impact of a book flood in Fiji primary schools.* Wellington: New Zealand Council for Educational Research. [44, 45, 48]

Escott, J. (1996). *Forrest Gump.* London: Penguin. (Adapted from the original book by Winston Groom.) [178]

Eskey, D. E. (1986). Theoretical foundations. In F. Dubin, D. E. Eskey, & W. Grabe (Eds.), *Teaching second language reading for academic purposes* (pp. 3-23). Reading, MA: Addison-Wesley. [4]

Eskey, D. E. (1995). Remarks made at Colloquium on Research in Reading in a Second Language, TESOL Conference, Long Beach, CA. [59,130]

Esplen, M. (1976). *Marco*. London: Heinemann. [182,184]

Feather, N. T. (1982). Introduction and overview. In N. T. Feather (Ed.), *Expectations and actions: Expectancy-value models in psychology* (pp. 1-14). Hillsdale, NJ: Lawrence Erlbaum. [36, 40]

Field, M. L. (1985). A psycholinguistic model of the Chinese ESL reader. In P. Larson, E. L. Judd, & D. S. Messerschmitt (Eds.), *On TESOL '84. A brave new world for TESOL* (pp. 171-183). Washington, DC: TESOL. [150]

Franken, R. E. (1988). *Human motivation* (2nd ed.). Pacific Grove, CA: Brooks/Cole. [35-6]

Gardner, R. C., & Lambert, W. E. (1959). Motivational variables in second language acquisition. *Canadian Journal of Psychology, 13*, 266-272. [28-9]

Gilbran, K. (1966). *The prophet*. New York: Knopf. [167]

Gill, M. (1992). Reading, culture and cognition. *Edinburgh Working Papers in Applied Linguistics, 3*, 49-66. [15]

Grabe. W. (1986). The transition from theory to practice in teaching reading. In F. Dubin, D. E. Eskey, & W. Grabe (Eds.), *Teaching second language reading for academic purposes* (pp. 25-48). Reading, MA: Addison-Wesley. [25, 51, 56-7, 106-7]

Grabe, W. (1988). Reassessing the term "interactive." In P. L. Carrell, J. Devine, & D. E. Eskey (Eds.), *Interactive approaches to second language reading* (pp. 56-70). Cambridge: Cambridge University Press. [22-3]

Grabe, W. (1991). Current developments in second language reading research. *TESOL Quarterly, 25* (3), 375-406. [7-8, 150]

Grabe, W. (1995). Remarks made at Colloquium on Research in Reading in a Second Language, TESOL Conference, Long Beach, CA. [52, 60, 131]

Greenwood, J. (1988). *Class readers*. Oxford: Oxford University Press. [175]

Grellet, F. (1981). *Developing reading skills: A practical guide to reading comprehension exercises*. Cambridge: Cambridge University Press. [65, 68-9]

Hafiz, F. M., & Tudor, I. (1989). Extensive reading and the development of language skills. *ELT Journal, 43* (1), 4-13. [45, 47, 47-8, 48-9]

Hafiz, F. M., & Tudor, I. (1990). Graded readers as an input medium in L2 learning. *System, 18* (1), 31-42. [45, 47-8]

Harris, A. J., & Sipay, E. R. (1990). *How to increase reading ability: A guide to developmental and remedial methods* (9th ed.). White Plains, NY: Longman. [iii, 18, 21-2, 24-5, 31, 114, 120-1]

Harrison, C. (1992). The reading process and learning to read. In C.

Harrison & M. Coles (Eds.), *The reading for real handbook* (pp. 3-28). London: Routledge. [17, 26, 39-40]

Heathington, B. S. (1994). Affect versus skills: Choices for teachers. In E. H. Cramer & M. Castle (Eds.), *Fostering the love of reading: The affective domain in reading education* (pp. 199-208). Newark, DE: International Reading Association. [31-2, 209]

Hedge, T. (1985). *Using readers in language teaching.* London: Macmillan. [102, 174, 175]

Hedge, T. (1988). *Oxford bookworms: Guidelines for authors.* Oxford: Oxford University Press. [84, 85]

Hedge, T., & Bassett, J. (forthcoming). *Oxford bookworms: Guidelines for authors* (rev. ed.). Oxford: Oxford University Press. [86-93]

Henry, J. (1995). *If not now: Developmental readers in the college classroom.* Portsmouth, NH: Boynton/Cook. [207]

Hill, D. R. (1992). *The EPER guide to organising programmes of extensive reading.* Edinburgh: Institute for Applied Language Studies, University of Edinburgh. [54, 62, 168, 196, 205]

Hill, D. R. (1995, June). Mixed bag of nuggets as Penguin mine for gold. *EL Gazette, 17.* [72]

Hill, D. R. (1997). Survey review: Graded readers. *ELT Journal, 51* (1), 57-81. [97, 99-100, 102, 214]

Hill, D. R., & Reid Thomas, H. (1988). Survey review: Graded readers (Part I). *ELT Journal, 42* (1), 44-52. [71, 107]

Hindmarsh, R. (1980). *Cambridge English lexicon.* Cambridge: Cambridge University Press. [84]

Honeyfield, J. (1977). Simplification. *TESOL Quarterly, 11* (4), 431-440. [78]

Howatt, A. P. R. (1984). *A history of English language teaching.* Oxford: Oxford University Press. [11-12]

Huckin, T., & Haynes, M. (1993). Summary and future directions. In T. Huckin, M. Haynes, & J. Coady (Eds.), *Second language reading and vocabulary learning* (pp. 289-298). Norwood, NJ: Ablex. [24]

Huckin, T., Haynes, M., & Coady, J. (Eds.). (1993). *Second language reading and vocabulary learning.* Norwood, NJ: Ablex. [26]

Hunt, L. C., Jr. (1970). The effect of self-selection, interest, and motivation upon independent, instructional, and frustrational levels. *The Reading Teacher, 24* (2), 146-151 , 158. (Reprinted in *The Reading Teacher, 50* (4), 278-282 [1996-1997]). [174]

Jacobs, G. M., Davis, C., & Renandya, W. A. (Eds.). (1997). *Successful strategies for extensive reading*. Singapore: SEAMEO Regional Language Centre. [174]

Janopoulos, M. (1986). The relationship of pleasure reading and second language writing proficiency. *TESOL Quarterly, 20* (4), 763-768. [45, 49]

Jensen, L. (1986). Advanced reading skills in a comprehensive course. In F. Dubin, D. E. Eskey, & W. Grabe (Eds.), *Teaching second language reading for academic purposes* (pp. 103-124). Reading, MA: Addison-Wesley. [52]

Johnson, D. M. (1992). *Approaches to research in second language learning*. New York: Longman. [196]

Johnson, P. (1981). Effects on reading comprehension of language complexity and cultural background of a text. *TESOL Quarterly, 15* (2), 169-181. [74]

Johnston, P., & Allington, R. (1991). Remediation. In R. Barr, M. L. Kamil, P. B. Mosenthal, & P. D. Pearson (Eds.), *Handbook of reading research* (Vol. 2, pp. 984-1012). White Plains, NY: Longman. [39]

Just, M. A., & Carpenter, P. A. (1987). *The psychology of reading and language comprehension*. Boston: Allyn & Bacon. [17, 26]

Kelly, L. G. (1969). *25 centuries of language teaching*. Rowley, MA: Newbury House. [6, 79]

Kids' favorite books: Children's choices 1989-1991. (1991). Newark, DE: International Reading Association. [133-4]

Klapper, J. (1992). Preliminary considerations for the teaching of FL reading. *Language Learning Journal, 6,* 53-56. [74, 114, 138]

Klare, G. R. (1984). Readability. In P. D. Pearson (Ed.), *Handbook of reading research* (pp. 681-744). White Plains, NY: Longman. [75, 83]

Krashen, S. D. (1985). *The input hypothesis: Issues and implications*. New York: Longman. [22]

Krashen, S. D. (1988). Do we learn to read by reading? The relationship between free reading and reading ability. In D. Tannen (Ed.), *Linguistics in context: Connecting observation and understanding* (pp. 269-298). Norwood, NJ: Ablex. [42, 50]

Krashen, S. D. (1989). We acquire vocabulary and spelling by reading: Additional evidence for the input hypothesis. *The Modern Language Journal, 73* (4), 440-464. [49, 50]

Krashen, S. D. (1991). The input hypothesis: An update. In J. Alatis (Ed.), *Georgetown Universty round table on language and linguistics, 1991* (pp. 427-431). Washington, DC: Georgetown University Press. [22]

Krashen, S. D. (1993a). The case for free voluntary reading. *The Canadian Modern Language Review, 50* (1), 72-82. [50, 60]

Krashen, S. D. (1993b). *The power of reading: Insights from the research.* Englewood, CO: Libraries Unlimited. [9, 43, 49-50, 50]

Kuhara-Kojima, K., Hatano, G., Saito, H., & Haebara, T. (1996). Vocalization latencies of skilled and less skilled comprehenders for words written in hiragana and kanji. *Reading Research Quarterly, 31* (2), 158-171. [18]

Lai, F.-K. (1993a). Effect of extensive reading on English learning in Hong Kong. *CUHK (Chinese University of Hong Kong) Education Journal, 21* (1), 23-36. [45, 46, 48, 58]

Lai, F. -K. (1993b). The effect of a summer reading course on reading and writing skills. *System, 21* (1), 87-100. [45, 46]

Laidlaw, C. (1988). *Countdown to midnight.* Oxford: Heinemann. [182-3]

Laird, E. (1978). *The house on the hill.* London: Heinemann. [18, 184]

Laird, E. (1991). *The earthquake.* Harlow, Essex: Longman. [191]

Lee, N. G., & Neal, J. C. (1992-1993). Reading rescue: Intervention for a student "at promise." *Journal of Reading, 36* (4), 276-282. [125, 163]

Lee, W. R. (1983). Some points about "authenticity." *World Language English, 2* (1), 10-14. [78]

Luppescu, S., & Day, R. R. (1993). Reading, dictionaries, and vocabulary learning. *Language Learning, 43* (2), 263-287. [117]

Maley, A. (1988). Foreword. In J. Greenwood, *Class readers* (p. 3). Oxford: Oxford University Press. [79, 175]

Marzano, R. J. (1992). *A different kind of classroom: Teaching with dimensions of learning.* Alexandria, VA: Association for Supervision and Curriculum Development. [28]

Mason, B., & Krashen, S. (1997). Extensive reading in English as a foreign language. *System, 25* (1), 91-102. [45, 46]

Mason, B., & Pendergast, T. (1993). Taking a cloze look. In R. R. Day (Ed.), *New ways in teaching reading* (pp. 16-17). Alexandria, VA: TESOL. [111-3, 198]

Mathewson, G. C. (1994). Model of attitude influence upon reading and learning to read. In R. B. Ruddell, M. R. Ruddell, & H. Singer (Eds.), *Theoretical models and processes of reading* (4th ed.) (pp. 1131-1161). Newark, DE: International Reading Association. [30]

Mayne, E. (1915). The object of teaching reading. In W. J. Beecher & G. B. Faxon (Eds.), *Methods, aids, and devices for teachers* (pp. 40-41). Dansville, NY: F. A. Owen. [11]

McInness, J. A. (1973). Language prerequisites for reading. In M. M. Clark & A. Milne (Eds.), *Reading and related skills* (pp. 100-104). London: Ward Lock. [204-5]

McKenna, M. C. (1994). Toward a model of reading attitude acquisition. In E. H. Cramer & M. Castle (Eds.), *Fostering the love of reading: The affective domain in reading education* (pp. 18-40). Newark, DE: International Reading Association. [28, 30, 40]

McRae, J. (1991). *Literature with a small 'l.'* London: Macmillan. [79, 94-5, 98]

Mikulecky, B. S. (1990). *A short course in teaching reading skills.* Reading, MA: Addison-Wesley. [51, 133]

Milne, J. (1977). *Heinemann guided readers handbook.* London: Heinemann. [83, 84-5, 95]

Modern Language Association of America. (1948). Report of the Committee of Twelve of the Modern Language Association of America: A critical review of methods of teaching. In M. Newmark (Ed.), *Twentieth century modern language teaching: Sources and readings* (pp. 281-294). New York: Philosophical Library. (Original work published in 1901.) [6, 11]

Moran, C., & Williams, E. (1993). Survey review: Recent materials for the teaching of reading at intermediate level and above. *ELT Journal, 47* (1), 64-84. [3, 11]

More teens' favorite books: Young adults' choices 1993-1995. (1996). Newark, DE: International Reading Association. [133]

Morrow, K., & Schocker, M. (1987). Using texts in a communicative approach. *ELT Journal, 41* (4), 248-256. [81, 114, 181-2]

Murphy, B. M. Z. (1987). Bad books in easy English. *Modern English Teacher, 14* (3), 22-23. [98]

Muzevich, K. (1995-1996). "Capture the flag" captures students' interest. *Reading Today, 13* (3), 16. [193-4]

Nagy, W. E., & Herman, P. A. (1987). Breadth and depth of vocabulary knowledge: Implications for acquisition and instruction. In M. G. McKeown & M. E. Curtis (Eds.), *The nature of vocabulary acquisition* (pp. 19-35). Hillsdale, NJ: Lawrence Erlbaum. [19-20, 22]

Nation, P., & Coady, J. (1988). Vocabulary and reading. In R. Carter & M. McCarthy (Eds.), *Vocabulary and language teaching* (pp. 97-110). Harlow, Essex: Longman. [24]

Nell, V. (1988). *Lost in a book: The psychology of reading for pleasure.* New

Haven: Yale University Press. [40-1]

Nelson, P. (1984). Towards a more communicative reading course: Motivating students who are not "reading addicts." *Reading in a Foreign Language, 2* (1), 188-196. [159]

Newmark, M. (Ed.). (1948). *Twentieth century modern language teaching: Sources and readings.* New York: Philosophical Library. [11]

New York City Board of Education. (1948). Syllabus of minima in modern foreign languages: Classroom technic in reading. In M. Newmark (Ed.), *Twentieth century modern language teaching: Sources and readings* (pp. 299-302). New York: Philosophical Library. (Original work published in 1931.) [7]

Nuttall, C. (1982). *Teaching reading skills in a foreign language.* London: Heinemann. [51, 148]

Nuttall, C. (1996). *Teaching reading skills in a foreign language* (2nd ed.). Oxford: Heinemann. [51, 67, 71, 105, 135, 146, 148, 171-2, 174-5]

Otto, W. (1991). Ten best ideas for reading teachers. In E. Fry (Ed.), *Ten best ideas for reading teachers* (pp. 93-97). Reading, MA: Addison-Wesley. [159]

Palmer, H. E. (1964). *The principles of language-study.* Oxford: Oxford University Press. (Original work published in 1921.) [6]

Palmer, H. E. (1968). *The scientific study and teaching of languages.* Oxford: Oxford University Press. (Original work published in 1917.) [6]

Paulston, C. B., & Bruder, M. N. (1976). *Teaching English as a second language: Techniques and procedures.* Cambridge, MA: Winthrop. [107]

Pegolo, C. (1985). The role of rhythm and intonation in the silent reading of French as a foreign language. *Reading in a Foreign Language, 3* (1), 313-327. [163-4]

Pennink, B. (1981). *This is Washington.* London: Heinemann. [182, 184]

Perfetti, C. A. (1985). *Reading ability.* New York: Oxford University Press. [16-7, 18]

Pitts, M., White, H., & Krashen, S. (1989). Acquiring second language vocabulary through reading: A replication of the Clockwork Orange study using second language acquirers. *Reading in a Foreign Language, 5* (2), 271-275. [45]

Polak, J., & Krashen, S. (1988). Do we need to teach spelling? The relationship between spelling and voluntary reading among community college ESL students. *TESOL Quarterly, 22* (1), 141-146. [49]

Pratkanis, A. R. (1989). The cognitive representation of attitudes. In A. R.

Pratkanis, S. J. Breckler, & A. G. Greenwald (Eds.), *Attitude structure and function* (pp. 71-98). Hillsdale, NJ: Lawrence Erlbaum. [30]

Rayner, K. (Ed.). (1983). *Eye movements in reading: Perceptual and language processes.* New York: Academic Press. [17]

Rayner, K., & Pollatsek, A. (1989). *The psychology of reading.* Englewood Cliffs, NJ: Prentice Hall. [17, 26] [17, 26]

Richards, J. C., Platt, J., & Platt, H. (1992). *Longman dictionary of language teaching and applied linguistics* (2nd ed.). Harlow, Essex: Longman. [7, 73, 75-6]

Rivers, W. M. (1981). *Teaching foreign-language skills* (2nd ed.). Chicago: University of Chicago Press. [68]

Robb, T. N., & Susser, B. (1989). Extensive reading vs. skills building in an EFL context. *Reading in a Foreign Language, 5* (2), 239-251. [45]

Robinson, R., & Hulett, J. (1991). Ten best ideas for elementary reading teachers. In E. Fry (Ed.), *Ten best ideas for reading teachers* (pp.106-107). Reading, MA: Addison-Wesley. [161]

Rodrigo, V. (1995, March). Does a reading program work in a foreign language classroom? Paper presented at the Extensive Reading Colloquium, American Association of Applied Linguistics, Long Beach, CA. [45, 47]

Rönnqvist, L., & Sell, R. D. (1994). Teenage books for teenagers: Reflections on literature in language education. *ELT Journal, 48* (2), 125-132. [130]

Ruddell, M. R. (1994). Vocabulary knowledge and comprehension: A comprehension-process view of complex literacy relationships. In R. B. Ruddell, M. R. Ruddell, & H. Singer (Eds.), *Theoretical models and processes of reading* (4th ed.) (pp. 414-447). Newark, DE: International Reading Association. [19]

Saint-Exupéry, A. de. (1943). *The little prince.* Trans. K. Woods. San Diego, CA: Harcourt-Brace. [132, 167]

Samuels, S. J. (1979). The method of repeated readings. *The Reading Teacher, 32* (4), 403-408. (Reprinted with update by the author in *The Reading Teacher, 50* (5), 376-381 [1997]). [166]

Samuels, S. J. (1994). Toward a theory of automatic information processing in reading, revisited. In R. B. Ruddell, M. R. Ruddell, & H. Singer (Eds.), *Theoretical models and processes of reading* (4th ed.) (pp. 816-837). Newark, DE: International Reading Association. [16-7, 20, 22]

Scarcella, R. C., & Oxford, R. L. (1992). *The tapestry of language learning: The individual in the communicative classroom.* Boston: Heinle & Heinle.

[66-7]
Schell, L. M. (1991). Ten best ideas for reading teachers. In E. Fry (Ed.), *Ten best ideas for reading teachers* (pp. 115-116). Reading, MA: Addison-Wesley. [58]
Schumann, F. M., & Schumann, J. H. (1977). Diary of a language learner: An introspective study of second language learning. In H. D. Brown, C. A. Yorio, & R. H. Crymes (Eds.), *On TESOL '77. Teaching and learning English as a second language: Trends in research and practice* (pp. 241-249). Washington, DC: TESOL. [123-4]
Science Research Associates. (1969). *SRA reading laboratory 1a, 1b, 1c, 2a, 2b, 2c, 3a, 3b.* New York: McGraw-Hill. [169]
Silberstein, S. (1994). *Techniques and resources in teaching reading.* New York: Oxford University Press. [73-4, 76]
Simensen, A. M. (1987). Adapted readers: How are they adapted? *Reading in a Foreign Language, 4* (1), 41-57. [8]
Smith, F. (1983). *Essays into literacy.* Portsmouth, NH: Heinemann. [32]
Smith, R. (1997). Transforming a non-reading culture. In G. M. Jacobs, C. Davis, & W. A. Renandya (Eds.), *Successful strategies for extensive reading* (pp. 30-43). Singapore: SEAMEO Regional Language Centre. [164]
Stanovich, K. E. (1992). The psychology of reading: Evolutionary and revolutionary developments. In W. Grabe (Ed.), *Annual Review of Applied Linguistics, 12* (pp. 3-30). Cambridge: Cambridge University Press. [16-7, 17]
Stoll, D. R. (Ed.). (1997). *Magazines for kids and teens* (new ed.). Glassboro, NJ: Educational Press Association, & Newark, DE: International Reading Association. [129]
Stoller, F. (1986). Reading lab: Developing low-level reading skills. In F. Dubin, D. E. Eskey, & W. Grabe (Eds.), *Teaching second language reading for academic purposes* (pp. 51-76). Reading, MA: Addison-Wesley. [51-2]
Stoller, F. L., & Grabe, W. (1993). Implications for L2 vocabulary acquisition and instruction from L1 vocabulary research. In T. Huckin, M. Haynes, & J. Coady (Eds.), *Second language reading and vocabulary learning* (pp. 24-44). Norwood, NJ: Ablex. [24, 26-7]
Stone, J. (1994, October). Readers should be accessible . . . *EFL Gazette, 15.* [98]
Susser, B., & Robb, T. N. (1989). Extensive homework. *The Language Teacher, 13* (8), 7-9. [107-9, 119]

Susser, B., & Robb, T. N. (1990). EFL extensive reading instruction: Research and procedure. *JALT Journal, 12* (2), 161-185. [107]

Swaffar, J. K. (1985). Reading authentic texts in a foreign language: A cognitive model. *The Modern Language Journal, 69* (1), 15-34. [76]

Taylor, B. (1991). Ten best ideas for reading teachers. In E. Fry (Ed.), *Ten best ideas for reading teachers* (p. 123). Reading, MA: Addison-Wesley. [171]

Teens' favorite books: Young adults' choices 1987-1992. (1992). Newark, DE: International Reading Association. [133]

Thistlethwaite, L. (1994). Literature for all ages in the adult education program. *Reading Research and Instruction, 34* (2), 136-148. [123]

Tudor, I., & Hafiz, F. (1989). Extensive reading as a means of input to L2 learning. *Journal of Research in Reading, 12* (2), 164-178. [45, 45-6, 48-9]

Vincent, M. (1986). Simple text and reading text. Part I: Some general issues. In C. J. Brumfit & R. A. Carter (Eds.), *Literature and language teaching* (pp. 208-215). Oxford: Oxford University Press. [94]

Wallace, C. (1992). *Reading.* Oxford: Oxford University Press. [21, 150]

Walter, C. (1986). *Genuine articles: Authentic reading texts for intermediate students of American English.* Cambridge: Cambridge University Press. [67]

Welch, R. A. (1986, October). Personal communication. [144-5]

Welch, R. A. (1997). Introducing extensive reading. *The Language Teacher, 21* (5), 51-53. [154]

West, M. (1931). *Robinson Crusoe.* London: Longmans, Green. (Adapted from the original book by Daniel Defoe.) [212]

West, M. (1936). *The new method readers for teaching English reading to foreign children: Reader IV.* London: Longmans, Green. [214]

West, M. (1955). Learning to read a foreign language. In M. West, *Learning to read a foreign language and other essays on language-teaching* (2nd ed.) (pp. 1-46). London: Longmans, Green. (Original work published in 1926.) [7]

West, M. (1960). *Teaching English in difficult circumstances.* London: Longmans, Green. [85]

West, M., & Swan, D. K. (1976). *Robinson Crusoe.* Harlow, Essex: Longman. (Adapted from the original book by Daniel Defoe.) [212]

Widdowson, H. G. (1976). The authenticity of language data. In J. F. Fanselow & R. H. Crymes (Eds.), *On TESOL '76* (pp. 261-270). Washington, DC: TESOL. [65, 67, 77]

Widdowson, H. G. (1978). *Teaching language as communication.* Oxford: Oxford University Press. [70-1, 77-8, 101]

Widdowson, H. G. (1979). *Explorations in applied linguistics.* Oxford: Oxford University Press. [74, 76, 77, 82, 176, 177, 178]

Widdowson, H. G. (1984a). *Explorations in applied linguistics 2.* Oxford: Oxford University Press. [78]

Widdowson, H. G. (1984b). Reading and communication. In J. C. Alderson & A. H. Urquhart (Eds.), *Reading in a foreign language* (pp. 213-226). Harlow, Essex: Longman. [78]

Williams, E. (1983). Communicative reading. In K. Johnson & D. Porter (Eds.), *Perspectives in communicative language teaching* (pp. 171-183). London: Academic Press. [67-8]

Williams, E. (1984). *Reading in the language classroom.* London: Macmillan. [67]

Williams, E., & Moran, C. (1989). Reading in a foreign language at intermediate and advanced levels with particular reference to English. *Language Teaching, 22* (4), 217-228. [7]

Williams, R. (1986). "Top ten" principles for teaching reading. *ELT Journal, 40* (1), 42-45. [38]

Yano, Y., Long, M. H., & Ross, S. (1994). The effects of simplified and elaborated texts on foreign language reading comprehension. *Language Learning, 44* (2), 189-219. [74-5, 82]

Yong, T. H., & Idamban, S. (1997). Reading aloud to students as part of extensive reading. In G. M. Jacobs, C. Davis, & W. A. Renandya (Eds.), *Successful strategies for extensive reading* (pp. 109-119). Singapore: SEAMEO Regional Language Centre. [163-4]

Yopp, R., & Yopp, H. (1991). Ten best ideas for reading teachers. In E. Fry (Ed.), *Ten best ideas for reading teachers* (pp. 132-134). Reading, MA: Addison-Wesley. [120]

Yorio, C. A. (1985). The ESL reading class: Reality or unreality. In C. N. Hedley & A. N. Baratta (Eds.), *Contexts of reading* (pp. 151-164). Norwood, NJ: Ablex. [5, 11, 170-1]

索　引

i（アイ）・マイナス・1（ワン）の難易度　i minus 1 level of difficulty　*22, 24, 115*
アンケート　questionnaires　*198-205*
安心領域、容易に読める程度　comfort zone　*115, 153*
移動ミニ文庫システム　delivery system　*144*
意欲　affect　*28-41, 46-7, 208*
映画化作品　movie adaptations　*122*
エディンバラ大学多読プロジェクト　Edinburgh Project on Extensive Reading　*62, 102, 168, 213, 247-52*
LLL　LLL (language learner literature)　*77, 79-102, 212-7*
音韻表示　phonological representations　*18*
音素解読　phonemic decoding　*17, 20*
課外活動としての多読　extensive reading as extracurricular activity　*53-4*
学習者の作る物語　learners' own stories　*124-5*
学術プログラムにおける多読　extensive reading in academic programs　*56-7*
学生の興味　student interests　*138-141*
学生評価　student evaluation　*109-113*
学生へのオリエンテーション　student orientation　*149-157*
学校当局の態度　attitudes of administrators　*210*
壁展示　wall displays　*192-3*
カリキュラムに関する問題点　curriculum issues　*51-62, 105-19*
頑張る（つまずきがちな）読み手への手助け　helping struggling readers　*173*
「期待」+「価値」モデル　expectancy + value models　*35-6*
教材の難易度　difficulty levels of materials　*115-6*
教室内活動、アクティビティ　classroom activities　*158-75, 209*
クラス文庫　classroom library　*143-4*
クラス用リーダー　class readers　*59, 60-1, 167-8*
クローズテスト、空所補充テスト　cloze tests　*111-3, 198*
継続的指導　ongoing guidance　*158-60*
語彙　vocabulary　*17-8, 21-4, 47-8, 100, 115-8, 153-5, 166*
5語以下の法則　rule of hand　*153*
語彙的アクセス　lexical access　*17-8*
語彙リスト　glossaries　*100*

267

交渉による評価　negotiated evaluation　*113*
高等学校の外国語カリキュラムにおける多読　extensive reading in high-school foreign language curriculum　*55*
口頭レポート　oral reports　*186-8*
語学学校における多読　extensive reading in commercial language schools　*55-6*
個別カウンセリング　individual counseling　*160-1*
コミュニカティブな言語教育運動　communicative language teaching (CLT) movement　*66*
コミュニケーション　communication　*75-6, 81-5*
再読教材　rereading material　*166-7*
視覚語彙、一瞥語彙　sight vocabulary　*17-8, 21-2, 166*
時間内リーディング　timed readings　*165-6*
時事知識、世界についての知識　world knowledge　*24-5*
辞書（使用の可否）　dictionaries　*117-8, 153-5*
自然度　authenticity　*65-9, 71-2, 73-6, 80*
持続的黙読の時間　uninterrupted sustained silent reading (USSR)　*161-2*
持続的黙読、連続的黙読　sustained silent reading (SSR)　*8, 54-5, 156, 161-3, 174*
自動的語彙認知　automatic word recognition　*17-8, 20-4, 26-7*
児童向け読み物　children's literature　*72, 77, 97*
自発的なリーディング　free voluntary reading　*9, 43, 50*
集中言語プログラムにおける多読　extensive reading in intensive language programs　*54-5*
書評　book reviews　*186, 189*
スキーマ理論　schema theory　*19-20*
「スピーキング優先」主義　"speech-first" view of language learning　*60*
青少年向け読み物　young adult literature　*72, 80, 130-1*
成人教育コースにおける多読　extensive reading in adult education courses　*55-6*
精緻化されたテキスト　elaborated text　*74-75*
大衆読み物　popular literature　*97-8, 130*
態度　attitude　*29-35*
第二言語のリーディング　second language reading　*3-11, 28-41, 45-6, 56-7, 63-78, 79-102, 149-51, 164, 208-9, 210-1*
第二言語のリーディング指導　second language reading instruction　*206-7*
多読アプローチ　extensive reading approach　*7-9*
多読アプローチのスペリングへの影響力　impact of extensive reading approach on spelling　*49*

268

索 引

多読対スキミング　extensive reading versus skimming　*7*
多読対スキャニング　extensive reading versus scanning　*7*
多読対精読　extensive reading versus intensive reading　*6-7*
多読用教材　materials for extensive reading　*60-1, 63-102, 120-134, 212-7*
楽しみのための読書　pleasure reading　*6, 8, 9*
段階的上達　laddering up　*115, 121*
注視　eye fixations　*17*
添付コメント用紙　in-book opinion forms　*189, 190-1*
動機づけ　motivation　*35-9*
読書祭　reading fairs　*192*
読書漬け　flow experiences　*39*
読書に集中する時間、持続的黙読の時間　drop everything and read (DEAR)　*161-2*
読書日記　reading diaries　*110-2*
読書ノート　reading notebooks　*110*
トップダウン処理　top-down processing　*16*
内容理解　comprehension　*18-20*
内容理解の質問　comprehension questions　*178*
人気本コーナー　popular books section　*188-9*
認知プロセス　cognitive processes　*13-27, 208*
批判的思考スキル　critical thinking skills　*56-7*
評価　evaluation　*196-205*
拾い読み　browsing　*163*
「負荷頁」公式　"weighted pages" formulas　*108, 119*
ブート・ストラッピング　bootstrapping　*39*
ブック・ストラップ仮説　bookstrap hypothesis　*39-40*
ブックレポート　book reports　*110, 179-89*
フリータイム　free time　*169-71*
プログラム評価　program evaluation　*196-205*
プログラム目標　program goals　*197, 199-200*
平易化されたテキスト　simplified text　*69-73*
ポスター　posters　*192-4*
ポスト・リーディングの活動　postreading activities　*176-95*
ボトムアップ処理　bottom-up processing　*16*
翻訳物　translations　*132*
要約　summaries　*179, 186*
読み聞かせ　read-alouds　*163-165, 175*
読みの動機づけと社会文化的環境　motivation to read and sociocultural envi-

269

ronment　*38-9*
読みやすさの公式　readability formulas　*82-3, 108-9, 119*
リアクション・レポート　reaction reports　*179-86*
リーディング課題　reading homework　*114-5*
リーディング記録　record keeping　*110-3*
リーディング・テスト　reading tests　*111-3*
リーディング能力　reading ability　*173*
リーディングの達成目標　reading targets　*107-8*
リーディング・ノルマ　reading requirements　*155-6*
リーディング・ラボ（ラボラトリー）　reading laboratories　*169*
話題についての知識　topical knowledge　*24-5*

あとがき

　「多読」に関する本格的な研究書で、実践の書 Extensive Reading in the Second Language Classroom の翻訳出版は、著者のひとりリチャード・デイ教授が出版まもない原著を筆者に手渡されたことに端を発しています。1999年2月19日のことです。ほどなく、ある研究グループの有志による企画として具体的な一歩が踏み出されます。それから7年の歳月が流れました。その間、世紀は改まり、2001年9月11日は奇しくも訳者が一堂に会した第一回検討会の日と重なります。そして、ここにようやく本書が翻訳書として世に出ることになり、まことに感慨深いものがあります。

　英語教師を対象に多読の意義を説く本書の内容については、監訳者「まえがき」にゆずるとして、ここでは本書の文化論的側面についてふれたいと思います。第一に特筆すべきは、著者たちが次代を担う若い人々へ寄せる熱いメッセージであります。おびただしい数の書物のなかから自主的に自らの手で書物を選び出し、主体的にその内容を自分のものにしてほしいとの願望、希求であります。読者の自立を促すこの書は、ヴァーチャルな情報に満ち溢れた現代社会において有効な手立てを示しています。著者たちの細部にいたる目配りや、歴史上の多読の研究者・先達に寄せる敬意は、次代を背負う若者への熱い思いの表れでもあります。第二に、著者たちは多読が成功するかどうかは教室の内外での「教師の情熱」に懸かっていると述べ、熱い思いを実践する教師の存在の重要性を指摘します。このような教師の存在は、読書に留まらず、一個の独立した人格として学習者が独立できるかどうかを左右します。ここに英語教育の論客であると同時に、熱き教師でもある著者たちの本領があります。良い教師の存在は、リーディングコミュニティの文化、さらにはグローバルコミュニティの文化の創造を学習者に促すのです。

　さて、10名におよぶ訳者の翻訳書ともなれば、字句の統一を初めとして多くの困難が生じることは必定です。監訳の大任を担っていただいた桝井幹生教授、松柏社との折衝を一手にお引き受けいただいた松本真治氏、

滞りがちな作業を終始支えられた吉村俊子氏、最後まで忍耐強い協力を惜しまれなかった訳者各位、訳稿について入念な検討を加えていただいた櫻井事務所櫻井三郎氏、松柏社編集部森有紀子氏、出版に至るまで寛大で細心のご配慮を示された同社社長森信久氏、以上の皆様に原著の推薦者として、また訳者のひとりとして僭越ながら深い感謝を表したく思います。

　願わくは、本書が活字離れの言われて久しいわが国において、読みへの良き導きの書として、また人生の良き指針の書として受け入れられるようにと祈らずにはいられません。

2006.2.24
川畑　彰

訳者紹介と分担一覧表 (章順)

〔監訳者〕桝井　幹生 (ますい　みきお) 京都府立大学名誉教授　〈序文〉
　　1969年 University of Wales, Institute of Science and Technology にて TEFL (Teaching of English as a Foreign Language) の Diploma 取得。小泉八雲、英国伝承音楽専攻。八雲会、日本カレドニア学会会員。

川畑　彰 (かわばた　あきら)	芦屋大学 教授	〈1章 / 15章〉
内藤　満 (ないとう　みつる)	京都産業大学 非常勤講師	〈2章 / 3章〉
福屋　利信 (ふくや　としのぶ)	宇部高等工業専門学校 教授	〈4章 / 5章 / 6章〉
松本　真治 (まつもと　しんじ)	佛教大学 准教授	〈7章〉
渡邊　慶子 (わたなべ　けいこ)	芦屋大学 非常勤講師	〈8章〉
吉村　俊子 (よしむら　としこ)	花園大学 教授	〈9章〉
上岡　サト子 (うえおか　さとこ)	大阪国際大学 非常勤講師	〈10章 / 付録〉
荒牧　和子 (あらまき　かずこ)	元・龍谷大学 教授	〈11章〉
池田　庸子 (いけだ　ようこ)	茨城大学 准教授	〈12章 / 13章〉
北風　文子 (きたかぜ　ふみこ)	滋賀県立大学 非常勤講師	〈14章〉

多読で学ぶ英語―楽しいリーディングへの招待

2006年7月15日　初版第1刷発行
2007年10月10日　初版第2刷発行

著　者　リチャード・R・デイ
　　　　ジュリアン・バンフォード
監訳者　桝井幹生
訳　者　荒牧、池田、上岡、川畑、北風、内藤、福屋、
　　　　松本、吉村、渡邊（五十音順）
発行者　森　信久
発行所　株式会社　松　柏　社
　　　　〒102-0072　東京都千代田区飯田橋1-6-1
　　　　TEL 03 (3230) 4813（代表）
　　　　FAX 03 (3230) 4857
　　　　e-mail: info@shohakusha.com

装　幀　小島トシノブ（Non Design）
編集・ページメーク　櫻井事務所
印刷・製本　モリモト印刷株式会社
ISBN978-4-7754-0107-1
Copyright © 2006 by Shohakusha

本書を無断で複写・複製することを禁じます。
乱丁・落丁は送料小社負担にてお取り替え致します。